杭州师范大学教育科学研究院"人文振兴计划"研究成果

教育部人文社会科学重大课题"中国21世纪课程改革研究"研究成果

复杂理论与教育译丛

主编 张华

CURRICULUM DYNAMICS

RECREATING HEART

M.JAYNE FLEENER

[美] 杰恩·弗利纳 著
M.JAYNE FLEENER

吕联芳 邵华 译

课程动态学

再造心灵

教育科学出版社

·北京·

我们把本书献给那些在我们理解存在（Being）之复杂性的追求中，在过去指导过我们、现在与我们同行、将在未来引领我们的所有人！

# 教育是
# 一种拥有最高不确定性的智慧行动

---

几个世纪以来，伴随科学—技术—工业文明（即所谓"现代性"）的迅猛发展，人类社会进入空前的"简单化"过程和历史阶段。人们认为科学是世界的本质或"唯一真理"；技术控制和工业加工即使不是对待世界的最好方式，也是必然方式。

这种价值取向和思维方式在创造出巨大物质财富的同时，也摧毁着世界和人的精神本身：整体的世界被无情肢解；动态的宇宙被强行静止化；有机的生命被扼杀并变成僵死的机械组合体。人类在控制、占有世界的同时，也不断膨胀着自己的物质欲望和"虐待狂"人格；在将生命静止化、机械化的同时，也日益使自己成为"恋尸狂"。世界的危机和人性的危机原本是一个问题的两个方面。自然、社会和人类生活的方方面面都在被"简单化的蛀虫"无情而贪婪地啃噬着……

"简单化"源自"启蒙理性"的主客二元论、控制取向和分析科学及其思维方式，本质上是理性的狂妄与盲目。

百年以来，教育不断"科学化"的过程一定程度上也是被日益"简单化"的过程：相信教育中存在亘古不变、普世有效的"客观规律"，一经掌握即可随心所欲地控制教育，一如驾驭动物或控制机器；认为教育可以被不断分解、分别控制并随意组合，恰如将机器拆卸为零部件；主张无论学生的个性发展还是教师的专业成长，均可基于行为主义心理学的"刺激—反应—强化"原理加以控制和训练；认为课程、教学、评价、管理等教育中的一切事务和过程，均可基于分析科学的原理或"程序主义"原则加以控制；如此等等。

教育日趋"简单化"的过程即是教育被技术理性不断扭曲和异化的过程。教育的整体性、丰富性、艺术性、人文性不见了，因而日渐机械、僵化、苍白而贫困。"简单化"的教育必然会培养"简单人格"。专制性格、占有性动机、信仰危机、观念苍白、缺乏审美情趣和道德感、没有幽默感也不会笑……凡此种种，都是"简单人格"的写照。教育的"简单化"必然不断复制加剧社会的"简单化"，这是通过培养"简单人格"、传播"简单文化"而达到的。

近30年以来，国际上开始兴起"复杂性"（complexity）思潮。霍金曾预言，21世纪将是复杂科学的世纪。普里高津说，人类要通过转向"复杂性"而与自然展开新对话。无论是作为一种科学、理论还是态度，"复杂学"（complexity studies）已经并正在取得越来越多的新成果。人们开始学会将世界作为"复杂系统"（cmoplex system）来理解和行动。"自组织""关系性""生成性""多重性"等一系列新观念如雨后春笋般诞生出来。人类开始看到世界重生的希望。

米兰·昆德拉曾说，小说源自一种"不确定性的智慧"。那么，以人集体创造知识为核心的教育就是一种拥有最高不确定性的智慧行动。让教育理论和实践告别"简单化"，恢复其原有的"复杂性精神"和"连续性精神"，这是教育重生的希望。

张华

于沪上三乐楼

# 目　录
Contents

中文版序 / 1

英文版序 / 1

献词 / 1

导言 / 1

## 第一部分　视角——期望起点

第一章　现代主义的起源和基础 / 2

　　指导性隐喻 / 5

　　现代主义的根源及特点 / 9

　　失衡及反对意见的丧失 / 15

　　注释 / 23

第二章　现代主义的理论逻辑 / 24

　　新保守主义和课程危机 / 26

　　科技理性的起源与现实的数学化 / 27

　　控制逻辑 / 32

　　课程与控制逻辑 / 37

　　现代主义的普遍性 / 38

**第三章　科学革命** / 40

生物进化论 / 42

爱因斯坦相对论 / 50

量子力学 / 55

第一部分小结 / 61

注释 / 62

## 第二部分　技艺——全息图

**第四章　关联逻辑** / 64

整体论和关联学 / 66

西方过程思维的起源 / 67

圆的中心 / 75

杜威的探究逻辑思想 / 77

关联的核心 / 80

关联、道德和意义 / 81

注释 / 82

**第五章　系统逻辑** / 83

科学、技术和工具 / 85

一般系统思维 / 87

基础逻辑 / 90

系统理论和新科学 / 92

复杂适应性系统 / 94

并非另一个宏大叙述 / 108

注释 / 109

**第六章　意义逻辑** / 111

早期维特根斯坦 / 112

什么是词的意义？/ 114

全息作为"看作"的隐喻 / 123

注释 / 126

第七章　学校作为学习型组织 / 127

社会系统 / 128

学习型组织 / 137

第二部分小结 / 141

注释 / 141


第三部分　创造——新乐章

第八章　课程动态学 / 144

课程作为语言游戏 / 145

课程作为学习型组织 / 155

新思维课堂 / 156

注释 / 160

第九章　超越 / 161

量子学校 / 164

扬弃 / 166

实践性 / 168

接受挑战 / 173

超越 / 175

注释 / 175


参考文献 / 176

索引 / 186

译后记 / 204

# 中文版序

　　我们正面临生死存亡的剧烈变革，正处于世界历史发展的一个紧要关头。对教育、政治、经济、社会医疗卫生保健等方面变革的需求，展现了由思维方式与情境不相适应而引起的紧张关系，即需要用后现代思维方式创造性地、适应性地解决问题的情境与被迫继续使用现代思维方式的紧张关系。

　　在我看来，课程改革是学校教育改革的核心。本书关注课程，更进一步说，关注的是与大众生活息息相关的话题。面对困难，我们需要用"柔和的眼光"——透过眼前暂时的、局部的困难看到未来的整体画卷。我们以这种方式来创造持续发展的未来。

　　在撰写本书的过程中，我曾一度感到困惑。我的学生们与我一起阅读初稿的每一章，我们从不同的角度探讨这些令人困惑的地方，在此基础上对初稿进行修改。面对困惑，学生们刻苦钻研、辛勤探索。在这个过程中，我意识到学生们是本书的真正读者。我希望帮助他们转换视角，从多种视角来观察处理问题。随着视角的转换，最终我们可以让世界变得美好。

　　我非常高兴，也很荣幸本书拥有中国读者。我希望我的中国读者们不介意我把你们当成在课程道路上与我一道探索前行的学生、同事和同伴。对于学生，我会寄予较高的期望。我相信给予高的期望，有助于获得高的成就。我想我的学生吕联芳，也是本书的译者之一会同意我的观点。我很高兴这些年来我能有很多杰出的学生、同事和朋友。正是由于他们的帮助，我才能够不断完善和充实我的思想。

从开始撰写《课程动态学》以来，我体会到了以关联、意义、系统为基础的整体性思维赋予我处理各种生活与工作事务的力量。我也希望借助本书的翻译，与我的新读者们、新朋友们展开对话，让我的思想得到进一步发展。

最后，我要感谢吕联芳、邵华对本书细心周到的翻译。没有她们的辛勤劳动，我不可能与你们中的大部分人分享我的观点。让我们一起欣赏动态课程，为再造教育心灵而努力。

杰恩·弗利纳

于巴吞鲁日

# 英文版序

威廉·多尔　　　　　　　　　　　　　　　　　　　〔xi〕
（William Doll）

"美国为其灵魂不断地挣扎。"

——贡纳尔·默达尔（Gunnar Myrdal），《美国的尴尬》
（*An American Dilemma*，1962/1944，p. 4）

　　杰恩·弗利纳在教学、写作以及生活中都深深地体会到了这种挣扎。基于她的哲学背景，弗利纳教授认为西方国家人们的思想被理性逻辑（rationalistic logic）禁锢了。在她看来，理性逻辑的特点就是"控制"（第二章）。今天各种考试和标准正控制着我们——学生、教育者和家长。决定我们自身价值和存在的是无情的考试和标准，而不是我们自己。在"测量之神"面前，我们放弃了心与灵。面对现实带来的心灵创伤，弗利纳教授并不沮丧。对数学特别是对湍流数学（mathematics of turbulence）的浓厚兴趣，让她看到艾尔弗雷德·诺思·怀特海（Alfred North Whitehead）在"真实的现实"里所描述的关联性，而不是这些残酷的现实。弗利纳教授鼓励我们以坚定的信念去面对困难，迎接挑战。只要我们观察得足够仔细，我们就可以发现混沌（chaos）其实包含着"一种潜在的秩序"——一种动态的、真心跳动的、充满灵性的、具有变革性的秩序。

如果我们愿意——弗利纳教授相信我们必须这样做——把我们的现代主义视镜，一副限制我们视野的眼镜，与后现代主义的眼镜交换，我们就会看到一个全新的世界。换了眼镜，我们就会看到一种新的逻辑理论的盛行，它以关联的、整体的、有机的系统而不是以孤立的个体为基础。在本书的最后一章，弗利纳教授引用斯塔豪克（Starhawk，1988）的话道出了她的愿景：

【xii】

> 我感悟着世界和世上的万事万物。他们是鲜活的、动态的、依存的、互动的、充溢着活力的：一种生命与舞蹈的交织。（p. 11；Fleener，p. 194）①

这种态度折射出弗利纳教授对生活的憧憬和对学校的期望 —— 她期望我们把学校看成一个"学习型组织"（learning organization），而不是一个支配控制型的机构。

本书分为三个部分。第一部分弗利纳教授提供给我们一种视角，让我们看到我们所处的位置，以及现代主义思想和控制逻辑在我们到达这里的过程中所扮演的角色。弗利纳教授也展望了后量子物理学和生物进化论的新趋势对未来的影响。弗利纳教授在第二部分关注后现代主义逻辑理论、系统性、学习和意义，而在第三部分则关注课程、创造和革新。弗利纳呼吁在课程、学校教育、教学策略的发展变革过程中重建教育心灵。每一部分的这些观点都令人鼓舞。第一部分标题"Erwartungshorizonten"意味着"期望起点"（horizons of expectation，p. 12）。弗利纳充分展示了我们改革期望的起点如何被现代主义语言和逻辑所限制，如何深受传统的牛顿（Newton）物理科学和笛卡尔（Descartes）的理性个性化思想的影响。现代主义语言崇尚机械性、封闭性（p. 15），如同被束缚在是与非、对与错的对立框架中的现代主义逻辑，崇尚"控制/服从"（domination/subordination，p. 43）的二元论。对于主张"控制/服从"、主张封闭性和机械性的简化主义观点的学校改革，我们担心的更是它的成功而不是它的失败。

从几个世纪前的拉米斯（Ramus）、培根（Bacon）、夸美纽斯（Comen-

---

① 本序中的文献页码系原书页码，即本书中文版边码。——译者注

ius)、笛卡尔和洛克（Lock）开始，我们的学校教育就是一幅凄凉的图画——简单记忆、机械重复、把碎片式的知识灌输和"储存"到空白的意识里。尽管如此，弗利纳教授并不感到气馁。在她的眼里，课程是有灵性的，是动态的、充满活力与创造性的。这样的课程不是包含更多或不一样的东西，而是具有不同的"态度"（p. 194）或者说不同的模式。这样的课程以生命的动态性、思维的过程性、开放而复杂的系统性以及意义价值为基础。这样的课程确实有一种态度、一种对生活和生命的态度，它对新的、未曾想到过的可能性敞开胸怀。我们需要用后现代主义逻辑理论和视镜来代替现代的逻辑理论和视镜去看到这些潜在的可能。

在第二部分"技艺——全息图"中，弗利纳教授探讨了避免导致控制与服从两极分化的后现代主义逻辑理论，包括关联、过程、动态、系统以 【xiii】 及意义观。这些逻辑理论的共同点在于它们的全息整体性（holographic holism），即生活、学习、教育和现实是密不可分的。这些逻辑提供了不同但却相互联系、交互作用、整合的视野。在所有描述这些对生活和学习的新的方式中，弗利纳教授认为关联逻辑最能引起她的强烈共鸣，给她的工作赋予了新的态度。

> 我认为最根本的变化在于把学生看成生活在自我和社会情境中的复杂关系，而不是某个具体的"物"。这种观点彻底影响了我的教学观、教学方式以及对评价的看法。

杜威毕生反对对意识与物质、是与非、正确与错误、教师与学生、儿童与课程、认知者与被认识之间逻辑的两极分化。两极分化首先对其中一种选择赋予了优先权，其次限制了两者之间的交互作用。杜威主张整体关系、探究和转化的逻辑，而不是"控制与服从"。杜威这种主张对弗利纳教授以及她对待学生的方式产生了重要影响——学生和她自己都是学习和生活的共同参与者。我见过很多关于杜威的转化和经验模式的论述，都比不上弗利纳引用卡伦·沃伦（Karen Warren, 1996）关于登山的描述表述得形象生动。弗利纳描述卡伦最初决定借助登山绳去"征服这座山"，但换来的却是伤痕累累。（Fleener, p. 95 ）第二天卡伦卸下了登山绳索，不要任何帮助开始登山，只有她和这座山。这次她和山之间却产生了一种共生关系。

> 我闭上眼睛，开始用手去感觉岩石……开始与山低语……岩石就好像是我的朋友……我不再想征服它……而只想尊重它，与它合作。（Fleener, p. 95; Warren, pp. 26–27 ）

正是在这种由相当西方化和男性化的控制逻辑到合作和变革的逻辑转变过程中，弗利纳教授受到了启发，对教学、教育、管理、课程中内在的可能性产生了新的看法。

弗利纳教授认为她的愿景来源于怀特海的过程哲学（process philosophy），杜威的探究逻辑（logic as inquiry），新科学（new sciences）中的混沌和复杂性、系统逻辑理论，路德维希·维特根斯坦（Ludwig Wittgenstein）的语言游戏（language game）和生活形式（forms of life）。这些思想、技艺动态交织形成了音乐会上的宏大叙述：有灵性，但没有中心，或者如弗利纳教授描述的，没有"实质性的秘密寓于其中"（p. 138）。没有中心，没有秘密。

【xiv】

从柏拉图开始，西方哲学就假定我们的日常生活有潜在的事实中心：一个我们应当能够（但却从来没有）找到的合理的事实中心。对此弗利纳引述杜威的话：

> 旧中心是思维借助于某种力量在其自身之内完成的认知……是只有在先前的、外在的物质基础运作下才能同样完成的思维认知。**新中心是不确定的互动，它发生在尚未完成的自然之道中**。 （Fleener, p. 89 ; Dewey, 1929, *Quest for Certainty*, pp. 290–292。着重号由弗利纳添加。）

这样的旧世界图景（Weltbild）假定存在一组统一的、隐藏的、可调整的秩序——一组"可以认知的基本自然规律"的集合。（p. 126）新世界图景——如弗利纳教授所说，如果你愿意，你可以称其为宏大叙述——抛弃了

"中间的秘密"的观点。新的视角从当前情境（维特根斯坦）、相互关联（怀特海）、现实生活（杜威和维特根斯坦）、动态生成和创新系统（混沌和复杂性原理）的视角来整体观察世界。弗利纳相信这种新的观察方式——与具体情境交融而不是寻求宇宙普遍真理——会给我们学校教育的新方式提供一个框架模式。如果你感受到这样的世界图景，你会对弗利纳对杜威的逻辑概念，维特根斯坦的生活形式，自创生系统，混沌和复杂性原理中的错综复杂性恰当而清楚的诠释留下深刻印象。这部分也是我非常喜欢的部分。在我所知道的人中，没有谁比她的诠释更好。

作为一个课程理论家、数学教育者、老师，同时也是向学生学习的一名学生，弗利纳教授对学校教育过程具有浓厚的兴趣，并专注于对它的研究。她相信这个过程应当是创造性的、有想象力、有激情的，而不是奄奄一息的。她用最后三章探讨了这个问题。正如弗利纳指出的，只从形式上把学校视为学习型组织是荒谬的，那不是斯塔豪克所指的"精神"或"态度"——我在本序一开始引用的和弗利纳用于本书结束语的。学校不是用课程来分发碎片式知识的地方。把学校作为知识分发的地方，把课程作为分发的清单，都是对机器般的"物"的崇尚。它是常见的现代主义者们的思维，即作为"物"的学校在某个地方按清单分发作为"物"的零碎知识。

弗利纳教授的根本隐喻——一颗鲜活的、动态的、跳动的心，与生命和与永无止境的可能性共存——是她用不同的词语对组织和学习的描述。对弗利纳来说，组织和学习不是有框架的、机械的、以因果方式运行的、受各种规则限制的"物"，而是寓于怀特海的过程，杜威的情境和实验，维特根斯坦的生活形式，系统的适应性、自我组织、创造性转变之中。所有这些都是动态的、充满活力的：有界却有无限的可能性（正如曼德尔布罗特集合），用心和灵一起呼吸却无中心控制的（支配和控制是渗透的，而不是集中的），通过随机变化保留其持续的、一致的变化发展。它是复杂变化的生活本身。 【xv】

如弗利纳教授所言，学习既不是分散的书本知识的积累，也不是被怀特海（Whitehead，1929）称为"死的、僵化的"观点的积累。（*Aim of Education*，Ch.1）学习应当是深层次的、充满意义的。学习是学生和老师通过事件与具体情境之间的相互联系来观察、探究事件复杂性的过程，因而是全息性的。获取这种学习技艺需要综观全局的思维、反思性的行动和赋予意义的生活。这就是弗利纳教授给我们所有的教育者、课程理论者、老师、热爱生活的人们所提出的挑战。

　　显然，我很荣幸能为这本非凡的鼓舞人心的书作序。这里我想用最私人化的评论来作为本序的结束语。弗利纳教授对于我的课程理念中的丰富性（Richness）、递归性（Recursion）、关联性（Relations）和严密性（Rigor）（4Rs）的论述展现了她的开拓创新能力。她是一个真正的动态课程理论家，我很荣幸地称她为我的朋友和同事。

# 献　词

作为我的第一本书，无论是在知识、精神、情感还是在社会等各方面我 【xvii】
所得到的支持实在太多，在此我无法一一表示感谢。我不想在这里追溯过去
几十年里对我的思维方式产生影响的每一个人，而只想把我的感谢集中给那
些直接影响了本书形成的人们。然而，对于我没有提到的朋友，我也要表达
谢意。我还要对我的朋友、同事和家庭为本书所作的贡献致谢，没有你们的
付出，本书难以完成。

我要感谢我的各界学术团体的同事们，谢谢你们的支持。谢谢你们出席
我的各种报告会，谢谢你们提出的问题、给予的建议和富有意义的挑战。所
有这些都影响着我思想的形成和发展。我要特别感谢数学学习研究学会
(The Research Council for Mathematics Learning) 和美国教育研究学会 (The
American Education Research Association) 的混沌和复杂性原理特别兴趣小组
(The Chaos and Complexity Theories Special Interest Group) 的同事们。谢谢你
们与我探讨我的观点，包容、支持和鼓励我。特别想感谢我的良师益友威
廉·多尔，过去几年来，你的支持以及与你的探讨让我受益匪浅。

我要深深地感谢我在俄克拉荷马大学 (The University of Oklahoma) 的同
事们。安·雷诺兹 (Ann Reynolds) 是一位杰出的同事和朋友。我们一起开
发项目，从事研究生的教育工作，这些给我的课程理论观带来了很大帮助。

感谢尼尔·豪泽（Neil Houser）、祖西·莱尔德（Susie Laird）、帕梅拉·弗赖伊（Pamela Fry）和德博拉·罗杰斯（Deborah Rodgers）。谢谢你们愿意与我分享你们的想法，也谢谢你们提供的书籍、文章以及对我工作方方面面的支持。与你们一起构思、撰文、分享不同的看法，对我思想的形成起了重要的作用。我对本书中可能不清楚和不准确的地方也同时表示歉意。

感谢俄克拉荷马大学教育学院课程和教育管理系（Department of Instructional Leadership and Academic Curriculum）的同事们。感谢你们给予我的行政领导机会和多年来对我工作的支持。感谢院长琼·史密斯（Joan K. Smith），我从你那里知道了怎样在学习型组织里做一名领导，怎样评价，怎样与教职员工们合作。我荣幸地得到了众多俄克拉荷马大学同事们的支持和鼓励，不管这里提到的还是没有提到的朋友们，我对你们都表示深深的谢意。

我要特别感谢本书真正要写给的学生们。多年来，我很幸运有机会与许多优秀的研究生们一起工作和探讨。在我的研究生课堂上教授过混沌理论、科学技术、课程理论，我尝试过这本书中的许多观点。对那些质疑过我的观点、向我提出过问题、要求过实用性的学生们，我深表谢意。对那些直接为本书的出版做出贡献的学生们，我希望你们跟我一样在这个过程中已经学了不少东西。我要感谢休·欧文（Sue Erwin）、约翰·欧文（John Erwin）、达纳·塞萨尔（Dana Cesar）、梅根·则（Megan Che）、玛丽·里夫斯（Mary Reeves）、德博拉·希恩（Deborah Shinn）、贾尼丝·贝里（Janice Berry）和瓦莱丽·罗杰斯（Valerie Rogers），我诚挚地感谢你们在本书的修订过程中提出的全面、细心、周到的意见，是你们让本书变得更具包容性和可读性。如果还有任何错误或混乱，当属于我的责任。感谢斯泰西·雷德尔（Stacy Reeder）、基思·阿道夫松（Keith Adolphson）和达琳达·卡塞尔（Darlinda Cassel），你们同时致力于本书和教学研究工作，阅读我的文章，和我一起探讨问题。你们进一步地完善了我们的计划，把时间和精力贡献给了我们共同的教育事业，对此我深表谢意。

我要感谢梅利莎·史密斯（Melissa Smith）、朱莉·科梅尔（Julie Comer）和约安·尼尔松（Joann Nilsson），在本书最后的修改期间，不管我需要多少的复印资料，你们都没有让我有任何后顾之忧，使我专心致志于我的工作。

【xix】

　　我的母亲马里恩（Marion）是教给我生活与爱的第一位老师，我无法用言语表达出我对她的谢意。她就是我的榜样。是她无条件的爱、支持、赞赏和尊重，给了我与世界交流的勇气和信心。同时，她也教会了我关心和爱护别人。她的爱和交流方式是我们重新点燃心灵之火的榜样。

　　我要感谢我的所有父母亲们，约翰（John）、珍妮特（Janet）、拉里（Larry）、鲍勃（Bob）和维内尔（Wynell）。生长在"现代"家庭里，我庆幸自己有两对父母亲以及公公婆婆。我深知无论我怎么样，你们都一样给我关爱、支持和赞赏。你们为我树立了学习、关爱、奉献的榜样。

　　我向我的丈夫迈克（Mike）和儿子詹姆斯（James）致以深深的谢意和歉意。为了完成这本书以及我的其他工作，许多周末、晚餐等家庭相聚的时间都被挤掉了，但你们却毫无怨言。我深深地体会到了你们的珍惜与关爱。我把这本书敬献给你们，作为对你们所做出的牺牲、给予我无条件的爱和支持的回报。

　　最后，我要感谢埃里克·朔尔（Eric Schol），他为本书封面设计了分形图案。曼德尔布罗特集合对复杂现象具有特别重要的意义。根据我的需要，埃里克·朔尔做了些修改。他拥有这个分形图案的所有权利。他的其他分形图可以在 www. snt. utwente. nl/ ~ schol/gallery/找到。

# 导　言

　　我从初执教鞭起就不停地自问：当一节课结束之后，我希望我的学生知
道什么、掌握什么？他们自己想要知道什么，如何看待需要他们掌握的知识？
课堂教学的目的是什么？课堂知识如何与学生的其他教育经验和目标相适应？
归根到底，教育的目的是什么？学校教育是为了谁？为什么？

　　我是幸运的，因为我一直都在一种自由的环境中从事教学活动，在这样
的环境里，我可以提出问题并得出我自己的结论。很多老师都没有这么幸运。
我的一部分观点就源于我的课堂。我所教的数学、逻辑学与计算机科学差异
非常大，至少在最初的时候是这样的。一个在高中时既上过我的几何课又上
过我的计算机编程课的学生指出，我在上这两门课的时候截然不同。这对我
来说是一个新的发现。为什么我教数学与教计算机编程时会有所不同呢？我
认为，在后一门课上，我通常以有趣的问题展开教学，通过解决问题，学生
掌握了各种编程技术以及程序的结构。我从不期望学生提出相同的解决问题
的办法，也不期望他们在自己编制的程序中使用相同的数据或结构。有的学
生会对某些问题特别感兴趣，花很多的时间对程序进行反复修改，或增加原
有程序的复杂性；而有的学生则仅仅是解决既定的问题。在计算机课上，即
使出现上述情况也没有关系。但是，为什么数学的教与学不能这样？

　　我的第二个领悟产生于我对混沌数学和复杂科学的探索。当我在阅读詹

姆斯·葛雷克（James Gleick）的经典著作《混沌：开创新科学》（*Chaos: Making a New Science*，1984）和玛格利特·惠特利（Margaret Wheatley）的著作《领导和新科学》（*Leadership and the New Science*，1992）时，我意识到在教学中我所关注的其实是错误的东西。从复杂科学尤其是量子力学那里，我懂得了从关注一个个具体的"东西"（things）到理解和发展事物之间"关联性"（relationship）这一视角转换的重要性。我把我的注意力转移到"关联"上来，而不是考虑我们应该学什么样的数学或者怎样检测学习的效果。我的学生与数学、我或者其他人的关系是怎样的？这个简单的视角转变为我打开了一个全新的视野，并且重新唤起了我以前对怀特海及其过程哲学的兴趣。

我继续探索复杂科学文献和教育文献，在那里我发现了一些相似或相同的观点。当我在展望关联教学时，我再次拜访了杜威和怀特海的著作，并且对女权主义、后结构主义、后现代主义和现象学的理论有了更深的了解。后来，我又拓宽了在哲学方面的阅读。过程哲学、分析哲学、数学的哲学基础、自然科学的哲学观，甚至有关哲学消亡的争论都与我对教育和课程的关系论的探究产生了相互联系。我与其他探究者，如威廉·多尔、吉姆·加里森（Jim Garrison）、祖西·莱尔德（Susie Laird）以及约翰·圣朱利安（John St. Julien）等的友谊推动着我继续沿着我的直觉方向探索，并重新审视以前哲学观上我所忽略的地方。

本书以一个广泛的学术领域和内容领域为背景来考察课程。它旨在推进课程领域的讨论，并为其提供教育的哲学基础和历史背景。最后，我希望教育界以外的复杂适应性系统（complex adaptive systems）的研究人员们也能够在这里找到这些关于该系统的原理性和哲学性的讨论，并发现这对他们可能的研究方向和方法有重要的启迪作用。

本书的标题——"课程动态学"（Curriculum Dynamics），与课程、儿童和社会相关，旨在捕获课程实施的过程及其复杂性。同时，它也试图涵括复杂适应性系统和转换视角（transformational perspective）对课程的理解，即课程是一种社会现象和意义系统。与动态学的观点相整合，即是说，我们不能孤立地、碎片式地研究系统的特点。理解课程的复杂性需要"退后一步"，探究系统是如何作为系统而运作的。孤立、片面地研究课程、教师教育、教师专业发展、管理结构和决策制定模式不可能产生对学校教育或者对学校课程有意义的理解。从系统、过程和意义的角度来理解学校教育及课程需要采用动态的方法。因此，课程动态学是一种探究学校和课程复杂性的途径。在这里，学校是一种社会机构，课程则是一种自我组织和自我呈现。课程是学校教育的核心，而课程动态学则是包括学校在内的社会和各级组织赖以维持其生命的呼吸。

杜威在《艺术即经验》(*Art as Experience*，1934) 中提出，艺术具有两种功能：艺术家经验的反映和呈现；其他人经验的推动力。艺术工作不是一种产品，不是洞穴里的壁画，而是工作过程中产生的复杂多样的经验。本书的副标题——再造心灵，概括了来自杜威、复杂适应性系统研究（CAS 研究）、过程哲学和后现代主义对关联和意义的不同诠释。理解课程的复杂性需要用一种整体的、多角度的、全息的方法来探索学校教育中我们自己的经验，从历史的、关联的、系统的、意义的角度修正学校，使我们可以以不同的方式去体验学校。

"再造心灵"可以以各种不同的方式进行解读。在我看来，再造心灵就是使心灵回归于学校教育。甘地（Gandhi）"真理之路"（Satygagraha）的观点部分地道出了"使心灵回归于学校教育"的真谛。"真理之路"是一项个人和社会转变的行动计划，它通过强调转型社会（transforming society）的心灵工作（soul work）而把意义、真理和精神结合起来。我们已经迷失了对学校教育目的和本质的认识，失去了存在于社会和个人动态关系中的教和学的"心灵工作"。"心"是我们存在的生命之源。不管心是否真的是爱、痛等情绪情感的发源地，但这一隐喻确为我们平时所常用。爱一旦破碎了，我们的心也跟着破碎。当我们特别在乎某一事物，或被某一事物所感动的时候，我们就会激情洋溢。再造心灵就是要重新唤起在标准驱动的课堂里日渐消退的学生的激情及其对学习的热爱。再造心灵是学校教育变革中的"真理之路"，它重申把意义、目的、价值和关爱作为课程驱动力。它是一种整合性和整体性的理解，即教、学、学校、社会和课程是一个基本意义结构的不同方面。

现代思维方式中男性导向逻辑占有支配地位，作为对这一特征的批判和 【4】

反对，本书的副标题也可解读成"修正男权主义艺术"（Re-creating He-Art）。课程中的"男权主义艺术"（He-Art）是建立在压迫妇女和非西方文化的霸权逻辑结构的基础之上的。同样，"创造男权主义艺术"（Creating He-Art）是本书标题的第三种解读。我的思维结合了男性控制观点（male – dominated perspectives）中的某些因素，但超越了对这些因素的简单的结合。虽然我们正在修正男权主义艺术，但我觉得这本书还是创造了一些新的思想，即探索作为后现代视角的基础逻辑的过程、关联、系统和意义方面的思想。米德（Mead）在《现时性哲学》（*The Philosophy of the Present*，1932）中说："我们所拥有的都是现在。"任何现在都包含过去，现在在改变，过去也在改变，在改变中产生新的现在和新的过去。现在"标识并在某种意义上选择出使其自身具有独特性成为可能的要素"。正在被修正的男权主义艺术传统上只是为了强调权利关联和意义结构的转变而主张性别认同，至少在西方，男权主义艺术聚焦于以男性为主流的思维方式，并植根于后现代的、过程的思想之中。创造男权主义艺术意味着社会从传统男性主流思维方式向过程意义系统和适应性合作的转变。

最后，本书是关于再造心灵的，即为那些要进入并发展课程领域的人播下种子，从而使课程超越现代主义的起点，再次建立起与意义、目的和价值的联系。

旨在从后现代视角来呈现事实的课程著作所面临的难题是，当变革发生时需要用非实在论或非简化论的观点来理解并最终引领变革。"杜威的幽灵"（Doll，2002）之一就是时隔一百多年以后，人们才开始意识到杜威关于学校教育的愿景。我们如何从后现代的角度来重新修正我们关于课程的观念？如果每一个人的这些观念都必须进化，我们又该如何谈论教育的意义和目的？如果不依赖已有的原则、目的和标准，我们又该如何讨论后现代课程的基础？

本书分为三部分。很抱歉，我不是艺术家，因而艺术专家们可能认为我关于艺术过程的愿景过于天真。但是本书三个部分的标题——"视角"（perspective）、"技艺"（technique）和"创造"（creation）旨在概括包括艺术创造的所有过程。"视角"确定研究的界限或引导我们的探究，同时也反映了我

们今天赖以生存的时代。因此，本书第一部分包含了对现代主义者思维方式
（mind-set）的探索和对学校教育及课程中潜在的控制的本质逻辑的探索。这
种历史的方法，基础是"期望起点"或"期望的水平线"。期望起点使我们　〔5〕
可以对与我们有关的过去进行理论化，同时创造可能的课程未来。本书的前
三章提供了课程未来可能包含的几个视角。科学、社会和哲学革命产生了过
程哲学和实用主义哲学，而科学革命会被作为"期望起点"视角和后现代认
识的重要种子进行探究。

　　本书的第二部分主要关注基于关联性、系统性和思想性逻辑理论的后现
代课程的技术维度。亚里士多德把"techne"这一术语与实践艺术相联系①。
当 techne 作为一项技艺，其发展就需要创造（poietike or creation）。

　　　　依赖于技艺练习的艺术创造行为总是来源于观念、想象或艺术家创作
的模式……如果这种行为为技术性指令（关于 techne 的分配和部署）所支
配，那么这种行为只能是一系列元素的组合。型（eidos，指导性观念）和
技艺（techne，指导性部署）的结合为艺术创造（poietike，making action）
提供基础。（Grundy，1987，pp. 22 - 23）

　　从第四章到第七章，即组成我课程研究的"技艺"这部分的四章，它们
建立在关联逻辑、系统逻辑和意义逻辑的基础之上。这些研究与控制逻辑和
来自笛卡尔方法论的哲学系统形成了鲜明的对比，提供了对社会系统后现代
认识的多元视角。关联逻辑学、系统逻辑学和意义逻辑学构成了一个后现代
的情境，这个情境表达着我们在现代主义的冲突和矛盾中存在的种种不确定
性和难题。采用这些基础的价值判断和指导研究的方式方法对我们与他人、
与物质世界和理念世界的关系都有着重要的意义，这或许也可以帮助我们超
越现代主义。

　　第四章探究了关联逻辑，它来源于怀特海的过程哲学和杜威的探究方法。

--------

　　① techne 不仅指工艺和技能，更加是一种艺术创造。希腊人把本真的艺术称为 techne。——译
者注

杜威和怀特海的观点是关联哲学的基础，它从根本上挑战了现代主义的控制逻辑。从关联逻辑的视角看，宗教、教育、精神、科学间的相互影响、相互作用越来越具有整体性。

[6]    第五章在反思了第四章所描述的关联逻辑的基础上发展了一个利用复杂科学和混沌科学方法的系统逻辑，为课程提供了第二个视角。系统逻辑提供了诸多的图像和隐喻，这些图像和隐喻使我们看待学校教育的方式以及看待儿童、课程与社会复杂关系的方式发生了显著改变。

第六章呈现了在后现代愿景中必不可少的第三种声音。后现代语言理论——来自于维特根斯坦的语言游戏，提供了理解后现代课程的第三种技艺。意义、关联和系统的逻辑学之间的动态关系将被作为后现代视野中的要素进行研究。

第七章把关联、系统、意义的逻辑学拓展到作为学习组织的社会系统中去。作为学习组织，有适应能力、自我组织、协作、自我调节各种交互作用的学校更充分地反映了后现代的视角，并在学校的情境中重建学习的中心。

本书的第三部分——艺术创造，需要运用关联、系统和意义视角中的技艺去探索后现代课程。这种研究的**型**或指导性观念（guiding idea）对创作行为颇有意义，但却不是其指令。第八章将继续讨论这个主题，即学校如何才能成为具有创造性的自组织能力和呈现能力的学习组织。第八章将对作为学习组织的学校的课程角色进行描述。多尔（Doll, 1993）的课程模体（curriculum matrix）被作为拥有自组织能力的后现代课程中的指导性观念来研究。本书的最后一章将拓展第八章的讨论，再次与艺术创造相结合，从而为课程如何在学校教育的变革中充当指导性力量指明方向。后现代视野中的难题使我们不可能为解决问题提供处方，因此，课程可以被认为是学校的灵魂。我们可以从以关联、系统和意义逻辑学为基础的后现代视角来实现学校的变革。本书并未指出变革学校教育的课程工作的重要性，也并未为广泛的探究制定战略。

我希望阅读此书的人能够找到意义、目的和价值，而不是答案、处方和可以照搬的公式。对于那些分享我的愿景和对充满灵性的学校怀有希望的人，我渴望后现代主义视野中的关联、系统和意义逻辑学可以使他们在学校教育转换观念的必要性的认识上有所改变。最后，再造心灵需要探索意义、目的和价值，理解和挑战现代主义者的假设，创造性地看待学校教育的方式，包括教学、学习、社会和课程。

如何实现这一目标？我唯一能提供的就是我的愿景。这个愿景是一幅对我而言颇具意义的画面。我没有权力声称我已拥有了答案或处方，我也不希望出现这些观点的追随者和献身者。我希望在分享我的旅程和经历的过程中，能拥有越来越多的同伴，并在寻找和再造教育心灵的过程中继续我们的对话。

## 第一部分 视角

# 期望起点

# 第一章

## 现代主义的起源和基础

　　任何与学龄前儿童相处的人都会有这样的记忆：永无止境的"为什么"经常主导着儿童之间的对话。成人经常对此感到困惑，有时甚至会被激怒。然而，只有在我们探索周围事物所蕴涵的真理的时候，我们才意识到早期儿童的智力探索是最明显的。我们承受不起放弃这类"为什么"问题所要付出的沉重代价。

　　本书展望了后现代或后后现代社会中的课程状况。20世纪发生了翻天覆地的变化，我们为从父母或祖父母生活的时代以来所发生的巨大变化而感到惊奇。当我们自己还在为赶上迅猛发展的科技变化、社会的多样性变化和市场波动的步伐而努力挣扎的时候，帮助我们的孩子寻找意义和安全对我们来说已是一种挑战。在"冷战"中长大的我们仍然秉持这样的观点，即这世界必然存在"坏家伙"（bad guy）。难道这就是我们所希望的孩子的成长方式——在壁橱里、在床底下或在教堂里寻找"坏家伙"？我们期望从答案中得到的东西揭露出我们对自身在宇宙中的地位所抱有的基础信念。对确定性、安全性和秩序性的探究将会推动对我们年轻时代的质疑。当我们变得更成熟，我们就可能会意识到对意义和理解的探究是一种创造而不是发现。意义和语言在某些普遍现象中不是紧密连在一起的，不过它们自身都是通往抽象的途径。

维特根斯坦认为，意义通过语言和观念而传递和转换。词语不是指它的潜在意义或既定事实，而是指在历史和具体使用的情境中理解它。在使用过程中，意义随着情境的变化而变化。为了探索未来课程的可能性及其创新，我们必须找出困扰我们自身的"怪兽"——那些约束我们的变化适应力和创造学校教育新现实的能力的观念、实践和目标。我们的弱点也许就是我们自身畏惧变革，以及不加怀疑地领受我们生存的时代。 〔12〕

作为一个历史时期，新纪元也只有从意义的角度才能得到理解。虽然新纪元常常被认为是在发明创造、建设和社会机构等方面取得了巨大成就的时代，但是对意义的追寻使得一个新纪元与另一个新纪元不同。为了促进课程发展，理解现代主义的起源需要对过去的课程进行重建，也需要把现代主义理解为主流的意义系统。

根据图尔明（Toulmin，1992）的观点，对现代主义的描绘需要一种被其称之为"期望起点"的视角。"期望起点"以历史观点为基础，图尔明对此做了如下描述（1992）：

> 今天，为了形成合理的和现实的"期望起点"，我们必须从重建情境开始。在这个情境中，人们构想现代工程，但是哲学的、科学的、社会的和历史的设想却处于休眠状态。正是这一现象使我们走进了今天的窘境。（p. 3）

"期望起点"既把我们的视野置于情境中又限制了我们的视野，同时也强调了未来的行动。怀特海（Whitehead，1925）的过程论类似地论述了过去和未来的辩证关系：

> 有两种理解历史的方法——向前看和向后看。在思想史中，我们需要这两种方法。（p. 3）

我对现代主义的起源、基本意义结构及其课程观的论述，并不仅仅为了历史的完整性，也为了未来与课程未来的"期望起点"之辩证关系的基础。课程未来从课程过去和现在发展而来。"期望起点"的研究方法通过理解过去和展望未来两个维度对当代课程景况进行重建。尝试捕获过去的意义系统和观念，这些尝试本身就是意义的来源。在我们试图认清自己的历史和主流意义系统时，我们不可能获得事物单一的本质和真理。画家通过肖像画法呈现出来的画不可能完整捕获一个人的特质，同样，我们对过去的探索也不可能显现出任何单一的真理。正因为肖像只能展示形象却不能展示人们的个性、斗争和梦想，所以，对现代的刻画必须是解释性的、未完成的、转换的。正如米德（Mead，1932）所主张的：

> 这样的呈现方式是没有结局的。任何科学领域的史学家都能够对原有的存在进行重新建构，并将此作为对过去的具有鉴别性的解释，这当然对我们的研究方法具有隐含的意义。虽然我们满怀兴趣地展望未来世界和现实世界中的重构，但我们意识到未来世界与我们重新审视但未重写的过去世界不可能不同……我要回到我最初的位置，即超越现时性的现实必须在现代展示其自身。（p. 11）

对事物的理解是通过我们所使用的语言揭示出来的，因此，意义和理解是语言的功能之一。语言是意义的河流，我们可以畅游其中；语言是支持意义的媒介。同时，河流的流量和质量影响着支持它的生态系统，正如语言的丰富性影响着理念的深度一样。通过隐喻，我们创造出新的意义并揭示出其潜在的理念。

莱考夫和约翰逊（Lakoff & Johnson，1982）解释了隐喻是如何超越诗意的想象并成为概念系统的基础的。为了创造课程未来，意义必须由课程现状和课程过去所组成。课程的指导性隐喻提供了一个如何对课程进行概念化的视角。变化性隐喻对于引领和影响课程未来以及陈述后现代主义在新千年的挣扎也是重要的。

本章将探索标准的现代主义者关于学校教育的隐喻以及隐含在其中的课

程理论和实践方面的思想。探索这些隐喻的过程，就是追踪作为现代课程基础的现代主义的根源和特点的过程。为了进一步表现现代性的特性，本章将呈现给我们这个时代的哲学传统和智力传统，包括主要的哲学问题和方法，以及本书的"期望起点"。本章的讨论将为现代主义议程的基本逻辑制定解释框架。本章对新保守主义者的教育运动也有所涉及，但会在下一章中与现代主义的基本逻辑、控制逻辑一起做更充分的探讨。关于"怎么样"的问题（怎样变革课程？怎样改革学校教育？）需要回归到"为什么"的问题上（为什么我们作为我们而存在？为什么变革如此困难？为什么以往在改革上的努力没有起到作用？）

【14】

## 指导性隐喻

克立巴德（Kliebard，1975）论述了三个概括课程设计方法特点的隐喻——"产品"（production）、"生长"（growing）和"旅程"（journey）。这三个隐喻遍布课程组织，以及对学校教育目标的理解。克立巴德认为"产品""生长"和"旅程"这三个隐喻特征化了课程在教育、目标制定、对实践的启示上的不同价值。根据克立巴德的观点，教育的"产品""生长"和"旅程"的隐喻分别强调了社会效率、儿童学习和社会重建。

我在课堂上的一个"常规练习"就是询问学生什么是学校教育的隐喻。为了避免语言所带来的限制和偏见，我常常让他们用画画的方式来呈现他们的隐喻。每节课上，我总能收到这样一些画：用砖砌成的墙，拥有地基的建筑，有阳光、雨水和鲜花的花园以及具有通向山顶小路的巍峨的山。学生从教学、学习和知识等方面进一步展开他们的隐喻。我进一步询问，他们又描述了教师、学生、管理者、家长和社会的角色。他们探究学校教育的目的，就像画面中所反映的那样。他们也描述教育和社会的关系。虽然有时他们的隐喻站不住脚，但是那条通向山顶的小路似乎是学校教育的美丽的呈现。谁决定了这条路？教师在哪里？山代表了什么？谁是决策制定者？

当我们在讨论这些隐喻的时候，当他们在解释自己的隐喻所包含的教学、学习、知识和课程方面的含义的时候，看似独特的画面却又沦为普通的学校教育视野。康明斯和塞耶斯（Cummins & Sayers，1997）认为学校教育的目的和课程组织之间的可感知的区别只是表面上的，并不是根本区别，也非哲【15】 学上的不同。比如，课程界在传统主义的内容中心和进步主义的儿童中心之间的循环和争论并不代表课程研究的不同方法，它们仅仅是"一个硬币的正反两面"，这反映在弗莱雷（Freire，1970）的"储蓄"隐喻中：

> 教育变成了一种存储行为。学生是保管人，教师是储户。教师不是去交流，而是发表公告让学生耐心地接受、记忆和重复存储材料。这就是"储蓄式"的教育概念。这种教育至多让学生接受、填充并存储知识。（p. 58）

储蓄隐喻所揭示的教育的技术取向和结果取向与克立巴德的工厂隐喻是一致的。这一隐喻既是进步主义的儿童中心论的基础，也是传统主义的内容中心论的基础。

当被问及我们希望学生了解什么的时候，我也发现产品模式、生长模式和旅程模式下的学生会说出同样的观点。他们感到为了自身和社会的利益需要学习很多知识。他们更喜欢把教师看作是"促进者"（facilitator）而不是"讲坛上的圣人"，然而，他们也认为教师的知识储备量应该多于学生。当教师们认识到他们的学生都是"争奇斗艳的花朵"，而且应该为其成长提供各种不同的养分时，这就说明教师是有力量的，而且为了保证花儿的开花结果，他们需要使这股力量不断加强。

由于受到现代主义的假设、范式和基础逻辑的影响，我们创造有关学校教育的新隐喻的能力是有限的。我们怎样从新的角度看待事物？怎样产生不同的愿景？怎样以不同的问题进行提问？我怎样才能帮助我的学生从不受现代主义假设和方法影响的视角看待教育现象？储蓄隐喻在我们日常的商业和重商主义的经验中是否根深蒂固到使我们，至少在西方，总是不由自主地击败种种重建学校教育的尝试，最终还是回到"储蓄模式"？

【16】 以"储蓄"为导向的课程导致的一个结果就是，学校变得与学生和家长"毫无关系"，对那些远离主流文化的弱势群体而言尤其如此。这种课程也暗

示了教育"对权威的依赖、线性思维、社会冷漠、被动参与、脱离实践"。
（Cummins & Sayers，1997，p. 146）

波斯纳（Posner，1998）认为"科技产品观"的课程规划在各种课程研究中是占支配地位的，并且是课程改革方法的基础。他还指出，占支配地位的课程范式决定着各种不同的问题、答案和价值。这些问题、答案、价值定型了教育景观，规定了课程研究领域的范围。在科技产品取向的视域中：

> 学校教育是一个过程，其主要目的是促进或产生学习。学生被定义为*学习者*；目标以理想的学习构成；对学业成就的评价几乎只局限于测验成绩上；通过分析目标是否有利于学习来区分教育目标和非教育目标。课程被定义为有意的学习者结果（intended learner outcomes）。因此，学校教育被认为是一个*生产系统*，在这个系统中，个体的学习结果是主要*产品*。如果学校教育的目的不是学习，那么它的目的究竟是什么？（pp. 81 –82）

西罗特力克（Sirotnik，1998）认为，虽然教室看似"变得更加开放"（p. 62），但是在工厂隐喻引导下的科技取向的课程意识形态领域仍然占支配地位。他研究了课程理论与课程实践之间的差距，与古德莱德（Goodlad）和其他研究者的观点相似，他认为"如果研究者想要参与一项彻底的课程研究就必须描述和解释课程之外的领域"。（p. 60）当课程研究诞生的时候，对课程的意识形态领域的研究日益成为人们关注的焦点。

传统课程观包括把课程作为教学的内容、学科、教学大纲、课程计划、学习目标或课堂中的实际经验（包括有意识的和无意识的）。从词源学上来考查"curriculum"，其意为"跑道"或学习计划。传统课程观把"跑道"界定为一系列预设的或经验的行为，这些行为决定了学校教育的目的和结果。

对"curriculum"的另外一种理解是"*存在体验课程*"（currere）或"*在跑道上跑*"（running of the race）。存在体验课程认为，个体差异、目标、目的和价值可能会引导我们的教育经验。以存在体验课程代替课程需要研究个体的历史和经验。

〔17〕　课程，作为一门学科，拥有许多不同的研究视角（Schubert，1986）。课程史"对过去的课程理论和实践进行描述、分析和解释"。（Schubert，1986，p. 41）课程开发、设计、执行和评价决定学生的学习材料、怎样设计这些材料、学生怎样运用这些材料进行学习以及学习的效果如何。这些课程开发的视角对教师也很有意义。当学生在学习的时候，教师扮演何种角色？学生的学习有怎样的效率？如何才能更有效？

近年来，随着课程研究领域的发展，诞生了课程探究和课程理论。虽然这些概念经常交叉使用，但是课程探究指向批判的理论化视角，而课程理论则指向哲学层面的思考。

课程探究由美国的埃利奥特·艾斯纳（Elliot Eisner）发起，1978 年美国教育研究协会（American Educational Research Association）的威廉·派纳（William Pinar）开始把它作为课程研究的一项议程。（Marshall et al.，2000）基于批判思维和后现代哲学观的课程探究显著改变了理论化的课程方法的视野，把社会、政治、伦理、美学、哲学和道德问题与我们现行的教育系统和课程实践联系起来。把课程理解为政治、种族、性别、现象学、后结构主义、解构主义、后现代主义、自传、美学、神学或制度文本的当代课程论述已经成为课程探究的核心。（Pinar et al.，1995）现代社会所强调的高效性、一致性和实用性受到了来自课程理论家的巨大挑战，他们揭露了现存的社会、政治和教育结构何以使不平等权利关系得以永远存在，并对客体凌驾于主体之上、单一视角凌驾于多元视角之上、实用凌驾于公平和公正之上以及统一性凌驾于多样性之上的现象进行了批判。

当课程探究崭露头角的时候，新保守主义政客们却正在关注重新确立课程框架，强调课程的统一性，呼吁建立统一的国家标准，并正在考虑采用统一的国家考试来建立严格、高质量的公共教育。20 世纪的最后 20 年对公共教育缺乏信心以及日益逼近的教育危机的意识逐渐纳入美国政治议程。马修等（Marshall et al.，2000）描述道：

〔18〕　　　从 20 世纪 70 年代末开始，凤凰城的政治保守主义逐渐抬头并成为

这个世纪的主导力量，而且对进步主义理论提出了巨大的挑战，如州政府在社会经济进步方面扮演何种角色，个人、集体具有什么权利和义务……到 1983 年，新保守主义革命已经非常明显：《国家在危急中》（A Nation in Risk）出版，谴责低下的学业测验水平导致了美国在全球市场份额上的下降……（在这期间）拥有全职或兼职工作的 5 岁及以下儿童的妈妈的比例上升到 47%，是以前的两倍；年龄在 18—24 岁的一家之主的比例下降了 1/3；另外，需要税前收入交抵押付款的中层家庭的比例比以前上升了 1 倍。但与此同时，美国中层家庭的收入下降了 10%，而且失业率上升到了 1941 年以来的最高峰。（pp. 147 – 148）

在这种政治大气候下，课程探究自动隐退到了传统的课程研究方法的背后。课程理论家们致力于改变学校现状，并指出科技取向的研究方法所存在的问题，然而课程探究理论不切实际的本质以及它所固有的对严谨、目的和标准的批判和质疑的姿态迫使很多课程理论家们渐渐放弃这种努力而改走其他途径去陈述学校教育问题。在这种社会和政治背景下，概念重建主义者在课程领域的研究对课程实践并没有产生多大的影响。在这个新千年中，以下事项将日益被提上课程领域的议事日程，即参与新保守主义运动的课程论述，使课程理论、课程探究和课程实践以促进学校成为学生学习的有意义场所的方式相结合。对学习意义和学习观的挑战最终将改变我们的教育观。

为了有意义地、批判地探究学校教育的传统方法，并揭露新保守主义对公共教育的控制，我们将从现代主义的历史和政治根源出发来探讨现行学校教育的"生产模式"。现代主义传统以及在现代范式中寻求安慰的需要驱动着新保守主义运动，也驱动着对提高测验成绩、统一课程和成功的国际竞争力的渴望。为了理解新保守主义或者为了理解学校教育的隐喻，以及 20 世纪末政治对教育的影响，我们需要明确了解现代主义。

## 现代主义的根源及特点

关于现代是何时产生的这一问题，人们并未达成共识。然而作为人类历 【19】

史一个非常重要的历史时期，现代由于其理念和意义结构的变革而从前现代中脱离出来。社会、政治、经济、科学和技术文明上翻天覆地的变化标志着前现代向现代的过渡，也意味着人类世界观的根本变化。

现代主义的时代精神（zeitgeist）遍布社会方方面面。世界观的转变开始于 15 世纪并贯串于 15 至 18 世纪。某些历史事件促进并反映了西方社会前现代时期的意义结构和观念的变化。随着时间的流逝，这些变革既是现代到来的征兆，也是现代到来的动力。正如一个肥胖的中年作家可能问自己："我何时开始发胖？"各种历史事件影响的日益积累使前现代过渡到现代。影响这一转变的重大历史事件包括：

- 1436 年　古登堡（Gutenberg）活版印刷的发明
- 1520 年　马丁·路德（Luther）的宗教改革运动
- 1543 年　哥白尼（Copernicus）的《天体运行论》（*On the Revolutions of the Celestial Spheres*）
- 16 世纪 30 年代　笛卡尔的逻辑学和认识论
　　　　　　　　　伽利略的天文学和力学
- 1648 年　"30 年战争"的结束①
- 1687 年　牛顿发表了《自然哲学的数学原理》，简称《原理》（*Principia*）
- 1750 年　蒸汽机的发展和科技革命的到来
- 1776 年　美国独立战争
- 1789 年　法国大革命

从政治的角度看，强调个体和自我决定的现代思维方式可以追溯到 18 世纪美国独立战争和法国大革命。这些进步当然离不开 1750 年蒸汽机的发明和科技革命带来的技术进步，也离不开马丁·路德对罗马天主教的反抗及争取

---

①　1618—1648 年在欧洲大陆爆发了一场广泛的宗教改革运动，主战场在德国，史称"30 年战争"。——译者注

宗教独立的努力。

　　从科学探究的角度来看，伽利略在他的《关于托勒密和哥白尼两大世界　　[20]
体系的对话》（*Dialogue Concerning the Two Principal World Systems*）中所倡导
的科学方法，以及笛卡尔在《方法论》（*Discourse on Method*）中所倡导的论
证方法①，对现代哲学和科学思维方式都产生了极其深远的影响。在 17 世纪
晚期，牛顿的《自然哲学的数学原理》对数学的发展及其重要性的确定产生
了巨大的作用。总的来说，现代物理学、哲学和数学的建立有赖于这些 17 世
纪的思想家们。他们所强调的客观、理论、抽象概念、理性和确定性都是现
代思维方式的基石。

　　宗教也影响着政治和科学世界。对宗教教条的反抗，对隶属于天主教教
会的不满，导致了基督教多样性的形成，同时，在西方出现了宗教导向的国
家。也许有人认为宗教改革是由于印刷机的发明和詹姆斯（James）译本
《圣经》的大量发行。电视节目"艺术和娱乐"刊物《传记》（*Biography*）
指出，可携带的《圣经》是那个千年的伟大发明。路德对教会权威的反抗是
新教出现过程中的一个重大事件，新教教义主张个人可以自由地理解"上帝
的语言"，不需要教皇的解释和权威。

　　总而言之，15—18 世纪政治、科学、哲学、宗教和技术上的进步塑造了
20 世纪的各种观念。从这些起源中可以概括出现代主义的基本原则，即强调
科学推理（scientific reasoning）和个体理性，坚信普遍真理和社会进步。
（Fleener & Fry, 1998）这些基本原则都是在政治、宗教、科学和经济领域中
形成并得到进一步巩固的。下面将具体描述每一个基本原则。

**个体理性**

　　不需要借助教会的权威或者教皇的解释，我们自身就可以理解事物的价
值及其重要性，这一信念最初是在宗教改革时期开始确立的。因为印刷机的
发明，越来越多的人可以得到《圣经》，因此 15 世纪和 16 世纪的思想家们不
再需要神父为他们解释《圣经》。个体可以做出合理的判断，笛卡尔及其哲　　[21]

---

　　①　即直觉和演绎。——译者注

学方法论使这一信念正式化。"我思故我在"强调把个体的理性作为知识的仲裁者。他的怀疑论方法，即只把那些具有确定性的东西作为基本真理来接受，成为现代社会的推理模型。信念是知识的基础，个体理性优先原则使人类具有论证和发现现实的本质的能力。牛顿建立的数学关系学说使人们接受了天体运动的统一性、规律性和可预期性的观点，而且人类也更加确信通过理性的深思可以发现自然界的内部运行规律。

现代对智力的强调已经衍生到社会和人类生活的方方面面。对人类智力的信仰"使个体敢于反抗权威……坚信理性、个体和个体自由的至高无上……新教、艺术中的自我表达以及科学中的实验"。（Elkind，1995，p. 9）

宇宙是一个巨大的钟表，这是现代观的主导性隐喻。用这种方式看待宇宙意味着人类可以理解现实的运行机制，就像钟表匠把钟表拆开，研究其中的一个个零件，然后再把它们组装起来那样理解钟表的运行。事实上，机械时代不仅仅是工业革命时期科学探究的隐喻，时代本身也渐渐开始拥有社会、经济和政治机构的新意义。（Capra，1984）不同于和谐时代，机械时代是被控制、被测量的，并进一步被描绘成拥有越来越好的增加值。在一个机械化的宇宙里，像钟表匠那样，我们不仅通过研究"碎片"来理解我们的现时性，而且也拥有描述其"组装"的能力。当我们把宇宙切割成碎片并理解其组成部分时，我们也能够把这些碎片放回原处并根据自己的理解组装这个"钟表"。因此，我们能够为了个人、社会和政治进步而控制自己的环境。随着医药学的发展，甚至我们自己的身体也被当成"钟表"来看待。如果我们身体的一部分不能正常运转，我们就会通过重新组装或摘除它来保证这个钟表的正常工作。

强调个体理性的现代世界观的暗示坚信社会理性的进步会为个体带来更多的自由。随着社会演变，个体理性成了知识的基础，而且日益成为个体从社会、经济和自然的限制中获得解放的重要因素。戴维·哈维（David Harvey）认为：

　　　　自然中的科学支配承诺可以使人类摆脱资源稀缺问题和自然灾害的肆虐。合理的社会组织形式和思维模式的发展意味着人类从神话、宗教

和迷信中解放了出来，也意味着摆脱了权利滥用。（Hargreaves，1994，pp. 25 - 26）

从这一观点中我们可以看出：权利和约束只能作用于身体而不能作用于心灵。个体理性可以克服自然力和暴政的不公平。由于我们能思维，因此自由是可能的。

## 社会进步

智力的力量可以使人们发现自然界的内部运行规律，使人类从社会和自然的限制中获得解放，这一点与现代主义观的第二块基石——社会进步是紧密相联的。社会进步即"社会及社会中的个体都在逐渐改善"。（Elkind，1995，p. 9）霍拉肖·阿尔杰（Horatio Alger）和19世纪其他几个白手起家的例子说明：在美国，就像社会的进步，作为个体的我们只要肯努力就能取得进步并不断发展自身。工业时代科学知识的增多和技术革新的发展是把社会进步作为现代特性的两个更加有力的证据。直到20世纪最后几十年的这段时期，家长们普遍认为只要每一代都比前一代生活得轻松一点，获得的收入多一点，社会就会取得巨大的进步。

社会进步与知识增长和个体理性是紧密联系在一起的。哈格里夫斯（Hargreaves，1994）总结了它们之间的关系：

> 现代性建立在启蒙信念的基础之上，启蒙信念认为自然界是可以改造的，社会进步是由科学和技术理解的系统发展，以及理性在社会和经济生活中的运用所促成的。（p. 25）

在西方现代思维方式中，社会进步与技术进步和个体理性是密切相关的。这一观点是如此根深蒂固，以至于当后现代张力出现时，后现代观中的现代主义方面建议回归过去。教育中的回归基础运动就是对这样一种社会现实的反映，他们认为社会没有进步，现在的儿童不如过去聪明，社会在恶化。当我们迷路的时候我们会往回走以试图发现走过的路线。回到20 【23】

世纪 50 年代，重审那时的价值，我们再次获得了希望，从而可以继续推进我们的运动。像重新回到岔路口的迷途旅行者那样，这些现代主义的反对者们不是向现代主义的基本假设提出挑战，而是试图寻找正确的道路。那些坚持现代主义观点的人只能返回到已经被挫败的道路。他们对"正确道路"的迷信事实上是一种现代主义的暗示，即存在既定的决然的真理等待人类去发现。

## 普遍真理

科技理性，技术和社会进步，发现宇宙内部运行方式的智力的力量，这都体现了人类对普遍真理的信赖。科学理论和社会理论是支配现代主义观的普遍真理的表述。现代主义观认为，通过运用客观的、可检验的、可重复再现的探究方法，真理是可以被发现的。因此，通过无私的、价值中立的探究，普遍真理是可揭示的。

通过理性的、无偏见的、客观的、可再现的方法揭示真理，这一观念强调了最值得拥有的知识的价值。艺术知识甚至是宗教知识不再被认为具有极端重要性，因为这些知识的获得没有固定的程序。在现代，由于试图削弱宗教的主导作用，所以我们追求普遍真理的行为明显地限制了所探究的领域。对个体理性、确定性、普遍真理和社会进步的过度强调导致了一种失衡，即把科技理性凌驾于其他理性之上。

图尔明（Toulmin，1990）认为，随着笛卡尔哲学的出现，17 世纪是一个目光短浅的时代而不是一个拥有巨大进步的时代。他认为 16 世纪文艺复兴时期的人文主义者就已经突破了中世纪的思维方式，17 世纪的科学和哲学把文艺复兴时期的人文主义者的观点分割成两种文化。他描述道：

> 文艺复兴时期的人文主义者主张适度实践（practical modesty）和智识自由，17 世纪的理性主义者主张理论探索（theoretical ambitions）和智识限制，这两者之间的对比在我们关于现代主义起源的叙述中起着非常重要的作用。通过把现代主义的起源放在 16 世纪的视域中进行考察，我们就可以不受伽利略和笛卡尔所强调的特殊理性的影响……如果这两

【24】

种文化仍然彼此孤立，那么，20 世纪英国的独特性将不复存在：这暗示着现代主义具有两个截然不同的开端，植根于古典文学的人文主义和植根于 17 世纪自然哲学的科技理性。（pp. 42 –43）

当我们进入 21 世纪时，我们非常敏感地感受到现代主义的分裂。当我们努力改善智力传统的结果的时候，二元对立（心/身、理论/实践、男性/女性、客观/主观、科学/人文）、语言、意义及变革是我们关注的主要领域。当今社会的失衡在课程领域得到了永恒发展。在课程领域，科学和数学较之艺术、文学和语言得到了更大的重视。

在整个现代，虽然存在着不同的声音，但事实上它们是被忽视的。浪漫主义诗人和学者对理性主义进行直接的抨击。布莱克（Blake）、歌德（Goethe）、华兹华斯（Wordsworth）和爱默生（Emerson）回应了卢梭（Rousseau）、康德（Kant）、黑格尔（Hegel）、马克思（Marx）和恩格斯（Engles）的观点。人们最终意识到了聚焦于有机的、整体的、关系的隐喻的存在，听到了反对现代主义机械观的声音。21 世纪，科学和技术还在缓步前进的时候，产生了这样一种意识，即我们失去了平衡，并向一个不可能逃脱的裂口倾斜。在追求安全性的过程中，我们失去了自由。当我们追随技术目标（Postman，1995）的时候，我们成了无形牢笼中的囚徒。（Foucault，1977）

## 失衡及反对意见的丧失

西方哲学认为，哲学最重要的问题是诸如数学、对独立的外部世界的信仰等抽象观念之间的关系以及我们的经验，包括情绪、变革、创造性和自由意志等。自从笛卡尔以后，客观实在、其他思维方式的存在、数学的抽象性等开始出现在身心二元对立中。他的怀疑论，即除了那些确信无疑的观点之外，质疑所有有关真理的表述，这一方法论使笛卡尔找到了我们思维方式中的知识基础，把认识论建立在最基本的经验——"我思故我在"的基础之上。对笛卡尔来说，重建外部世界的知识还是需要进一步探索的。把所有的 【25】

知识都以意识到的思想为基础就割裂了思维和思维之外的身体之间的联系。怀特海（1925）认为：

> 笛卡尔区分了两种实在——物质和灵魂。物质的本质是它的空间上的扩展性，灵魂的本质是思考……这些原理直接导致了唯物主义理论和机械化的自然观，思维进一步验证了这种观点。在17世纪晚期，科学控制了物质世界，哲学控制了思维世界。某些哲学流派主张终极的二元对立，还有很多唯心主义派别声称自然界是思维世界的唯一代表。但是所有的派别都认可笛卡尔的关于自然的根本元素分析。(p. 145)

笛卡尔把物质和运动作为自然界的两大本质特点（Kline，1982），以及牛顿的基于空间和时间的物理实在的宇宙哲学，这些观点在形成之初就主导着科学思维方式。笛卡尔的理性思维方法和牛顿力学的科技理性是近三百年认识论的典范。在17世纪，这种强调自然的量化性质（Crosby，1997）、科学的数学化处理（Kline，1982）的认识论与亚里士多德的思想是相背离的。克兰（Kline，1982）解释道：

> 笛卡尔……抛弃了所有质性的东西，坚持认为所有物理现象都可以用物质和运动进行解释。物质的本质特性是其延展性和可测量性，并可进一步简化为数学。另外，没有物质就没有扩展。因此，真空是不可能存在的。空间里充满了物质，而且，物质对物质的作用只能通过直接接触才能产生。(p. 51)

对自然的量化处理以及强调静态物质之间的因果关系，确立了现代科学的议程，并提供了一个机械化地认识宇宙内部运行机制的观点。这种机械观是控制逻辑基础的肥沃土壤，这将在下一章中做进一步论述。数学在科学实践和科学理论的论证过程中起着重要作用。它被认为是客观的绝对真理，如果自然中的关系都可以被数学化，那么我们的理论必定是正确无疑的。正如克兰所描述的：

追溯过去，我们发现，那种认为上帝用数学化的方式为我们设计了自然界的信条渐渐被数学家的工作所削弱。有识之士越来越肯定人类理性是最有力量的，其最有力的证据就是数学家的成功。(p.73) 　【26】

我们关于平均数、总数，甚至空间、时间方面的常识均来源于文艺复兴时期及 17 世纪数学的发展。平均每个家庭拥有 2.5 个孩子，这一概念对于生活在中世纪的人们来说不具任何意义。同样，在笛卡尔的画面中展示一个作为时空连续统一体的物体的运动暗含着许多关于时间和空间的关系、运动和变化的关系等方面的意义。在现代，数学成为"上帝的语言"或记录自然奥秘的语言。因此，数学是一门工具，在科技理性的指导下，使用这门工具可以发现和验证所有知识。

因此，笛卡尔遗留下来的认识论问题就成了怎样了解看似与物质世界相分离、相区别的精神。现代哲学在认识现代科学的实在观上尚存在困难，尤其是一致性、二元对立（心/身、主体/客体）、变革、创造性、自由、时间、相对性、质性、过程和力量。(Lucas, 1983；Reck, 1975) 例如，与牛顿的机械力学相一致，斯宾诺莎（Spinoza, 1632—1677）认为自然的演变是机械的，具有确定性，因此也是可预测的。虽然，斯宾诺莎指出了笛卡尔的诸多不足，但是他提出了其他问题，包括自由意志、创造性、想象力、精神和经验。笛卡尔之后的斯宾诺莎和莱布尼茨（Leibniz）都反对把人类简化为机器人，为机械化的宇宙注入了精神。这样做的必要性指向二元对立思维方式的缺陷。如果没有这一变革，那么现代世界观就意味着我们的经验（自由意志的经验和创造性经验）是不可解释的，物体的存在性问题、可知性、外部实在性、现代科学的基础都是存在质疑的。

当 18 世纪和 19 世纪的哲学继续探讨上述问题时，社会把哲学留给了哲学家，科学从哲学中分离出来，从二元对立的角度着手处理科学和社会探究的技术机能问题。18 世纪和 19 世纪的浪漫主义开始反对理性主义的观点。浪漫主义提供了一个与理性主义相反关于现代主义的观点，这也是另一种选择。

【27】 **浪漫主义**

在众多的反对者中，来自维柯（Vico）、布莱克和歌德的反对意见，虽然观点各有不同，但是在反对理性主义这一点上是一致的，他们都强调人从自然、机械的宇宙观和普遍真理中分离出来。华兹华斯说："我们谋杀了这个世界，把它切成了碎片。"拜伦问道："难道山峦、波浪和天空不是我的一部分吗？"在笛卡尔的等式中，认知者是被省略的，但是，浪漫主义者认为认识客观事物首先必须认识自身。如果人类把自身从已知知识中剔除，那么我们就失去了对意义的认识。我们不能把事物的意义和发现自身的意义割裂开来，强调技术科学、理性思维及机械化控制是以付出我们的自由为代价的。威尔希尔（Wilshire，1968）描述道：

> 这种观点在浪漫主义者那里初见端倪，即人类在找到自己的真正兴趣之前就利用超越自然的科学知识来改变世界，仿佛一个人在熟练地操作威力惊人的武器时却忘了自己脚的位置，结果双脚被该武器砍断了。（p.11）

哲学上的经验主义和理性主义运动不可能逃脱他们自己的方法论所带来的结果。意义和目的不是牛顿世界或笛卡尔怀疑论的一部分。从"期望起点"的观点出发，理解西方社会是如何变得如此支离破碎的，听听浪漫主义者的声音，这些都可能提供一个呈现未来愿景的视域。

18世纪晚期和19世纪浪漫主义思想家的一个普遍主题就是整体中的部分是有意义的，因为它是整体中的一部分。为了理解复杂事物，如生物的过程，我们就必须理解他们的关系、目的、目标和他们自己的理解方式。的确，当我们理解自身，生命就是一种艺术，生活就是艺术的实践过程。自然环境对我们的幸福生活是至关重要的，我们必须与自然和谐相处，而不是站在其对立面上。与自然和谐相处，感觉我们与地球的联系及对地球的依赖，是被笛卡尔和牛顿的科技理性所忽视的浪漫主义者的观点。

我不是生活在自身，

我是周围世界的一部分；　　　　　　　　　　　　　　〖28〗

对我来说，

高山是一种感觉。（Byron）

是意义、目的和相互联系而不是知识和控制激励着浪漫主义者去寻找超越自身的意义，获得关于本质的理解，并且体验生命、享受生命。同时，关于自身的知识是认识世界的先决条件。

浪漫主义者反对现代主义的逻辑，拥抱感觉、矛盾和视角。辩证法而非理性思维成为浪漫主义者的论证工具，不是指向确定性，而是为了过程中的目的。但是，浪漫主义在社会领域之外的影响力却不大，在近两个世纪，他们反对理性主义的声音也仅仅是一种喃喃细语。

然而，21世纪早期的人们终于听到了这一声音，它强调互通性、整体主义、关系、意义和目的。植根于现代主义的机械论和"碎片"中的无意义状态导致了后现代张力的产生，越来越多的人而不仅仅是诗人、哲学家和有识之士投入到后现代张力的研究中。第二次世界大战后，尤其是越南"冲突"以来，现代主义的基石开始瓦解，渐渐转向核裂变、计算机以及前所未有的世界范围内的贫困率的研究。

另一种反对意见也许刚出现时并没有马上被理解，也没有什么效用，但与我们的**期望起点**是相关的，即唯心主义。虽然许多浪漫主义者都受康德、黑格尔的唯心主义影响，但直到20世纪的关系科学，浪漫主义与唯心主义才走到了一起，并提供了一个后现代世界观得以产生的新视角。

**唯心主义**

唯心主义是18世纪和19世纪的一次哲学运动，它是针对笛卡尔怀疑论所存在的问题而产生的。科学的哲学家和认识论者对我们如何发现自然界的真理这一问题较感兴趣，但事实上他们忽视了唯心主义。一些唯心主义的分支认为，虽然外部世界可能存在，但除了观念和经验，我们并不能了解任何

事物。冯·格拉瑟斯菲尔德（von Glassersfeld，1995）以及构造主义的一些分
【29】 支反映了贝克莱主教（Bishop Berkeley，1685—1753）的观点。贝克莱反对牛
顿物理学的机械方法以及洛克的经验主义，因为他们论据的逻辑最终导向自
相矛盾或不可接受的前提条件。激进的构造主义强调我们能够了解的知识只
是感观的经验，关于外部世界的知识是一种建构性的知识，我们的观念使之
生效。激进的构造主义被认为是后认识论，因为它反对把知识论或知识的确
定性作为其方法论的目标。这一流派采用后认识论的态度来获得意义和目的
而不是确定性的基础。

激进构造主义和其他后现代主义流派力图澄清现代主义的种种弊端，他
们的努力是对唯心主义的再创造。贝克莱于 19 世纪早期写成的《人类知识
原理》（*Principles of Human Knowledge*）一书中的第 23 章和第 24 章表明思维
反映现实，但这并不等同于或并不能用来证实现实中的单个的存在。除了自
己的观念，我们没有任何知识。

> 真实地说，所有现象都是灵魂或精神的显现；没有人能解释外在的
> 身体、图像和运动是怎样在思维中显现的，这些无法解释也不需要解释。
> 如果问题的解决意味着显现真实、有效、最终的原因，那么这些原理就
> 并没有解决任何问题而只是把他们简化为普遍原则。（转引自 Smith &
> Grene，1963，p. 2）

伊曼纽尔·康德（Immanuel Kant，1724—1804）也试图澄清笛卡尔怀疑
论和二元论问题所固有的问题。他被许多人认为是现代哲学最伟大、最有影
响力的思想家之一。有些人认为他是唯心主义的，而有些人又认为他主要关
注理性因而是理性主义的。例如，莫尔（Moore，1990）阐述道：

> 康德认同理性主义的观点，认为人类具有先验知识。但是，与其他
> 经验主义者一样，他又没有认识到人类是如何认识客观存在的外部世界
> 的。他化解了这一明显的矛盾，认为先验知识并不是关于独立于人类自
> 身的客观世界的知识。当然，他的"先验知识"这一概念还有待讨论。

（p. 84）

作为那一时代哲学争论的"伟大调停者"，康德的《纯粹理性批判》　【30】
（*Critique of Pure Reason*）试图以牛顿的机械论为基础，但又超越感官经验的
限制。同贝克莱一样，康德对既定的科学假设提出了挑战。他的批判理论围
绕休谟（Hume）的问题而展开，并提出如果我们能够展示知识如何由经验
而来，那么经验主义（empiricism）的问题就获得了解决。康德认为知识是受
限制的，我们不能超越自己的感观认识。康德发展了理性分类，他主要关注
的是研究不同的理性类别，而不是研究现实。[1]

对康德来说，数学是思维力量和思维结构的一个例子，它是人为的、综
合的，它可以为我们提供一种关于这个物理世界的特殊知识，我们通过感观
体验这个世界。因为数学是人为的，所以它所提供的并不是关于现实的知识，
而是我们对现实的观念。因此，康德否认数学及其贯穿始终的自然法则是关
于外部现实本身的。这一观点与牛顿的观点形成了鲜明对比。

> 康德认为数学所维护的观点并不是物理世界所固有的，而是来
> 源于人类思维，这一学说使得所有数学家都踌躇不前……不同于康
> 德，数学家和科学家仍然认为遵循客观规律的外部世界是独立于人
> 类思维的。世界被设计得井然有序，人类的使命是揭示这种设计，
> 然后利用这一规律预测在这一外部世界中将来可能发生的事情。
> （Kline，1982，p. 77）

始于莱布尼茨的德国唯心主义，在康德那里得到了圆满发展，黑格尔以
他的现象学辩证法使这种传统进一步发扬光大。与唯心主义传统相一致，黑
格尔（1770—1831）否认世界是由"物质"组成的。黑格尔继承并发展了康
德的观点——在辩证法中理性的固有冲突。理性试图扩展绝对理解，并试图
越过自身而运用到具体事物当中去。黑格尔聚焦于辩证法和观念自身的演变
过程，而不是受康德的唯心主义和关于外部世界存在的怀疑主义的限制。黑
格尔的现时性包括复杂的过程、演变以及我们与自然界的辩证关系。同样，

在黑格尔那里，自我意识成为在自我（self）与他者（other）的辩证过程中
【31】 的自我观念的演化。因此，关于自我的观念需要有意识地自我意识到自身同
时也是他人思维中的"他者"。

在黑格尔那里，我们发现一种转变，从观念讨论到语言作为辩证过程的
关键因素的讨论。他的目的不是为了使理性超越经验，而是在经验的过程中
用我们的观念去理解现实。对黑格尔来说，绝对现实（the absolute reality）
是自我实现过程中的精神或思想。实现的过程是冲突分解变化的过程。根据
黑格尔的观点，绝对现实具有一个终极目标。它随着历史的发展而演变，在
人类历史中绝对现实在自然界和精神界显现自身。理性在演变，绝对现实也
在演变。

黑格尔的辩证现象学影响了社会理论（马克思和恩格斯）、存在主义
（克尔郭凯尔）、批判理论［拉康（Lacon），哈贝马斯（Habermas），伽达默尔
（Gadamer）］、过程形而上学（怀特海），以及过程理论［哈茨霍恩（Hart-
shorne）］。20 世纪早期的许多分析哲学家［罗素（Russell）和摩尔（Moore）］
都深受黑格尔的影响，并对其理论进行批判。从历史的角度看，唯心主义的重
要性在于它突破了 17 世纪和 18 世纪的哲学传统和核心，并反映了浪漫主义
对辩证法、感觉、互通性和转变的强调。唯心主义和浪漫主义传统是我们智
性遗产的一部分，它们也揭示出一种张力，这种力量指引我们去解决植根于
现代智力传统的种种问题。创造性、冲突、语言、关系和过程成为后现代课
程所要考虑的重要维度，我们将在以后的章节中探索这些维度。

下一章将通过研究现代性的基础逻辑进一步探讨现代的时代精神。如此
一来就会涉及现代思维方式的政治和社会分支。在现代主义的基础、控制逻
辑和科技理性的情境下探讨 20 世纪最后 20 年新保守主义运动的动力因素，
然后，关于后现代的讨论将再次涉及哲学争论、笛卡尔怀疑论所存在问题的
尝试性解决方法以及分化社会的二元论所带来的结果。从"期望起点"的观
点出发，在探索课程未来的进程中，我们对现代的质疑将呈现一个不同的本
【32】 质。我们把一系列的"为什么"作为一个过程，描绘出一幅意义、感觉和经
验的整体画卷。

# 注　释

[1]康德区分了作为其自身存在的事物（Ding an Sich）和作为我们经验的事物（Nou-mena）。回顾历史，笛卡尔认为我们所能了解的只有我们的观念，那么观念世界与物质世界就会出现冲突。康德试图指出这一问题。他的目的是为了论证观念独立于经验何以成为可能，永恒的知识何以成为可能。因此，他区分了分析性先验知识（analytic a priori knowledge）和综合性先验知识（synthetic a priori knowledge）。分析性先验知识是逻辑分析的产物，如数学知识、几何方面的真理都是分析性先验知识。综合性先验知识是一种植根于人类思维结构的知识。根据康德的观点，我们的数学知识不是来源于对空间（几何）、时间（代数）的概念化，而是一种先验的综合判断，或者说知识是人类思维结构所固有的东西。因此，数学观点是先验性的东西（a priori），来源于人类思维的内部结构而不是来自它们自己的内部逻辑（分析）。综合性先验知识的种类包括统一，大多数和全体，现实，否定和限制，固有性或实在，因果关系或依赖性和一致性，可能性或不可能，存在与不存在以及必要性与可能性等概念。

**综合性先验判断**（synthetic a priori judgments）虽然是观念的，但是与经验也密切相关。史密斯和格勒内（Smith & Grene，1963）解释道：

> 根据康德的观点，综合性先验判断是以充分的现实经验为先决条件的。它们也只有在与经验发生作用的过程中才有效。(p.259)

**综合命题**（synthetic proposition）不同于可以分析演绎的**分析命题**（analytic proposition），可以产生新知识。

# 第二章
## 现代主义的理论逻辑

在整个教学生涯中,我只碰到一个令我束手无策的学生。也许我们都曾碰到过类似的学生,不过现在回想起来,我觉得当时所作的努力还不够。

　　她是我数学课上的学生。从她进教室的那一刻起,其蛮横就暴露无遗。只听"啪"的一声,她把书狠狠地扔在了桌子上,并以责难的语气问道:"今天是不是该学点什么?"上课时,她心不在焉,眼睛左看右看,并发出很响的叹息声,几乎连位于市区烟草厂的工人们都能听见,而且,她经常在手臂上搓来搓去,发泄内心的挫败感。

　　作为一个刚从教一年的教师,我尝试了所有教科书上的方法来控制她的行为:跟她讲道理,隔离她,提供给她选择性的作业,记录她在其他学生面前的行为,私下里跟她讨论她的行为,给她看教师评论,送她去辅导员、校长那里,向她的少年预备军官训练班教导员报告她的行为……所有的事情我都做了,但全都以失败告终。最后,在第一个学期期末，校长、我及她都一致同意她下学期不再继续选上这门课①。

回顾过去，我意识到自己是以一个权威者的身份来对待她的。这样一来我与她迅速进入一种权力斗争的状态，结果谁也没能够得胜。这种关系使我想起了时而有暴力行为爆发的冷战时期，那时更为常见的是各种肮脏的场合以及不尊重和轻蔑的评论。隐藏在这种表面现象之下的其实是彼此间的不信任和不喜欢。在某种意义上，人与人之间从来没有被作为有需要、有渴望和有自我动机的个体联结起来。

这段经历对我后来在大学里担任方法论课的教师影响很大。教授方法论 【36】这门课对我来说是一个问题，因为有效的课堂管理与方法本身并无关系，与其真正相关的乃是彼此间的信任和关爱。

控制逻辑和关于学校教育的隐喻遍及课堂环境的方方面面，包括如何与学生互动、如何教学等。虽然我不想回到过去再做一个新手教师，但是几年来我一直在思考自己可以如何改变与那个学生的交往。控制、组织、秩序、管理都是几个反映现代观的用语。如果抛弃这些控制逻辑，而用后现代主义的关联逻辑、系统逻辑和意义逻辑代之，那么我就能以一种全新的方式去对待那个学生。本章将阐述控制逻辑，并探索这一逻辑对课堂和学校的意义。后续章节将探讨后现代主义逻辑及其对学校教育的意义。

现代主义具有多方面的特点。在前一章我们讨论了影响现代主义的多种因素及现代性的根源（社会、政治、经济、科学和宗教根源），提出了现代主义的原则，追溯了现代思维方式的主要哲学问题和方法。各种反对意见从对技术方法的普遍支持中日益凸显出来，并且呼声越来越高，在这种反对意见中我们自己关于后现代的观点也得以涌现。

现代社会对认识论方法和本体确定性的强调确立了一个经典的现代主义的社会意义系统。本体论和认识论的观点是所有社会意义系统的基础，并影响我们对存在、空间、时间、系统、创造性、知识、权利、社会结构、精神、变化和随意性关系的看法。

---

① 在美国中学有一些课程学生需要修满两个学期才算完成。——译者注

由于科学范式的主导作用以及坚持人类理性的各种观念的存在，现代主义观点深深影响了现代思维系统，这种思维系统肯定量化研究的基础性并与时空的本质特征紧密联系在一起。探索数学的发展情况对科学范式和人类理性——现代思维方式的主要特征——的基础逻辑而言是必要的。现实的数学化（the mathematization of reality）暗含着控制逻辑和机械的宇宙观，而这两者直接影响了人们对"什么是知识"的认识。基础逻辑和机械观还影响了这一时代的伦理道德环境，这在本章中也将有所论及，主要是在学校教育与课程的等级关系中进行论述。最后，本章将考察现代思维方式中所固有的空间、时间和物质观念，并把它们与20世纪的科技革命和处于向后现代主义过渡时期所产生的观念进行比较。

〔37〕

本章的讨论将从20世纪晚期的新保守主义运动开始。新保守主义运动及其在教育上的影响是现代主义的各种问题的反映。目前，根源于新保守主义的课程实践也反映了现代主义的基础逻辑。教育中日趋迫近的危机既来源于现代主义的根本原则，也根植于坚守新保守主义思想的各种行为之中。

## 新保守主义和课程危机

弗莱彻（Fletcher，2000）阐述了新保守主义的教育观：

> 新保守主义教育观进一步以牺牲学生的多样性经验为代价，错误地把学科知识客观化、非政治化；以牺牲批判性反思为代价，强调排他性的文化价值观下的一致性思维（monolithic set）。（p. 11）

新保守主义强调学科知识，反对经验，现代主义的痕迹在这两大特点中略见一斑。现代主义的特征还反映在新保守主义的教育实践中。弗莱彻认为，新保守主义在课程观上反对课程的多元化方法，质疑个体经验的价值，认为"美国梦"人人都可能实现，而且，他们还得出这样的结论，即美国文化的伟大之处在于它的统一性而非多样性。弗莱彻关于公共教育中所体现出来的新保守主义的相关论点和参数可总结如下：

- 在学校里，对经验和兴趣的关注是学习有价值的内容的障碍。
- 在学校里，对经验和兴趣的关注是健全的道德发展的障碍。
- 应该有一个统一的课程，而不是一个基于个体兴趣和经验的课程。
- 美国学校的课程应该建立在美国文化的基础之上。 〖38〗
- 多元文化的教育是建立在课程政治化的企图之上的。
- 多元文化的教育是整合少数民族学生的障碍，将引起分裂（divisiveness）和分离主义（separatism）。（引自 Fletcher，2000，pp. 12 –22）

现代美国文化是建立在以个体理性、社会进步和普遍真理为基本原则的现代主义的基础之上的，因此个体经验应让位于科技理性。科技理性为20世纪带来了巨大的技术成果、经济成果和极大的社会繁荣，并揭示了现代主义者所谓的普遍真理。个人成就用这个理性系统中的"成功"一词来衡量。在科技理性的作用下，人们普遍认为客观性的价值高于主观性。其实，科技理性和现代主义的各种观点的基础都是一种控制逻辑，这种逻辑可以追溯到关于宇宙运行的机械化观点。

## 科技理性的起源与现实的数学化

我们的时空观念随着中世纪的机械钟表的产生而改变。特别是钟表的使用和中世纪教规的出现，促成了量化观念与时空本质紧密结合的思想的形成。比如，为了得出一门大炮的最远射程，我们可以用数学的方法进行测量，然后根据大炮与水平面形成的夹角与大炮的初速度计算射程。正如大家所普遍认同的那样，若要把时间、运动中的物体和空间的关系定格为一种数学公式，则需要一种量化的观点。

随着机械钟表的发明，时间本身呈现出一种新的意义，并推动量化的宇宙观的发展。机械的时间（mechanical time）引进了控制和独立的概念，如由于钟表的发明，商业活动和工人的行为都可以被控制。克罗斯比（Crosby，1997）描述道：

1314 年，法国西恩市（the city of Caen）的一座桥上安装了一个钟，旁边刻着："我给出时间的讯号，发出最常见的愉悦之音。"……15 世纪，法国里昂有一封要求为城市造一个特别的市钟（city clock）的请愿书，上面写道："如果有这样一个钟，那么将有更多的商人参加集市，市民们也将更加高兴，并会过上有秩序的生活。"（pp. 76–77）

【39】    1335 年，法国国王菲利普六世认识到了钟表在商业中的效用。亚眠市（法国北部城市）的市长和市议员都要求用钟表来控制工人。菲利普六世同意了他们的请求，并规定了城镇里大钟的用处，即"控制这个城市的工人何时上班，何时吃饭，用餐后何时开工，以及何时下班"。（p. 86）

根据克罗斯比（Crosby, 1997）的观点，钟表很有可能最早是由僧侣发明的，他们用钟表来提醒自己何时起床做祷告，并决定一天的祷告时间。若没有机械钟表，他们就不得不依靠太阳和星星来做判断。恶劣的天气、黑暗的夜晚使他们很难做出精确的时间判断。因此，机械钟表的发明使僧侣们不再依靠自然。正如克罗斯比所说："时间，第一次在历史上独立出来，成为一个纯粹的概念，外在于人类生活。时间，虽然既看不见也摸不着，但是它是受束缚的。"（p. 82）钟表的发明使我们可以有效地控制时间，或至少是利用它，还可以使时间从自然中脱离出来。

机械钟表也为我们提供了对宇宙进行量化的方法。我们可以计算钟摆摆动的时间，物体从树上落下的时间。通过描述时间和空间的关系把物理现象中所发生的变化进行数学化有着重要的意义。这种数学化是导致科学地位在现代社会不断上升的必要因素。通过对时空关系的数学化处理，我们可以预见未来，推断因果关系和预言变革的发生。随着分析性、数学化的工具的发展，因果关系中的不确定因素和变革的推动力不再神秘。关于时间的中世纪神秘主义、定性的解释都已被16 和 17 世纪定量的、数字化的时间观念所取代。

机械钟表的发明和对机械时间的接受为现代科学范式提供了一个必要前提。在时空中运动的物体之间的关系及确定这种关系的数学，从根本上改变了西方社会的自然观，科学被认为具有认识自然内部运行规律的潜力。弗雷泽（Fraser, 1975）总结道：

在中世纪消亡后、康德批判哲学产生前，人们发现时间的知识史有 【40】
两条同时发生的进程：对于历史连续性和变革认识及其形式推论产生的
世俗化，自然现象在时间进程上的数学化。（p. 30）

自然的数学化（the mathematization of nature）和实证科学的发展是现代
思维方式所产生的主要影响。这种实证科学强调理性过程，强调在实验中运
用客观方法。

16 世纪末 17 世纪初，伽利略和牛顿凭借其在天体力学上所取得的发展，
进一步形成了现实的数学化观点（the mathematization of reality）。胡塞尔
（Husserl，1997/1970）描述道：

> 科技理性迅速战胜了自然科学，并产生出一个全新的观点——**数学
> 化的自然科学**（mathematical natural science）——伽利略式的科学（Gali-
> lean science）…… 当后者越来越成为一种现实时，普遍哲学（关于宇宙
> 的哲学、关于世界是什么的哲学）发生了变化……通过伽利略对自然的
> **数学化**，自然本身在新数学的指导下被理想化了，自然本身成为……数
> 学的复印本。（pp. 22 – 23）

每个代数教师都会讲述笛卡尔如何发明平面直角坐标系的故事。笛卡尔
躺在床上，看着苍蝇在天花板周围嗡嗡乱飞。他断定这些在天花板上的苍蝇，
其位置可以被精确地定位下来，然后他就开始从苍蝇所在的位置出发沿着竖
直及横向的方向数正方形天花板的数量。在自然的数学化、微积分和物理学
的发展过程中，物体在空间中的特殊定位是至关重要的，它也有助于发展、
接受空间维度的概念，这一概念直到最近才遭到人们的质疑。

弗雷泽（Fraser，1975）进一步阐述了现代科学方法是如何依赖数学和
抽象，消除了观察者的视角。通过去观察者，以及课程的客观化，个体经验
是被忽视的。正如笛卡尔的怀疑论那样，现代主义的目标是寻找无个人偏见
的客观真理。

时间完全从运动的方程式（the equations of motion）、偶然性及观察者那里分离出来，这是牛顿的格言——"绝对的、真实的、数学化的时间，其自身、其本质与世事无关静静地流淌着"——的精髓所在。……在我们理解暂时性存在（temporality resides）这一概念的时候，牛顿的综合方法的革命性贡献并不主要在于绝对时间的概念，更重要的是由绝对时间概念所允许的存在和生成在物理时间性质上的分离。(p. 33)

【41】

随着科学的数学化，脉络的移除，以及对是什么（being）的强调，科学方法论从根本上发生了改变，它既是实证的、可检验的（empirical/testable），又是抽象的、数学化的（abstract/mathematical）。用数学方法表达的形式关系（formal relationships）是可探索的。数学既是表达抽象的一种模式，又是计算和证实的工具。由于现实的数学化，世界是可认知的，整个自然都是可量化、可预见、可控制的。

通过运用纯数学和测量的实践艺术，人们可以做出……一个全新的归纳性预期，即人类会"计算"。(Husserl, 1997/1954, p. 33)

在现代之前，科学主要受亚里士多德的分类方法的影响。强调测量和自然的数学化，标志着科学已从亚里士多德的分类思想中分离出来。17 世纪，自然的数学化这一思想被广泛采用，因此推动了现代科学技术的发展。测量的概念存在于关系和量化的时间中，它是现代思维方式所特有的，对于这一点我们并不感到吃惊。哈德丁（Harding, 1986）认为：

在过去的若干世纪里，并非所有的文化都像我们的文化这样盛行测量的方法，这也是我们的文化区别于其他文化的分界线。在整个社会对数字是什么这一命题做出不同思考的时候，数学领域的探究就成为可能。(p. 50)

格里芬（Griffin, 1980）罗列出了很多中世纪晚期和文艺复兴时期的思想家，他们不仅发展了测量技术，并预言测量将成为社会的主流。她从 1382 年布拉德沃丁（Brawardine）的《试论运动物体的速度的比例》（*Treatise on the Proportions of Velocities in Moving Bodies*）开始追溯测量的影响力，并论述了从培根到伽利略再到牛顿的测量观的转变［1622 年培根发表了《哲学基础的自然和经验史》（*Natural and Experimental History for the Foundation of Philosophy*），1638 年伽利略发表了《两种新科学》（*Two New Sciences*），1687 年牛顿发表了《原理》］。格里芬对这些发展情况做了总结：

> 据说自然只能通过简化、归纳的方法才能理解。只有把它简化成数字，它才会变得清晰、明了……不能被测量、不能被简化成数字的事物是不真实的。那么，运动是否真实呢？这一命题遭到了质疑。后来人们发现可以通过测量物体移动的空间和所需的时间来测量运动。因此，运动是真实的……那时候人们认为上帝实际上是数学家。（pp. 11 – 14）

【42】

随着微积分和代数符号的发展，出现了函数这一概念。通过使用函数符号，用数学公式来反映时空中物体运动的因果关系，证明自然界中隐藏的真理或规律可以通过科学和现代数学而揭示出来。根据这种思维方式，这些真理显示了由数学函数表达式所反映的因果关系和运行机制。怀特海（1925/1967）认为：

> 泛涵性观点在抽象的数学领域中占主导地位，它认为自身反映了自然界的规律，并用数学化的语言来表达这些规律。（p. 30）

如若没有数学上的这种进步，就没有 17 世纪科学的发展。数学为科学家提供了想象的空间，从而获得关于自然的认识。

以公式化和函数化为特征的数学的形式化发展，以及代数表达方式的进步又推动了自然的数学化发展。伽利略的假设，即我们可以通过数学探索自然发生的各种关系，并不意味着数学可以揭示自然界中隐藏的秩序。数学，最初只是我们对自然的一种建模方式，但很快被错误地用来作为对自然内部运行机制的精确反映。在整个现代时期，通过科学推理和数学预言，人们运用数学反映并证实自然界中潜在的规律是可知的。胡塞尔（1997/1954）描述道：

> 对世界的间接的数学化，是以对直观世界的客观化的形式出现的，这种数学化推动了数学公式的发展。数学公式一经形成，就应用到具体案例的客观化过程中去了。数学公式揭示了一种普遍意义上的因果关系、"自然规律"（laws of nature）以及以函数形式出现的数字之间的依存关系。（p. 41）

【43】 对现实的数学化源于机械时间的发展和数学的进步，它导致了人与自然的分离、控制思想的产生以及对获得宇宙内部运行规律的强调。"钟表运作般的宇宙"这一隐喻是对自然的错误反映，又是对可预期性、可确定性以及时空中物体间函数关系的错误期待。隐藏在现实数学化之下的其实是一种控制逻辑。它既是现代科学方法的基础，又是现代科学方法发展的结果，并直接导致了科学研究范式的神化。下面这一部分将描述自然的数学化科学范式以及现代思维方式中普遍存在的控制逻辑（logic of domination）之间的关系。

## 控制逻辑

课程的层次性既反映了现实的数学化——现代范式的基础——的重要性，又强调了概念框架——科学范式的基础——的结果。人们通常认为，在数学和科学上表现出色的人比那些在人文学科和艺术上有天赋的人聪明。数学才能，通常在初中就已经开始显露出来，并常常被作为识别和标志"天才"学生的重要条件。在面临全国性教育危机的时代，社会和技术的优越性被看成要通过对数学和科学教学的增强来实现。在教育方面，新保守主义大声疾呼把数学和科学放在首位。这种观点在 20 世纪 50 年代后期苏联人造地球卫星发射成功后的新数学（New Math）改革中显得尤为明显，在老布什总统《2000 年教育目标》（Goal 2000）（老布什政府在 1990 年制定的目标。——译者注）中也略见一斑，该目标强调在 2000 年美国学生的自然科学和数学成绩居世界首位。乔治·W. 布什总统呼吁强制性的全国统一的数学和阅读测试，这一呼吁反映出人们对数学学科所具有的技术性能力在国家安全、国际竞争和国家优势中的重要性的认识。

　　20 世纪 60 年代晚期，数学教育研究者注意到了男女学生在数学课上的参与率和数学成绩上的差异性。希拉·托比亚斯（Sheila Tobias）在对伯克利大学大一女生的研究中发现：女性受到职业限制，从事的工作收入较 【44】低，这些都可归因于她们在进入大学时缺乏数学方面的准备。该项研究提出了这样一个问题：为什么女孩在与数学和科学相关的课程上取得的成绩较低，而且在与数学和科学相关的职业上所取得的成就也较低，并且她们对此类课程和职业的兴趣也不高。我们知道在攻击妇女的暴力犯罪中，女性已经是受害者了，可是居然还有许多研究把过错归咎于女性的性格特征。无独有偶，对上述问题的回答也大都指向女性自身的生理因素。有研究提出"数学基因"（math gene）的概念。具体来说就是，男性天生具有数学化的论证能力，而这一能力正是女性所缺乏的。有学者认为，处于青春期的女孩在数学和自然科学课上的课堂参与率有所下降，因为在这一阶段她们体内的荷尔蒙发生变化，雌性激素明显增多，而雌性激素与艺术性思维方式的关系比与逻辑思维方式的关系更加密切。许多关于左右脑的研究也概括性地指出：女性是右脑的、发散性思维者，而不是左脑的、逻辑思维者。还有的学者认为，男孩和女孩之所以在数学和科学课上的成绩和表现有所不同，是因为他们在面对同等压力的时候，女孩所获得的来自家庭和教师的支持较少。

　　当"先天性遗传与后天培养"（nature versus nurture）的争论还在继续升温时，哈丁提出了一个根本不同的问题，即女性所不感兴趣的数学和自然科学到底是关于什么的学科？自然科学在本质上、根本上是男性主义的吗？作为一个激进的女性主义者，哈丁认为：

认识论、形而上学哲学、伦理观和政治学这些科学的主要形式都存在以男性为主的性别取向，而且它们彼此间相辅相成；暂且不论西方文化对科学的本质就是进步思想根深蒂固的信仰，今天的科学主要是为回归社会倾向服务的。科学的社会结构，其应用与技术、其定义研究问题的模式与设计实验的模式以及其建构意义、交换意义的方式，既具有性别主义的取向，又具有种族主义、等级主义和文化强制性的取向。(p. 9)

现代科学的实证性方法（empirical approach）既为科学探究建立了一套标准，又区分了科学推论（scientific reasoning）和非科学推论（nonscientific reasoning）。尤其是物理和化学，它们被公认为是具有抽象性、确定性的纯科学范式。生物学、人类学、心理学、社会学和教育学，这些"次科学"（the lesser sciences）秉持与物理学相同的标准——期望计算的可靠性和确定性。20 世纪 50 年代，奎因（Quine）对科学方法的假设提出了质疑。他在《经验主义的两个教条》（*Two Dogmas of Empiricism*）一文中指出，经验主义的基础假设是"没有根据的"（ill-founded）：

【45】

在很大程度上，现代经验论是建立在两大教条的基础之上的。第一，认为在分析的或以意义为根据，而不依赖于事实的真理与综合的或以事实为根据的真理之间存在根本区别。第二，简化还原论（reductionism），即认为任何有意义的命题都等同于基于术语的逻辑构造，这些术语与直接经验相关。(Quine, 1953, p. 20)

奎因认为，应该对经验主义（empiricism）的两个教条进行批判和质疑，抛弃它们的后果就是模糊了科学知识与思辨形而上学知识（speculative knowledge）之间的分界线。在后续章节中，我们将讨论建立探究后现代过程逻辑、系统逻辑和意义逻辑的逻辑基础，奎因的上述观点与我们的讨论密切相关。

科学方法的基础逻辑具有霸权性，它导致了各种认知方式之间的不平衡，把科技理性凌驾于其他认知方式之上。我将阐述作为科学范式基础的控制逻辑与现实的数学化之间的关系。最后，我将展示现代科学和数学所固有的控制逻辑是怎样形成一种氛围，这种氛围不仅崇尚性别主义和种族主义，而且还已在破坏我们的自然环境。

**现代主义的基础逻辑**

沃伦（Warren，1996）认为控制逻辑是"一种使从属关系合理化的论证结构"（p. 21）。控制逻辑是现代观所固有的，并成为现代观区别于前现代观的标志。控制逻辑表现了现代时期的特点，它是这一特定时期的基本意义结构。控制逻辑以及现代范式的其他方面，如价值等级观念（value-hierarchical thinking）、价值二元论（value dualism），赋予现代主义以"压迫性概念框架"（oppressive conceptual framework）的特征：

> 压迫性概念框架是一种解释、论证并维持统治与从属关系的概念框架……它具有三大特征：（1）价值等级观念（value-hierarchical thinking），即"上下级"思维（"up-down" thinking），认为某些价值、身份、威望较之其他具有优越性；（2）价值二元论，即认为处于析取关系（disjunctive pairs）中的子项是对立的（而不是互补的）和排他的（而不是包含的），而且一子项比另一子项更具重要性……（3）控制逻辑，即一种使从属关系合理化的论证结构。（pp. 20 – 21）

除此之外，沃伦（Warren，1997）又给"压迫性概念框架"增加了两个特征，即"权利至上主义概念"和"特权概念"，其中，"特权概念"是为 【46】维持"上下级"思维并使之合理化服务。（p. 20）她认为，生态女性主义的主要任务应该是揭示压迫性概念框架及其控制逻辑。

正如前面所讨论的，促进现代科学发展的一个重要因素就是对现实的数学化。自然一旦被数学化，那么科学探究和科学方法就成为提供客观、确定的知识的工具。从女性主义的视角追溯科学范式的历史变迁，我们可以发现自然的数学化与控制逻辑之间的关系。格里芬（Griffin，1980）在其科学史的研究过程中，通过以下主题追溯了男性与自然的分离，以及男性对自然和女性的统治：

男性与女性、自然的分离；

征服女性和自然；

驯服野兽；

使世界变得文明；

区分空间和时间；

把测量作为区分和隔离的工具；

从男性的感观和推理出发鉴别真理；

拒绝情绪；

控制自然，男性是刀枪不入的；

消除对不确定性的恐惧；

对计算的确定；

对现实的量化。

显而易见，控制逻辑与科学范式、现实的数学化错综复杂地交织在一起。麦钱特（Merchant）的经典著作也支持了这一观点，该著作论述了女性和自然的古老的身份认同，她认为现代科学隐含着一种控制逻辑的观点，男性为了达到自身的目的而控制、利用女性和自然。麦钱特（Merchant，1980）描述道：

在古代，自然被认为是母亲和哺育者，这就把女性历史与环境历史和生态变迁联系了起来。大地母亲（female earth）这一概念在有机宇宙学中处于中心地位，有机宇宙学在现代欧洲的早期受到了科学革命和市场取向的文化的影响。（p. xx）

麦钱特从女性主义和生态学的观点出发，批判了势力竞争（the influences competition）、男性侵略（male aggression）以及男性对女性和环境的统治。通过对现代社会的内隐价值（implicit values）进行思考，包括开发、控制、理性和进步，麦钱特梳理出一条关于现代科学及其基础的控制逻辑之间关系的新路线。在她看来，控制逻辑和现代主义对女性和自然环境都是有害的。控制逻辑——现代主义的基础逻辑，对教育和课程产生了重大影响。

【47】

## 课程与控制逻辑

　　基于现代范式的课程既反映了压迫性框架中的价值等级思维、价值二元论和控制逻辑的思想，又使这些思想在这种概念框架中得以永存。前面所讨论过的课程等级现象既揭示了一种由数学和科学占主导地位的课程结构，又揭露了一种崇尚"碎片式思维"的价值系统，这种价值系统认为数学和科学较之人文学科和艺术有更大的价值。那种认为教育的目的是为了给社会提供工作人员、为了给社会机制的永远运行提供保证的观念，反映出这样的信念，即认为技术控制比情感、思维和经验更重要。沃克丁（Walkerdine）认为，数学在社会中所扮演的角色是看不见的隐秘的社会理性控制的一部分。

　　　　我的论点是现代秩序是建立在政府部门合理的、科学的和统计的管理形式之上的，而且这个政府宣称会根据自然本身的规律对自然进行认识和控制。因此，数学对现代秩序的产生来说是至关重要的……事实证明，仅仅教会儿童读和写并不足以消除逆反心理。通过给儿童营造一个天然的童年时期可以达到培养儿童自由选择次序和意愿（free will）的目的，天然的童年时期可以由多种隐性的方式来塑造和调整。数学就是原因。（pp. 211 - 212）

　　现代课程反映了上述观点，而且强调竞争，忽视合作；强调个体化，忽视集体；强调结果，忽视过程。若对这些观点进行追根溯源，那就非现代主义的根源及其控制逻辑莫属了。把教学分割成一个个课时，将课程划分成一个个学科，时间的概念就这样反映出课程是怎样受现代主义影响的事实。正如哈格里夫斯（Hargreaves，1994）所描述的：

　　　　时间为教师的教学工作提供了框架，这个框架反过来使时间自身结构化。时间并不是教学这一有组织过程中的无足轻重的偶然因素，它约束或促进了管理者在教学过程中做出变革性行为。时间的界定性和强迫性，成为教师工作以及学校管理者的政策和观念的核心要素。(p. 95)

【48】 在现代观的引领下，人类取得了巨大的成果，但又付出了怎样的代价呢？现代科学技术的发展、民主自由的政治体系的建立、政教分离，以及公共教育的发展，这些都是现代观的成果，但现代观在 21 世纪初受到了广泛的质疑，因为这种观点破坏了个体和集体的美好生活，破坏了地球的未来。

## 现代主义的普遍性

那种认为数字和用数字表示的各种关系在某种程度上可以展现整个世界的观点，以及现实的数学化思想影响了现今的经济和政治结构的发展（参见 Capra；1984，Merchant，1980），也影响了教育的发展。教育范式与我们这个时代的社会、政治、经济背景是辩证相关的，并受我们所秉持的时空观念的影响。关于学校教育的"产品"隐喻之所以如此盛行，是因为我们这个后工业社会是建立在自然的数学化之假定的基础上的。虽然在现代主义的支持下美国在 20 世纪就取得了辉煌的成就，但是新保守主义的抬头就是现代主义的垂死挣扎。新保守主义运动无视现代思维方式所造成的种种困境以及所带来的诸多不平等，而片面强调回归过去。

虽然我们努力维持过去的辉煌，但科学在 20 世纪还是受到了巨大的挑战。下一章将要讨论科学革命以及多元化的社会、经济、宗教和政治影响在后现代时期的汇集。

关于后现代主义的描述多种多样，如"多样性理智运动"（diverse intellectual movement）（Fletcher，2000，p. 28）、"对产生于启蒙理性的现代主义的批判、反抗或背离"（Schwandt，2001，p. 120）、"一种思想的征兆，而不是问题的解决办法"（Latour，1993，p. 46），以及"一种'对元叙事的怀疑态度'，与我们认识世界所必须依靠的基础"（互联网哲学百科全书）。关于后现代的更具体的描述是：

　　后现代理论使自由主义、马克思主义、哲学和科学等这些被利奥塔
（Lyotard）称之为"宏大叙事"的话语体系失去了其权威性……后现代 〖49〗
主义认为各种理论用来判断对错、好坏的标准不具普遍性和客观性。这
些标准内在于理论自身的话语体系之中，因此是历史的、可变的。
（Weedon，1997，p. 170）

后现代主义具有反基础主义、反普遍性、反确定性的特点。它是关于我
们这个时代的一种"态度"或"诊断"。

　　与其说后现代主义是一种理论，不如说它是关于社会的一种态度、
一种诊断。它反对启蒙理性的四个核心教条：（1）关于理性的、自治的
主体的概念：一个拥有人类本质特性的自身；（2）基础主义者的认识论
（以及普遍意义上的基础主义哲学）；（3）推理能力具有普遍性，并且是
个体的先天能力；（4）坚信社会和道德的进步通过合理地把科学理论应
用于艺术和社会机构而实现……后现代主义对所有元叙事的话语体系有
所质疑，这些宏大的理论框架宣称能够诠释文化、社会、人类机构及类
似主题。……后现代主义崇尚异质性（heterogeneity）、差异性（differ-
ence）、片断性（fragmentation）和不确定性（indeterminacy），而不是元
理论框架（metaframeworks）。（Schwandt，2001，p. 120）

21世纪早期转瞬即逝，伴随着冲突、不安和不确定性，我们迎来了变
革。退回到更舒适的过去是面对冲突的一种反应。在21世纪这一转型时期，
我们还不能确定是否能从根本上改变这个世界，转变社会结构和学校，抑或
是这一时代会成为历史上的大黑暗和大萧条时代。怀着超越现代主义，呈现
崭新的联系、意义、目的和价值的期望，我写成了此书。"期望起点"的研
究方法旨在提醒我们在走向不确定的未来的时候勿忘过去。在后现代转型时
期，当我们在构建关于未来的图景时，社会对教育和学校教育的影响，及它
们本身所产生的影响都是至关重要的。

# 第三章

# 科学革命

【51】　　"革命"，从科学的角度而言就是如何运用更好的理论或更有力的证据去革新各种既有的思想学说。事实上，真正的革命发生于人的头脑之中，而科学可以帮助我们理解这一崭新的世界。

　　　　　　　　　　　　——约翰·伦尼（John Rennie），《科学美国人》
　　　　　　　　　　　　（*Scientific American*，1999）一书编辑

　　作为一位前逻辑学学者、哲学学者、数学教师和计算机教师，我长期致力于科学在西方知识和文化发展史中所扮演的角色的研究。科学发现、研究方法、意义和价值、哲学研究，以及各种与时代文化背景相关的运动，它们之间的关系令我着迷。尤其是在现代社会，科学所扮演的角色对我们如何认识自身、认识世界都起着重要的作用。

　　本章将详细描述 20 世纪所发生的各种变化，它们深深地影响了这个社会，并从根本上改变了我们对科学、知识的看法。事实证明，我们正身处一

个科学革命的时代。在这里，我们自己对各个领域的探究引领着我们以另一种方式来看待这个世界，对那些我们曾认为确定无疑的知识提出质疑，对那些我们所珍视的认知方式的假设的有效性提出挑战。同时，由这些挑战所带来的不确定性唤醒了我们对人性的关注，也使我们重新建立起与自然环境的联系。

本章旨在通过详细描述 20 世纪的主要科学发现和运动来说明当今科学革命的重要意义，对那些没有科学背景的人来说阅读本章可能会比较困难。许多后现代隐喻取源于相对论和量子力学的观点，鉴于此，本章将对相对论和量子力学做详细论述。此外，后现代主义的诸多有机隐喻（organic metaphors）引用或错误地引用了达尔文及其之前的进化论的观点，因此，对达尔文的进化论、后达尔文理论（post-Darwinian）以及后新达尔文理论（post-neo-Darwinian theories）进行区分是十分必要的。 【52】

长期以来，哲学和科学紧密相联。杜威、怀特海、米德，同亚里士多德、笛卡尔与莱布尼茨一样都认为哲学探究和科学探索之间并无矛盾，而且，在各自的时代他们还进行了关于科学发现和科学方法的研究。米德（Mead，1934）认为"处于某一历史时期的哲学总是试图解释这一时期最具确定性的知识"。（Morris，1967，p. ix）正如第二章所阐述的那样，在现代社会中科学被作为认知典范而在所有领域中处于控制地位，包括对哲学的控制，对于这一点我们并不感到吃惊。如今，科学领域中发生的变化正从根本上影响着我们的文化，因此，了解这些新科学的来龙去脉是至关重要的，因为它们使我们超越了各种现代主义的假设。

本章对生物进化论、相对论和量子力学等科学革命的探索，为本书的"期望起点"提供了一个完整的研究背景。从前三章所阐述的"期望起点"的观点出发，我将在第四章至第七章中介绍课程动态学的视角及其逻辑，并在第八章和第九章中勾勒出课程动态学的图景。

库恩在其著作《科学革命的结构》（The Structure of Scientific Revolutions，1962）和《哥白尼式的革命》（The Copernican Revolution，1957）中，对科学革命进行了剖析。科学革命与"常规科学"（normal science）的根本区别在于范式的转换，这种范式转换发生于已有的科学理论不能有效地解释异常的事物或现象的情境中。库恩（Kuhn）认为，把世界视为一个运行的钟表的思想诞生于哥白尼的天文学中，并在牛顿物理学——标志着对以往科学范式的重大突破——那里达到顶峰。钟表式宇宙这一隐喻以及旨在为宇宙建立模型的数学发展（如第一和第二章中所讨论的），为科学方法的发展奠定了基础。为了保证可预言性、确定性和控制性，以控制逻辑为基础逻辑的现代科学方法非常强调测量的作用。科学方法是现代理性思维的典范。

【53】

生物进化论、相对论和量子力学代表了科学的新发展，这些发展既影响了我们的科学观念，又影响了所有社会范式和知识范式。这些新发展是当前正在发生的、对整个社会和文化产生深刻影响的科学革命的核心。这些变化和发展发生于从 1859 年达尔文发表《物种起源》到 20 世纪 20 年代玻尔—海森堡—爱因斯坦（Bohr-Heisenberg-Einstein）争论的这 70 年中。科学上的这些发现使科学研究不再专注于具体化，并拒绝使用碎片式的方法，从而为"二战"以后发展起来的关联的、过程的、解释的、系统的研究方法创造了发展的空间。量子力学、相对论和生物进化论为关联逻辑、意义逻辑和系统逻辑的发展铺平了道路，这些逻辑对我们这样一个后现代的、过渡的时代具有深刻的意义。

虽然从期望起点的角度理解 20 世纪科学革命的本质是至关重要的，但是对研究各种课程理念来说，理解伴随着思维方式根本转换的时代精神也是非常重要的。在进步主义运动与基础主义运动之间徘徊着的课程，需要一场对于课程及学校化教育社会机构理解的革命。科学革命的"双重效应"在于它既反映了时代精神的转变，又生成新的观点和隐喻，改变我们对学校教育、课程和教育关系的理解。

## 生物进化论

自从"二战"后的 50 年以来，我们一次又一次地听到，为了民主，为了安全，我们的学生必须学会竞争。竞争、适者生存以及绩效标准（perform-ance standards）等概念对课程的影响从未停止过。民主的观念是如此深入人心，以致整个社会都理所当然地认为倘若要在国际竞争中取胜，就必须"拔高门槛"（raise the bar）、"提高标准"（set high standards）。新保守主义者的

许多花言巧语式的议程，包括乔治·W. 布什《不让一个孩子掉队》的教育　【54】
计划，其中的一些话语和隐喻都可以在达尔文的进化论中找到根源。

事实上，生物进化论的发展具有极为重要的作用，因为它对有序、静止、
神圣的传统宇宙观提出了质疑，提供了一幅不断变化发展、各个物种适应环
境，并在环境中互动的图景。现代观认为人是自然的统治者，与之截然相反，
生物进化论以及由此而引发的哲学运动再次唤醒了人类、人性和文化，并使
人们把它们置于自然这一广阔的背景中加以认识。天主教会因为泰亚尔·
德·夏尔丹（Teilhard de Chardin）——20 世纪的科学家和耶稣会神父——把
人的精神（spirituality）与进化过程、有机自然结合起来进行认识，而对他大
加斥责。在夏尔丹看来，把世界视为一个过程而不是一个已经设计好的确定
性（fixed certainty）存在并不是对上帝的挑战，恰恰相反，这正是遵从了人
类认识上帝的过程。他写道："当人类对世界的认识在广度、宽度或深度上
每前进一步时，人类对上帝的认识也前进一步。这里我并没有用比喻的口吻
来陈述上述观点。"（Chardin，1965，p. 36）进化论使永恒性和确定性遭受了
前所未有的挑战。事实上，由进化论所引起的过程性和确定性之间的张力在
前苏格拉底时期巴门尼德斯和赫拉克利特（Heraclitus）的追随者们之间的争
论中就已初露端倪。但是，前苏格拉底哲学之后的哲学和科学追求永恒性和
确定性，过程性方法被搁置一边，这一搁置就是 2500 年之久。因为对机械观
和目光短浅的牛顿物理学的反对，永恒性和过程性的争论在 17 世纪和 18 世
纪再次兴起。

在达尔文之前已经存在一些关于进化论的研究，只不过他的理论是当时
博物学研究领域的顶峰。根据莱文斯和列万廷（Levins，Lewontin，1985）的
描述：

> 1859 年，当《物种起源》发表时，自然科学和社会科学领域就已经
> 弥漫着进化论的思想。进化的宇宙观在康德 1786 年发表的《自然科学的
> 形而上学基础》（*Metaphysical Foundation of Natural Science*）及 1796 年拉
> 普拉斯（Laplace）的星云假说（nebular hypothesis）那里就已经得到确
> 立。1785 年，苏格兰地质学家赫顿（Hutton）提出了均变论（uniformi-

tarianism）的思想，这一思想在 1830 年莱尔（Lyell）出版的《地质学原理》（*Principles of Geology*）一书中得到了进一步发展，并成为地质学研究的指导原则。进化的热力学观点始于法国科学家萨迪·卡诺（L. N. Sadi Carnot），他于 1824 年提出了该理论，并在威廉·汤姆森（William Thomson）1851 年的著作中臻于完善。在社会科学方面，斯宾塞（Spencer）的影响是巨大的……19 世纪上半叶的英国文学完全受进化论主义者观点的影响。（pp. 27 - 28）

〖55〗　颇具讽刺意味的是，在 19 世纪的知识传统中，生物学是最晚接受进化论思想的领域之一。早在 18 世纪，浪漫主义诗人就已运用自然主义、历史主义和进化论的观点抨击现代科学和社会的机械性，远远早于科学领域出现类似的批判性观点。在生物学领域，19 世纪初法国的拉马克（Lamarck）和圣 - 伊莱尔（Saint-Hilaire）对物种的进化进行了初步探究，他们在达尔文之前就发现后代从其父母那里遗传了对自然的适应性特征。但是，不论是拉马克、圣 - 伊莱尔还是达尔文，他们都没能对遗传、变异得以产生的内在机制进行研究。

　　达尔文认为生物进化的原则包括：变异原则、遗传原则和自然选择原则。[1]对大多数人来说，变异原则是毋庸置疑的。达尔文对遗传的内在机制一无所知，不过那时他也不可能对遗传进行探索，这一领域的研究直到 20 世纪由于基因和分子生物学的发展才成为可能。自然选择原则被广泛利用，是潜在的控制逻辑的有力证明。

　　今天，许多教育争论源自于人类"生物起源说"和"上帝造人说"之间的冲突，而且，很长一段时间以来，在学校里教授进化论知识困难重重。这些争论之所以产生，是因为自然选择原则与神的旨意形成了鲜明的反差。不过，达尔文进化论中的某些观点并不反对传统的宇宙观，认为宇宙是有序的、完美的。社会达尔文主义和马克思主义政治思想运用生物进化论的观点解释政治体系、经济体系和社会等级等的演变原因，认为这种演变是适者生存、优胜劣汰的结果。有的甚至认为，存在一些"精选"（chosen）的种族，这些种族更具适应变化的能力，而且天生拥有生存和竞争所必需的智力。例如，在比较思维系统如何在那个时代的经济体系反映出来时，马克思运用了达尔文的生物进化论，并认为资本主义和社会主义是现代社会两个合乎逻辑的结果。马克思认为，人类进化论所隐含的目的论预示了经济体系和政治体系之间存在一种张力。赫伯特·斯宾塞（Herbert Spencer）进一步发展了社会达尔文主义，认为不同的社会力量应该拥有不同程度的优越性，而且这股社会力量的整体特点由其民族和种族特性所决定。社会达尔文主义的影响也波及到了学校，我们运用种族、民族和社会经济学的数字预测整个班级的学生学业成就。变异原则、遗传原则和自然选择原则导致了适者生存思想的产生，这种思想在学校管理以及教育者对学生表现、学生生存状态的解释和期望中清晰可见。适者生存的观点为"责备牺牲者"（blame the victims）的趋势提供了理论支持，个体的成功或失败应归因于家庭背景和个体特质，而不是我们这个社会机构的霸权性质。〔56〕

社会达尔文主义强调冲突、竞争和有限资源下的生存。这些理论隐含了目的论秩序（teleological order）和遗传决定论（inherited destiny）的思想。进化论的这些视角本身并未使人们的思维超越牛顿的决定论。强调优胜劣汰、适者生存的进化论与牛顿的宇宙观是相吻合的。达尔文理论的这一竞争机制使我们视残酷的竞争结果为理所当然，使我们推卸责任，无视自身的罪行。机器开始运转，其运转不受意图、目的和价值的控制。这种观点认为进化是自然发生的，无需人类精神的介入，与其说它是对钟表式的宇宙观的反对，不如说它是对钟表式宇宙观的反映。里夫金和佩尔拉什（Rifkin & Perlas, 1983）认为：

> 达尔文有意地从工业装配学那里借用一些概念有失公平，他的生物进化论确实反映了自然界中的一些生存法则。每个新的物种都可以被看作是各种独立的器官以特定的顺序重新装配起来的集合体，这种集合体无论是本身的复杂性还是对环境的适应性都有所提高。（p. 98）

这种对达尔文进化论的解释反映出达尔文自身对进化机制的不确定。虽然决定生物进化的潜在的神秘力量并不存在，虽然我们知道生物进化的机制在某种程度上与环境变化有关，但是生物进化何以产生仍是个未解之谜。达尔文不能解释自然选择和物种突变的原因。把生存建基于"优胜劣汰"之上的思想其实是现代思维方式的表现，同时也反映了其对"胜者为王"（bigger/more is better）、"强权就是公理"（might makes right）的推崇。

类似的缺乏长远视域的现象在所谓的进化论的课程中也同样存在。例如，螺旋式课程（"spiraled" curriculum）的编排方式，虽然它呼吁课程应建立在过去的成功经验基础之上，强调内容知识（content knowledge），但实际上它还是反映了一种建立在现代进化论基础之上的机械发展观。采用预先设计好的路径，为使生存潜能最大化而对学习环境进行控制，儿童在预先设计好的路径中按部就班地活动，所有这些都反映出机械的达尔文式的观点。从后现代的视角理解进化论需要重新考察其基础逻辑（the underlying logic）和指导性问题（guiding questions）。从这个批判的视角去看，进化论将被作为过程逻辑、关联逻辑和系统逻辑得以产生的重要范式而被重新认识。

随着基因理论的兴起和发展及其与达尔文进化论的相结合，20 世纪早期诞生了新达尔文主义。他们运用基因突变原则、自然选择原则以及基因的物理构成和化学机能来解释进化的产生过程。但是，新达尔文主义把主要精力集中在进化机制的研究上，因此，它仍然是一种现代主义的观点，强调"无灵魂"的产品，强调基因的优越性。后新达尔文主义（post-neo-Darwinism）（将在第五章中与复杂科学一起进行讨论）对所有变异都是偶然发生的这一观点提出了质疑，并且反对还原论简单地从数学关系和化学关系出发考察、定义生活过程。后新达尔文主义试图证明："充满创造性的生命演变过程是以多样性和复杂性的日益增多而展开的，这是所有生物系统所固有的特征。"（Capra，1996，p. 222）

丹尼特（Dennett，1995）认为，尽管现代主义者对达尔文的进化论进行了诸多诠释和应用，但是达尔文的理论本身把进化提高到了一个重要的位置，正是源于此，后现代主义的观点才得以产生。在达尔文之前，牛顿机械论总是使人们联想起超能力、世界的控制者、保持宇宙运行等观念。在一个机械的无灵魂的世界中，人们需要一个这样的控制者来赋予意义和目的。一方面，

【57】

达尔文的思想动摇了钟表制造者，即世界控制者的地位，为这一机械化的世界引进了偶然性和不确定性；另一方面，意义、目的以及对"为什么"和"是什么"（包括"世界的意义是什么？"）的探索，在当时社会中的处境更加艰难。因此，即使从机械论的角度对达尔文的理论进行诠释也构成了对钟表宇宙这一范式的巨大挑战。虽然秩序和静态平衡也意味着超能力的存在，但是达尔文关于偶然性的观念使人们对知晓一切、掌控一切的上帝产生了质疑。宇宙的钟表观，既要求人们创造出理想的"作品"，又要求"作品"各组成部分之间的关系是可以预见的、确定的。这种思想与生物进化论不一致，因为在进化的过程中物种产生、发生基因突变、灭绝，变化是这一过程永恒的主题。存在主义和浪漫主义，这两种知性运动是以对缺乏目的和意义的、没有舵手的机械化世界做出回应的形式而出现的。丹尼特还认为后新达尔文主义思想再次提出了意义、目的和价值，这些（将在第五章中进行探讨）都与系统的逻辑基础相关。 〔58〕

　　达尔文思想的意义重大，因为它迅速地对社会产生了影响。20 世纪初，当量子力学刚刚兴起的时候，普通百姓对其发展漠不关心，但是，达尔文的进化论在其形成之初就引起了广泛的社会关注、抵制、批判和恐慌。1925 年田纳西州的"斯科普斯猴子案"（the Scopes Monkey Trial）——一个在教室里教授进化论而引起激烈争论的例子就是一个很好的证明。

　　1925 年 2 月，田纳西州通过了一项法案，法案规定，公立学校"不教授《圣经》中的上帝造人说，而教授人是由较低等的生物演变而来的进化思想是违法的"。克纳普曼（Knappman，1994）描述道：

　　　　几个星期后，在小镇代顿（Dayton）的一家杂货店里，一位来自纽约的达尔文进化论的拥护者与当地的两位原教旨主义者发生了激烈的争论。尽管他们在进化论或人类与猴子是否是近亲的问题上争论得异常激烈，但很快就达成共识，认为一次对于法律效用的尝试可以为代顿镇的商业繁荣带来奇迹。这位 24 岁的高中科学老师，约翰·托马斯·斯科普斯（John Thomas Scopes）成了试验中的"豚鼠"……4 月 24 日，在日里郡（Rhea County）高中的课堂上，斯科普斯用经过州政府审定过的教材向他的学生讲授进化论知识。5月7日他被捕了，并很快被大陪审团起诉，这就是以大标题的形式出现在各家报纸上的"猴子官司"事件。(p. 89)

在为期两周的审讯上，为斯科普斯辩护的芝加哥大律师克拉伦斯·丹诺（Clarence Darrow）与当地的原教旨主义律师及三届总统候选人威廉·詹宁斯·布莱恩（William Jennings Bryan）发生了激烈的辩论，但是最后，斯科普斯还是被判有罪，而且被处以100美元的罚款。后来他上诉到田纳西州最高法院，那100美元的罚款因为"法律上的技术细节"（technicality）问题而被取消。这一事件引起了巨大轰动，反映出社会对进化论非常关注，而且人们的观点不一。其实在审讯之前，布莱恩就发表公众演说，认为"进化论和基督教教义之间的争论是一场生死抉择……如果进化论在代顿镇获胜了，那么基督教将消失"。(Knappman, 1994, p. 90)

[59] 当我和我的学生在讨论范式的时候，我常常给他们观看1960年由"斯科普斯猴子案"改编的电影——《向上帝挑战》（Inherit the Wind）。影片中，这个审判反映了宗教和科学之间的冲突，反映了基于信仰的推理和科学理性之间的冲突。整部影片隐含了宗教教义和科学方法强烈对抗的逻辑原则。但是，在影片接近尾声的时候，我们发现由斯宾塞·屈赛（Spencer Tracy）扮演的克拉伦斯·丹诺（Clarence Darrow）开始意识到把宗教教义和科学思想对立起来既有意义又有危害。这部电影并未以宗教的灭亡和科学的胜利而告终，也没有以机械的、无上帝的宇宙取代上帝驱动的宇宙而告终，而是怀着能够产生更深的理解和更普遍的和解的希望而结束的。影片告诉我们，如若坚持宗教和科学的分离，我们最终将一无所获。超越这种分离，我们迎来了后现代主义的兴起，它像不死鸟一样从冲突的灰烬中获得了重生。但后现代主义不是宗教范式和科学范式的调和物，而是对两者的转换。

泰亚尔·德·夏尔丹描述了上述观念的转化，同时认为一个有机的、充满灵性的、有变化的宇宙是人类终极的也是最迫切的精神诉求。

宇宙在我们身边转换和发展……显然，人类正经历着一场生长危机……宇宙的进步，尤其是人类宇宙的进步，并非是在与上帝竞争的过程中取得的，也非完全归功于上帝……圆不可能有两个圆心，世界也不可能存在两个顶点……为了使基督再次降临，我们所能做的一切就是让地球的心脏与我们一起跳动。（Chardin，1965，pp. 150－154）

进化论对意义危机和目的危机具有重要的影响作用。因为变异原则认为变异的发生不是由上帝决定的，而是偶然发生的。正是这一观点引发了人们对目的和意义的重新思考，因为控制逻辑和机械观而产生的意义危机对 21 世纪初的后现代主义思潮来说至关重要。胸怀批判与质疑，跨越现代主义的门槛，我们正在寻找重新发现意义、目的和价值之路。在探讨进化论的同时，讨论精神问题、本体问题、认识论问题和道德问题有助于我们挣脱机械论的枷锁。作为一次科学革命——进化论为后现代的产生点燃了希望之光。

作为存在于 20 世纪末、21 世纪初的西方社会的哲学思潮，后现代主义反映了现代主义的各种范式冲突，揭示了现代主义的基础逻辑。但是，它并【60】不意味着夏尔丹所描述的神圣时代的到来。后现代主义为意义和变革开启了一道门，但对于门里面究竟会有怎样的风景，目前我们并不敢妄下结论，但有一点可以肯定，那就是——我们能够适应透过门而照射进来的灿烂阳光，并必将走向一个崭新的世界。量子力学和相对论是两把开启这扇门的钥匙，它们动摇了现代科学范式的基础，尽管并未取得广泛共识，但它们对科技理性和社会进步的现代主义假设确实提出了巨大挑战。在下面的篇幅中我们将分别讨论这两个理论。进化论、量子力学和相对论的产生不仅意味着牛顿钟表式宇宙中已经发生了巨大变革，而且有助于后现代主义思潮的发展。从这些范式衍生出来的关联逻辑、系统逻辑和意义逻辑，是后现代课程的基础，这种课程为我们的儿童生活在崭新的世界中做好了充分的准备。

## 爱因斯坦相对论

牛顿学说所建立的钟表式宇宙可以在古希腊哲学家阿基米德（前287—前212）那里找到雏形。阿基米德有诸多发明，杠杆便是其中之一，曾被用来保卫亚历山大抵抗罗马的入侵。一次，阿基米德与亚历山大国王托勒密（Ptolemy）谈及他的发明，他说，如果给他一个支点，就可以撬动地球。牛顿认为若要理解钟表式宇宙中的运动和力量，唯一的方法就是基于阿基米德的这一观点。牛顿的这一观点其实已经假设了绝对空间、绝对时间、绝对运动的存在。爱因斯坦强烈反对这种假设。

1905年，正在瑞士苏黎世专利局工作的爱因斯坦发表了有关狭义相对论的文章。他发表了三篇很有分量的论文，分别讨论了量子理论、统计力学和布朗运动等方面的问题。正是在《论动体的电动力学》（*On the Electrodynamics of Moving Bodies*）这篇文章中，他提出了狭义相对论。

爱因斯坦相对论的重要意义在于它对牛顿物理学的绝对时空观念提出了质疑。牛顿并非没有认识到地球上的人们在运动中的相对性，但他的宇宙观是建立在绝对时空观念的基础之上的。格里宾（Gribbin, 1995）认为：

【61】

> 虽然牛顿自己认识到无论是人类在地球上的运动，还是鸟类在空中的飞行，甚至是船只在海洋中的航行都具有相对性，但他更加确信一个可以衡量一切运动的参照系——绝对静止的存在。以太（ether）——绝对参照系——的引进更好地说明了这一问题，所有运动都可以在这一参照系中找到相应的位置。牛顿还相信绝对时间的存在，绝对时间是由上帝所设定的，与个人无关。（p. 75）

19世纪迈克尔逊－莫雷（Michelson-Morley）为了证明以太的存在而开展了一系列实验，但均以失败告终，这引起了人们对以太——假想的、可以解释所有运动的绝对参照系——的质疑。爱因斯坦不同意绝对时间和绝对空间的观念，而且也认为假定的以太并不存在。他在电磁学理论和光速不变原理的基础之上建立了相对论。1949 年，爱因斯坦（Einstein，1956）在《相对论》（"The Theory of Relativity"）一文中指出：

> 相对论之所以得名，是因为从可能的经验上来说，运动是一个相对的概念，是在以其他物体为参照物的情况下的相对运动（例如，汽车的运动是以地面为参照，地球的运动是以太阳或其他恒星为参照）。不可能在以宇宙空间为参照的情况下观察物体的运动，换言之，绝对运动并不存在。从最广泛的意义上来说，"相对性原则"即所有物理现象都有一个共同点——不给"绝对运动"概念的引入留有任何余地，用更简短但略显不精确的话来表达，即绝对运动不存在。（p. 39）

爱因斯坦相对论的另一个重要意义在于它建立了时间和空间的联系。在牛顿那里，时间和空间是彼此割裂、孤立的；空间是空洞的，物体的运动不会对时空产生影响；机械装置如钟表的运动可以作为测量时间的工具，但是时间本身是独立存在的。爱因斯坦的观点与牛顿截然相反。牛顿是这样描述绝对时间和绝对空间的（转引自 Fritzsch，1994）：

> 绝对的、真实的、数学化的时间或持续的时间，从自身特点出发，不依赖任何外界物体静静地流淌着……绝对空间，从本质上来说与任何外界物体无关，一直保持静止、不变的特性。（p. 13）

根据牛顿的理论，正是由于时间和空间的同质性，它们才能成为其他运动物体的参照系。而且，时间和空间的绝对性决定了参照系的绝对性，这种绝对参照系为数学论证提供了必要的前提。比如说，如果两个三角形都有三条 6 厘米的边，那么我们就可以断定这两个三角形全等。它们与同一页纸上的其他图形之间的相对关系，对于证明这两个三角形的全等是没有意义的。绝对时空还表现为空间是无穷大的、空洞的。空间就在"那里"，没有必要在为物体选择参照系的时候考虑空间本身的问题。教育中也有类似的假设。在现代主义的视野中，判断某种方法的效用或判断个人理解的效率不必考虑

【62】

教育情境。例如，考察数学教学中操作活动使用效率的研究或关于全语言教学对发展读写能力的优越性的研究都试图去控制各种外在的、不相干的变量，而不去探索情境或个体差异对效率或对教学策略的影响。统计学的方法更倾向于认同同质性，而不是寻找差异性。集中量认为"平均数"可以给我们有效的信息，但其实它忽视了个体差异。

爱因斯坦相对论反对把物体从情境中脱离出来进行比较。他认为，时空是不可分离的，而且空间不具均匀性。将这种理论应用于教育领域意味着关系的复杂性和儿童个体的差异性与教师的教学方法、儿童的学习方式是同等重要的。否认空间的均匀性，认为时空在演变过程中的动态性，对现代主义的因果关系论和决定论提出了巨大挑战。没有最好的教学方法，普遍意义上的最大化学习和教学效率也是不存在的。情境是理解学习差异的重要因素。

场论（field theory）再次驳斥了牛顿关于空间是一个中空体（empty space）的看法。根据相对论，运动中的物体其实是处于一种相对运动之中，即这种运动是相对于另一物体而言的。关联场论（fields of relationship）就是从这一角度为运动下了定义。爱因斯坦把引力视为一种磁场，而不像牛顿那样认为引力是一种无形的力量。在一个特定的引力场中，相互作用的物体是相对于其他物体而存在的。它们的反作用和相互作用都是系统的。例如，在海洋中，无论海浪还是洋流都无法阻止各种鱼类之间的相互作用。这种相互作用发生在海洋的动态运动之中，但却不是由之引起的。引力使物体之间形成了几种相互作用的方式。海浪会使鱼群随着它的波动而上下或来回游动，引力也会对物体产生类似的影响，它影响整体的行为但并不影响某个个体的具体行为。场论的基本假设是，空间不是空洞的，而是一个错综复杂的关系场。惠特利（Wheatley 1994）认为：

> 如果我们在观察鱼的时候，抛开它们赖以生存的水不管，那么我们在解释鱼游动的时候就会认为是一条鱼对另一条鱼产生了影响。如果我们看到一条鱼在水里游来游去，而另一条鱼突然转向，我们就会觉得第一条鱼对第二条鱼施加了某种力量。但是，如果我们看到所有的鱼都以

【63】

同样的方式发生转向，就会觉得有另一种介质影响了它们的运动。即使这种介质是看不见的，我们也可以通过制造混乱，在混乱中观察鱼的反应等方法来检验这个介质。空间无处不在，从原子到天空都像海洋那样充满了能够施加能量的场。（p. 50）

在课堂和学校中，也充满了这样的关联场，虽然它看不见、摸不着，但却切切实实地存在于老师与学生、学生与学生的相互作用中。我们发现所有由新生组成的班级都呈现出一种与众不同的个性。当我们走下楼梯、走进大厅的时候，我们抑或心头涌上一阵暖意，感觉学校里充满关爱。这些看不见的"场"不是一种因果力量，而是遍布整个系统的错综复杂的关系网络。

如果对不同的参照系来说时间和空间都是相对的，如果时空是一个特殊的引力场，那么客观的观察者就根本不存在，取而代之的是参与性的观察者，他代表了时空连续统一体中的某一优势位置（vantage point）或某一参照系。在相对论科学家的视野里，宇宙空间中根本不存在阿基米德用以撬动地球的支点！空间、时间和运动是紧密联系不可分割的，任何测量都只能发生在由这三者组成的参照系中。

在进一步发展狭义相对论的基础上，爱因斯坦于1915年完成并出版了广义相对论，探讨了引力、加速度和时空弯曲后的物体运动问题。狭义相对论和广义相对论代表了爱因斯坦对牛顿物理观的重大突破，是对现代主义的机械性和钟表式宇宙观的极大挑战。它的重大意义不仅在于否定了绝对时间和绝对空间的概念，也不仅在于认为宇宙是一个连续统一体，而在于提出了相对参照系的概念。相对参照系从根本上否定了客观观察者的存在，否认可以从"外部"视角获得知识。戴维斯（Davies，1995）认为：

> 广义相对论的一个重大成果在于，它认为时间和空间并非像牛顿所阐释的那样是绝对的、普遍的，它就在那里，所有观察者所观察到的东西都是一致的。相反，从某种程度上来说，时间和空间具有延展性，会随着观察者的运动而延展或收缩。（p. 53） 【64】

现代科学观以及由此为基础的教育遭受质疑，人们开始重新思考客观性问题、方法问题和确定性问题。科学和确定性方法的大树已经开始动摇了，树上的"松鼠"包括教育纷纷从大树上掉下来，寻找自己的生活。

爱因斯坦相对论的第三个特点在于它揭示了能量和物质之间的关系。其著名的质能等式 $E = mc^2$（$c$ 是光速，$m$ 是物体的质量，$E$ 是光速和物体质量之间存在的动态能量），动摇了牛顿以及 19 世纪物理学的质能关系论。这一等式是从广义相对论的角度得出来的，它包含了时空统一体中的几种不同结论，意味着物体的质量和能量是可以相互转化的。如果没有无穷大的质量，物体的运动速度就不可能等同于光速，更不可能超过光速。时空统一体受到来自物体运动速度和引力的影响。最后，如果缺乏参照系，时间就不能被测量，时空统一体的均匀性将缺失。物体运动速度和引力对时间和物体运动的影响，以及相互作用场中的相对性，使现代主义试图通过科学寻找有序的、永恒的、普遍的自然法则的努力归于失败。

爱因斯坦相对论有以下几条原则：第一，时间和空间之间的关系是错综复杂的。第二，物体的运动是某一参照系中的运动，不存在绝对运动、绝对时间和绝对空间。第三，光速是恒定不变的，质能关系式由此而演变得来。第四，引力是一个场，它影响了时空统一体。这几条原则为量子力学的诞生创造了条件。如果没有量子力学，爱因斯坦的相对论就不会对我们的思维产生如此重大的影响。相对论不能解释量子领域的一些物理现象。进化论为我们开启了后现代主义之门，相对论与量子力学使这扇门洞开得更大了。

【65】　　虽然相对论在物理学界取得了伟大的成就，但是它并没有为人们带来全新的世界观……相对论所探讨的对象是高速运转、相距较远的物体。它所关注的是宇宙空间范围内的现象，而在我们日常生活中的应用却少之又少……但量子力学却不同。它所探讨的对象是原子内部的微观世界，描述的是我们日常生活中所见到的物体的内部运行机制。（Zohar, 1990, pp. 20 – 21）

在教育中，对阿基米德理论和对现代科学基础的质疑意味着对神圣的真理的挑战。当人们日益接受相对论时，标准化测验、智力、能力、知识和真理开始遭受怀疑。但是，当人们接受了量子力学时，就会发现任何有意义的方法和真理都是不存在的。

## 量子力学

19 世纪后半叶，马克斯威尔（Maxwell）在法拉第电磁场理论（electromagnetic field theory）的基础上对热力学、电学和光之间的关系进行了研究，并得出重要结论。他把光作为一种电磁波进行研究，并通过一组方程式证明了光速是恒定的。他首次把 c 作为光速的代号，并通过实验测得光速大约为 $3 \times 10^8$ 米/秒$^2$。空间是一个电磁场，光是一种电磁波，光速是恒定不变的，这些构成了爱因斯坦相对论的必要前提。

上述发现既为相对论和新的宇宙观的诞生奠定了基础，又为物理学者们探索亚原子之间的电磁关系（electromagnetic relationships）提供了必要前提。在化学和生物学已经取得的成就的基础上，19 世纪晚期的现代物理学、化学和生物学的主要任务是确定自然的基石。与牛顿钟表式宇宙观相一致，19 世纪的这些科学家们认为，如果我们能确定自然的基本组成元素，就可以理解这些元素是如何放在一起组成自然的，理解它们的运行机制，知道如何拆分并再次组装这些元素。

19 世纪末 20 世纪初，普朗克（Planck）提出了电磁放射理论，他认为电磁能量其实是由粒子团（普朗克称之为量子）放射出的能量。卡普拉（Capra，1984）认为：

> "粒子"和"波"这两个概念都源于古典物理学，而古典物理学难以解释原子现象，在没有认识到这一点之前，人们无法理解波粒二象性这种自相矛盾的情形。电子既不是"粒子"也不是"波"，在某些情形下呈现出粒子性，而在另一些情形下又呈现出波动性。（p. 79）

【66】

当物质和波之间的关系用能量团来解释的时候，爱因斯坦著名的质能关

系式 $E=mc^2$ 就陷入了困境。卡普拉进一步描述道：

> 质量是能量的一种形式，这一发现对我们的物质观产生了深刻的影响，迫使我们从根本上修正原有的对粒子的看法。在现代物理学中，质量不再与物质材料相联系，因此，粒子不再被看作是由基本"材料"而是由能量所组成。但是，能量与运动、过程相联系，这意味着亚原子水平上的粒子在本质上是动态的。(p. 90)

20 世纪前 60 年，有一批物理学家致力于量子力学的研究，如普朗克、爱因斯坦、玻尔（Bohr）、德布罗意（DeBroglie）、薛定谔（Schrodinger）、泡利（Pauli）、海森堡（Heisenberg）和狄拉克（Dirac）。在量子力学的形成过程中，这些伟大的科学家之间发生了数场论战。玻尔的互补原理（Principle of Complementarity）和海森堡的不确定性原理（Uncertainty Principle）就是 20 世纪 20 年代论战的两大重要发现。

量子到底是物质还是能量，互补性原理解决了这一问题，认为量子既是物质又是能量，既具有波动性又具有粒子性。正如惠特利（Wheatley, 1994）说道：

> 基本物质（elementary matter）天生具有两面性，它具有两种截然不同的特性。它可以是一种粒子，停留在空间的某一点上；也可以是一种波，放射着有限的能量。物质（一种波包）既具有粒子性，又具有波动性。这就是互补原理。(p. 35)

作为自然的基本构成要素——量子具有波动和粒子二重性，这一发现对原有的理解物体的信条以及认为物体只具有单一性的观点提出了巨大挑战。同时，这一结论也是对具有二元论色彩的物质—能量之争的妥协——量子既是物质又是能量。与其在争论中支持一方，不如真正找到解决问题的方法，玻尔就是这么做的，他认为处于亚原子水平上的微粒之间的关系比原有的各种理论所做出的假设都要复杂。这一观点在海森堡的不确定性原理中也表现

得非常明显，它动摇了传统的笛卡尔哲学和逻辑学。数理逻辑中的矛盾律
（the Law of Contradiction，P 和非 P 不可能都是真命题）和排中律（the Law of
the Excluded Middle，P 和非 P 之间肯定有一个是真命题）都不能应用在量子
力学上，因为量子力学是建立在不确定性原理和互补原理的基础上的。

　　海森堡的不确定性原理与玻尔的互补原理有着千丝万缕的联系，它也是 【67】
对量子力学中的波动／粒子悖论所做出的回答。与互补原理一样，它们都拒绝
接受笛卡尔的二元论思维。所不同的是，互补原理认为量子既具有波动性又
具有粒子性，而不确定原理则认为量子不可能同时显现这两种特性。祖海尔
（Zohar，1990）认为：

　　　　无论是波动性还是粒子性都只能反映出量子的一部分，只有两者的
　　结合才能使人们获得关于量子的完整认识，但是我们不能同时观察到这
　　两种特性……根据不确定性原理，波动性和粒子性是互斥的，在特定时
　　间，量子只表现出其中一种特性。（p. 26）

　　在揭示认识对象的二重性问题上，互补原理、不确定性原理与心理格式
塔完形（Gestalt）学派的观点略有相似之处。心理学上有两幅著名的图
片——老妇与女孩、立方体以平面图形显现，在不同时间，我们会看到两种
不同的图像，老妇或者女孩，但不可能同时看到这两个图像。选择看到一幅
图片，例如女孩，就会产生这样的观念，即量子就是一种波。

　　互补原理和不确定性原理使人们对客观物体存在方式的认识发生了转变。
客观物体处于过程和相互作用之中，这种相互作用不仅发生在该物体内部的
波动性和粒子性之间，也发生在物体和它的观察者之间。量子力学的这两条
基本原则——互补原理和不确定性原理体现了过程思想和关联思想，视客观
物体为过程，并认为其永远处于相互作用之中。当物理学家们进一步探讨量
子的测量方法的时候，上述观点就会变得更加清晰。如果物理学家把量子作
为粒子进行测量，那么它们就表现为粒子；反之，它们则表现为波动或者释
放的能量。观察行为与量子之间的动态关系意味着我们所观察的对象与我们
对观察结果的期望值（包括我们所使用的测量方法）之间有着密切的关系。

海森堡的不确定性原理反对现实主义者的"客观的观察者"（那些认为通过运用恰当的观察工具、遵循科学的观察步骤就可以获得关于观察对象的真理性认识的人）的观点，他认为，观察者与观察对象之间存在着相互作用，而且我们所使用的测量工具从某种意义上来说也是为了获得想要获得的信息而选择的，因此不存在所谓的"客观的观察者"。如果我们通过实验来观察量子具有波动性特征的话，那么它们就会表现出波动的特征；反之，它们则表现出粒子的特征。测量方法的选择是由系统决定的，现实主义者很难理解这一观点。普里高津和斯滕格司（Prigogine & Stengers，1984）认为：

〖68〗

> 量子力学迫使我们不能绝对地谈及某客体的局域化（localization），这一点如玻尔时常强调的，暗示我们必须放弃经典物理学的现实主义。在玻尔看来，普朗克常数（Planck's constant）把发生于量子系统和其测量装置之间的作用定义为不可分离的相互作用。只有将量子现象作为一个整体，包括测量相互作用，我们才能赋予数值。因此，全部描述意味着一种对测量装置的选择，一种对所提出问题的选择。从这个意义上说，答案，即测量结果，并不能使我们接近给定的实在。我们必须决定我们将要实行哪个测量，以及我们的实验将向系统提出什么问题。因此对一个系统来说，存在不可约化的表象的多重性，每一个表象联系着一个确定的算符集。（pp. 224 –225）

测量对象与测量方法之间的互动机制在教育中也具有深远的影响。试想，如果比奈（Binet）的智商测试强调机械技能和艺术修养而非分析技能和言语技能的话，现在的情形会怎样？有一点是肯定的，那就是现在大多数因为"聪明"而在学校享有优势地位的学生将会留在补习班中！如果智力用艺术才能来衡量，那么数学和语言在课程设置中将处于什么位置？如何发展数学和言语技能？我们所能测量的东西如何影响我们的教学内容？如何使我们所能测量的对象反映我们的价值观？

测量对象和测量方式的选择展现的其实只是我们所能"看见"的东西，这使得人们逐渐对现代主义关于数学和自然的关系论的有效性产生了怀疑。

测量，不再是客观事实的尺度或仲裁者，而成为决定观察对象的一个重要组成部分。与其说测量是描绘了宇宙的地图，倒不如说是测量催生了宇宙。宇宙因测量方法的变化而变化！这种变化不仅仅反映在我们的观念上，更反映在我们所测量的对象上。

互补原理或"系统存在许多不能约化的多重性特征"意味着：

> 没有任何一种理论语言能把一个系统的物理内容表达无遗，尽管它已经把可以赋予确定值的变量清晰地表达了出来。各种可能的语言和对系统的各种可能的观点都可以起到相互补充的作用。　（Prigogine & Stengers，1984，p. 225）

利用多种测量方法可以更真实、全面地了解学生所掌握的知识和学习能 【69】 力。虽然教师在学校中以这一理念为指导并使自己的工作更加出色，但这还是反映出这样的观点——测量是在测量着某些东西。如果我们想了解学习障碍问题，我们可能会通过各种操作任务和标准化测验来确定学习障碍的具体表现。这也就意味着，我们认为可以通过各种途径获得关于学习障碍问题正确、清晰的了解，而没有认识到学习障碍的存在并非因为儿童的头部有外伤，而是因为我们头脑中先入为主地存在一个学习障碍的观念，然后试图用各种方法去证明其存在。测量及对测量的热衷使我们用各种不同的方式去评价儿童，而不是去揭示测量背后的真理和儿童的生存现实。量子的波粒二象性的提出具有重要意义，正如卡普拉所说的：

> 粒子/波动悖论的确立迫使物理学家们接受对实在的某个方面的质疑，即对力学世界观的基础——物质实在性的概念提出疑问。亚原子水平上的粒子并不停留在确定的位置上，只是显示出各种存在的趋势，原子事件的发生也不是在确定的时间以确定的方式出现的，而是显示出各种"发生的趋势"。（Capra，p. 80）

20 世纪 20 年代末，物理学家们接受了物质的基本组成单位既是能量又是物质这一观点，认为世界的基本组成单位并非是处于亚原子水平的一些微粒，而是具有波粒二重性的量子能量团，这些量子能量团构成了一个错综复杂的关联网络。最后，大家也都一致认为，亚原子水平上的运动不是连续的，而是跳跃的。这一观点早在普朗克首次提出"量子"概念时就已提出。

因此，量子力学其实是一种关联学说，它给我们提供了一个全新的宇宙观，即宇宙是供人分享的而非抽象的，是自然发生的而非人为决定的，是跳跃的而非连续的。祖海尔（Zohar，1990）认为：

> 最为突出的是，量子力学改变了我们对关联的看法。这两个概念——量子的波粒二象性概念，以及基于有效转化的量子运动的概念——预示着一场关联革命的到来。原先看似在时空中相互分离的物体和事件，现在在量子力学理论家看来，它们之间的关系是如此紧密以至于它们的结合改变了时空。这些物体和事件反映了某个更大整体的各个不同角度，它们从那个更大的整体中获得"个体"存在的解释和意义。（p. 34）

【70】

量子力学的另一个成果是提出了同步性（synchronicity）或瞬间非局域性（instantaneous nonlocality）。首先对此做出证明的是爱因斯坦。量子实验证明，在亚原子网络中，两个相距甚远、看似没有任何联系的量子之间也存在交流。这种交流是瞬间发生的，相连通的。当我们第一次走进一所学校，类似的关联网络也会使我们对这所学校产生某种感觉。没人能够解释为什么我们在踏进学校的时候会产生那样的感觉，但这感觉犹如用来装饰墙壁的儿童的艺术作品那样是真实的。最近的脑科学研究指出，脑可能使用同步交流的技术（synchronicitous communications），即通过脑神经系统所发射的"即时信号"，使处于脑不同板块的各种记忆和观点迅速建立联结，即使是受过损伤的脑，这种联结的能力也可以得到恢复。

事物之间存在非直接的关系，牛顿物理学并不接受这一观点。这些关联或网络是关于交流、意义或感觉的网络，这更让牛顿物理学觉得匪夷所思。牛顿物理学认为，关联或秩序的存在使世界的稳定成为可能，它们在缺乏因果联系和某种"载体"的情况下是不可能发生的。比如说台球桌上的台球，在特定的时空范围内，它们之间必定存在某种联系，但牛顿却认为只有当撞击球引起一系列因果反应时，球与球之间的关系才切实存在。

同步性及瞬间非局域性观点还反对相对论和同时性的相对性观点。有人把这些概念应用于荣格心理学，希望能够整合量子力学和心理学。皮特（Peat，1987）认为：

> 同步性使我们看到了超越传统时间观和因果联系的自然现象，它是联系所有物体的纽带，是悬挂在内部世界和外部世界之间的一面镜子。正是因为同步性的存在，构筑跨越物质和精神、物理和心理的桥梁才成为可能。（p. 2）

能量和场论的观点使我们明白世界是一个统一的整体，而并非由一系列 【71】 偶然相遇并发生相互作用的碎片组成；还使我们了解现实具有二重性，是精神性和物质性的统一体。量子力学所描绘的关联宇宙和概率性宇宙与牛顿确定性宇宙的观点大相径庭，但与系统论相互联系、相互依存的观点不谋而合。正因为如此，许多理论学者无论是在实验操作层面还是在方法论层面都把量子力学作为关联科学的基础。在量子领域所发现的错综复杂的相互关系，超越了肉眼所能观察到的如桌子、椅子等事物的特性，而且这意味着包括同步性和非因果联系的场关系论是理解时间和空间的主要线索。系统论主要出现在生物学和热力学领域，而非量子力学领域，探讨其兴起与发展是理解混沌科学和复杂科学（将在第五章中进行讨论）的必要前提。本书的第二部分将继续深入研究作为关联、意义及系统理论基础的科学革命的相关内容。它们与课程的关系将在本书的第三部分——结论部分做详细阐述。

## 第一部分小结

本书的前三章为我们提供了一个20世纪晚期的期望起点。当今的学校仍然深受牛顿物理学和现代主义控制逻辑的影响。科技理性对测量的有效性和现实的客观性的确信（和怀疑），把数学和科学置于其他课程之上的课程结构，以及认为若我们的儿童不能在国际竞争中取胜，美国则处于危急之中的思想，都已深入到现代主义者的骨髓之中。

在前三章中，我们探讨了动态的后现代课程得以产生的源泉。技艺——本书的下一部分，将探讨复杂适应性系统理论（complex adaptive systems theories）、逻辑作为探究的观点（logic as inquiry），以及建立在过程、关联、语言、同步性、相对性和进化论（前三章提出并有所论述）基础之上的意义逻【72】辑。过程、系统和意义逻辑为技艺部分提供了一个框架。

【73】 **注　释**

¹变异原则：一个物种中的个体在生理机能上、形态上和行为上各有不同。这种差异源于基因突变。遗传性原则：一般来说，相对那些毫无关系的个体，孩子长得更像父母。自然选择原则：不同的变异体所留下的后代的数量不同。（见 Levins & Lewontin，1985，p. 32）

²马克斯威尔通过测量金属丝中的电流速度得出光速。迈克尔逊（Michelson）于19世纪70年代对以前的实验进行了改进，运用镜子直接测得光速。参见列维斯（Levins，1995）或格里宾（Gribbin，1995）对这些实验和结果的评论。

# 第二部分 技艺

# 全息图

# 第四章

## 关联逻辑

西方现代主义公立教育强调学校和教育的实施过程，认为它们是体现民主社会的重要方面。从这种观点出发，我们必须意识到，如果学校和公立教育要得以生存，教育就应该以发展应变能力、满足社会变化需要，以及为高科技未来做准备为目的。新保守派们想让我们相信如果没有一个强大的公立教育系统，没有国际经济竞争力做保证，我们的基本生活方式就会面临威胁。

社区和学校于是成了关于标准、考试、国际比较、有限资源、西方生活方式的生存力以及传统价值等问题争辩的场所。越来越多的学生在学校里失去了安全感和归属感。学校越来越关注群体而不是每个学习者的个体需求，学生的身心安全受到了威胁。学生与学生、学生与老师、学生与学校之间的关系变得疏远，学生与学习和追寻意义也渐行渐远。

如果改革要具有深刻意义，特别是在迅速发展的社会里，那么我们需要做的就不仅是改革现有的结构，而是更多的、本质性的转变。我们需要摒弃那种把学校作为加工厂的办学方式以及它的现代控制逻辑的理论基础，寻找新的、与传统教育观不同的学校教育的隐喻。

虽然过程与关联（Dewey，1938；Whitehead，1929）、系统思维（An-gyal，1941）和意义（Wittgenstein，1953）的基本逻辑早已存在，但是学校的教育改革却并没有从这些逻辑出发，改革也还没有对各阶层的社会结构产生深刻的影响。把学校解读为学习型组织（learning organization）并发展它的潜能，有助于学校渗透适应性转化的理念，使教育的灵魂得以重建。关联、系统、意义逻辑的协同作用将促进新的理念的形成和学校向学习型组织的转化。 【78】

本章讨论的关联逻辑的主要特征包括对过程的关注、探究逻辑和动态化过程。超越性学习特别要求发展批判性的反思以及理论与行动的辩证统一。怀特海的"过程"哲学和杜威的探究方法是本章关联逻辑的基础。关联逻辑以有机的、关联方式挑战学校机械的教育方式。这一章我们将结合印第安人文化、亚洲文化、量子物理学和新科学一道来展现由统一、整合、混沌、次序、虚空、形式、对称、空间、时间而构成的交错变化的宇宙图景。

关联逻辑提供了一种有机的而不是机械的方式来理解变化。第五章的系统逻辑将从另一个角度来理解关联的重要性。系统逻辑将主要讨论变化这个概念。变化不是碎片式的。组织模式化（patterns of organization）和涌现性（emergency）是有机生长和变化的中心环节。协同性或复杂性，包括论述整体大于部分之和的完形观，捕获了复杂系统的组织动态性。整体性、综合性、关联性需要从系统的角度去理解。把灵活性和多种变化形式渗透于整个社会组织是对个体的适应变化能力发展的一种超越。第五章我们将探讨复杂性原理，以及从系统角度出发的学习和适应变化之间的关系。

第六章我们将探讨意义逻辑。从 20 世纪起，关于语言、意义、逻辑作为真理或基本结构的思想就已经受到了挑战。它暗示我们，传统上认为有价值的观点或学习典范实际上并没有意义。维特根斯坦后期著作里探讨的意义逻辑提供了后现代主义教育思想方法的基础。维特根斯坦为解读意义、真理、价值观提出了不同的视角。

最后在第七章里我们将讨论学习型组织观点在工商业界的运用，探讨学习型组织的主要特征，它们与过程、系统、意义逻辑的关系，并以此作为构 【79】

建学校为学习型组织的策略。

这四章一起组成了挑战现代主义趋势所需要的理念和视角。透过它们，我们的视野可以跨越目前的现代主义领地。在本书最后部分的第八章和第九章，我们将在关联、系统、意义逻辑的指导下，在动态化学习型组织的模式里，探讨课程、教学和学习。

## 整体论和关联学

傲慢的西方现代思想对非西方文化充满着排斥，它认为非西方文化对西方的高级思维方式包括识知（knowing）在内没有任何价值。随着我们对"现实"（reality）、识知、存在（being）的看法的改变，我们开始意识到那些"原始"的或者"远古"的文化所蕴涵的启示和观点的价值，而不是对我们文化的挑战。变化、统一、整体、对称、形式、生存、关联以及人与道德世界的整合，都曾经被当作古怪的、非科学的思想而被抛弃。如今在迈向第三个新千年时，我们发现它们正是西方传统文化要努力融入的思想。近年来，我们一直在努力寻找调和由现代主义所引起的矛盾的方法。这些方法其实早已存在于非西方的本土文化里。我们没有意识到非西方文化里所蕴涵的这些智慧与意义，依然用西方思维的模式去评价和筛选它们。西方社会采用的理所当然的解决环境问题的一种方式就是立法，通过立法，对那些严重污染环境的行为加以处罚。我们建立各种营利的或不营利的机构，把钱投入到这些机构里，为濒临绝境的生物换回"保护区"。一方面，我们用先进的科学控制动物繁殖的过程和数量，利用生物工程培养优质的肉类和高产的农作物，以确保其低廉的价格。另一方面，农作物的高产需要越来越少的农户，以土地为生计的农民不得不加入到大的农场企业里。西方的"高级文化"让我们有特权去发现人与自然的重要关系，但这种文化却与其他文化分离，

以扭曲的方式去适应现代主义思维范式，并把文化作为完成技术控制的又一种方式。

作为关联的逻辑基础，整体论和相互联系一开始就是西方思想的组成部分，它们以对现代主义的挑战而存在于诗歌、建筑、艺术、过程哲学、存在

主义和实用主义等边缘领域。过程哲学、存在主义、实用主义一同拒绝现代主义对意义、识知、存在的假设。尽管如此，我们仍然只能在边缘化的浪漫主义诗人和思想家的作品里看到整体和关联的思想。而学校作为加工厂的观念在现代思维模式里却根深蒂固，科学以外的思想文化传统尽管历经两百多年的逐步演变，对教育方式的影响却始终是微不足道的。

当我不再从产品的角度把学生、学习、知识、教学、管理等看成"物"时，我的教学发生了迅速转变。虽然我也曾经尝试以生态观或成长观看待教学，但直到我开始把学生、学习、学校教育置于关系（relationships）和脉络（contextual）中时，我的教学才发生了真正的变化。我认为最根本的变化在于把学生看成生活在自我和社会情境中的复杂关系，而不是某个具体"物"。这种观点彻底影响了我的教学观、教学方式以及对评价的看法。

从"物"到"关联"的转变，对关联和情境影响的意识，不只意味着观点的改变，而且代表了完全不同的看待和处理问题的方法。探究关联性而非具体的"物"影响着我们生活的各个方面。关联逻辑对价值、目的、方法也有它自己的要求。从关联的角度检验和转换对改革学校教育目的的思考，有助于让意义、目的渗透到课程里，点燃学习的心灵之火。

这一章我们将讨论源于怀特海的宇宙论和杜威的实用主义的关联逻辑。美国印第安人和东方文化提醒我们关联逻辑起源于整体观以及人与自然的关系，它存在于大部分文化中而并非例外。关联逻辑可以追溯到西方文化的"过程"思维，它在其他文化中有着丰富的历史。在这一章我们要讨论作为【81】关联逻辑学的基础，即西方过程思维中的关联、印第安人的整体论，以及东方文化的内在联系。

## 西方过程思维的起源

过程哲学标志着传统哲学的一个重大转变。传统哲学关注认识论和确定性问题。无论我们最终只有对所经历世界的外在感觉去识知（理想主义者），还是通过各种方法我们可以明确和确保识知（理性主义者和经验主义者），以笛卡尔思想为基础的哲学总是关注"物"，而过程哲学却关注存在、关联和过程的相关问题。从关注"物"到关注它们之间的"关系"，从关注"产品"到关注其生产"过程"，这种转变并不完全是后现代主义的产物，它可以追溯到古代西方哲学。

与巴门尼德（Parmenides）不同，前苏格拉底的信徒、希腊哲学家赫拉克利特（Heraclitus）认为存在的本质就是生成（becoming）。赫拉克利特认为，自然界不是由离散的实体（entities）组成。赫拉克利特开创了把过程、变化、关联作为万事之基础的哲学观。芝诺（Zeno）的悖论似乎支持巴门尼德观点而与赫拉克利特观点相对立，即我们可能被感官经验愚弄，只有通过理性的思考才能获得真理。巴门尼德认为我们对运动的经验其实是一种幻觉，因为现实是永恒不变的。箭似乎在动，但在每一特定的时间段，它却是静止的。虽然有无数多个时间段，但处于静止状态的各个时刻的箭的总和却不能构成穿越空间的运动的箭。如果运动是一种幻觉的话，那么我们怎样理解变化，包括我们自己的空间变化经验呢？

柏拉图（Plato）解决这些问题的方法就是强调真理和现实不是源于经验，而是抽象的、纯形式的、不可改变的。它可以被认识，但是由推理而非经验获得认识的。柏拉图认为数学是唯一能培养推理能力的最重要的学科，而哲学则是运用推理来揭示真理的学科。

【82】 柏拉图认为存在是无区别的、抽象的形式。亚里士多德（Aristotle）则强调分析，并开创了分析哲学流派。相对于一个真理、一个（抽象的）现实的观点，亚里士多德把世界归为存在和知识。对亚里士多德而言，知识可以通过对现实经验的研究而获取。科学研究是经验主义传统里最重要的方法。

原子学说在前现代主义思维里也很盛行。德谟克里特（Democritus）和伊壁鸠鲁（Epicurus）认为，所有的存在都由基本单位组成。与亚里士多德的分析方法相似，原子学说派通过把系统或结构分解成基本元素的方式来研究整个系统。由此，原子学说也是经验的和分析的。

在解决与变化、身份认同（identity）、生长（growth）等相关问题时，前现代主义派遇到了困难。前现代主义的存在论与伦理学和道德观紧密相关。在前现代主义里，真与善和存在论密不可分。对存在是改进个人生活还是以社会利益为目的的探求，使存在论与伦理学和道德观紧密结合起来了。

　　前现代主义是现代主义的根基。现代主义与前现代主义的区别在于现代主义不把存在论作为发展的首要原因。尽管现实最终是什么的问题是哲学本身需要回答的一个重要问题，但是现代主义却忘记问为什么。为什么我们要在乎存在的本质？为什么存在重要？为什么知识重要？正如我们在第一和第二章所描述的，对这些问题的回答反映了现代主义时期的控制逻辑的根基，以及对科学理性化的强调。科学推翻了中世纪的有神论和古老的道德观，成为新的上帝。科学使人们[1]有能力去揭穿自然的奥秘并主宰他的命运。

　　从伽利略（Galileo）创造现代自然科学开始，多种认知模式就被存封起来。伽利略预言，要读懂宇宙这本书，我们必须学会阅读"图形、数字和变化"这些组成宇宙的语言，解释自然的基础——这是伽利略的科学哲学观的转折点——"不是通过嗅、品尝或听的方式。我认为除对动物以外，嗅、品尝或听都只有名义上的意义"。伽利略把听觉、嗅觉和味觉这些与维柯（Vico）提出的人类认知发展假设的关键过程相对应的感觉，从科学探究领域里排除——也就是人们的思维模式不再取决于物质感觉。笛卡尔选择我们"能肯定的"可计量的数据而不是物质感觉作为他的解释依据，因为物质感觉将不可避免地削弱我们发展极具前途的线性思维的能力。这样，伽利略和笛卡尔的观点是非常一致的。（Colilli, 1997, pp. 50 - 51）　【83】

　　正如在第一章中所讨论的，现代主义的思维模式诞生于文艺复兴或"智识觉醒"（reawakening of intellectual）时期。古老文本的翻译，包括希腊思想家们的著作的传播，在某种程度上使文艺复兴或思想的觉醒成为可能。宗教权威与文艺复兴的思想家针锋相对。许多思想家被要求放弃他们的科学思想，例如伽利略还因此遭到了迫害。文艺复兴时期的宗教教条和涌现的科学思想之间的紧张关系使人们抛弃了学术性思考。怀特海（Whitehead, 1925 / 1967）争辩道：

> 科学从未摆脱其在历史性反叛的文艺复兴后期的最初形象。科学以淳朴的信仰（naïve faith）为基础，坚持反理性主义的运动（anti-rationalistic）。[2] 然而，科学所推崇的推理却是借用于数学，而这种推理是希腊理性主义的遗物，是一种归纳的方法。这样，科学否定了哲学。换句话说，科学从不关心如何辩护其信仰或诠释其含义。（p. 16）

对科学的重视虽然使得科学迅速发展，但同时也让我们对其产生了盲目的信任。现代时期，我们不加鉴别一味地崇拜科学思维和科学知识。

> 科学得以发展的基础是对自然界有序性的信念，而这一信念是深层次信念的特殊例子。没有任何归纳法能证明这种信念是否正确。（Whitehead, 1925/1967, p. 18）

当伦理道德在现代社会失去其存在的一席之地，当科学原则被不加鉴别地一概接受时，控制逻辑和数学化现实就很大程度地局限了古代传统哲学方法。

怀特海在他 1929 年写的《过程与实在》（*Process and Reality*）一书[2]中全面推出了"过程哲学"。他试图通过量子物理学、生物进化论和相对论的发展，来重新找回古代整体论思想。科学理性和控制逻辑学中盛行的分割和孤立思维，以及不加怀疑地接受都成为过程哲学批判的对象。20 世纪过程哲学就这样因怀特海而被重新认识。

【84】
> 过程哲学利用当代科学的数据和原理，为以修正的目的论范式代替机械论做辩护……这种目的论范式的当代形式趋向于多元主义，强调活动的有目的性、有限性和互动中心……过程哲学就是这样用各种方式同时代表了当前对自然的彻底的解释，它是古希腊宇宙论的现代主义再现。（Lucas, 1983, pp. 9 - 10）

怀特海被认为是现代过程哲学运动的创始人，他的过程哲学中的相关内容呈现如下。

### 怀特海的过程哲学

20 世纪初期，怀特海对过程的强调旨在发展与相对论、生物进化论、量子物理学原理相适应的哲学。与牛顿的时空以及物质第一的观点不同，怀特海的过程哲学把事件作为最终的存在，而时间、空间、物质只是衍生或抽象出来的概念。怀特海写道：

> 实际存在体（actual entities）—— 也可以称为"实际境遇"（actual occasion）—— 是世界的最终构成物。最终的事实是所有实际存在体；这些实际存在体包括经验的点点滴滴，具有复杂性和独立性。（Whitehead，1929 /1978，pp. 27 - 28，**着重号**是作者加的）

怀特海过程哲学的主要观点包括：（1）作为经验的境遇（occasions of experience）的事件是基本现实；（2）系统观可以使我们对关联的理解更加整体化和自然化；（3）组织模式对于理解系统的运作非常重要。根据怀特海的观点，对过程和关联的解读是探究的关键。这种思想转变的重大意义在于调查学生的学习状况时，我们不是用标准化考试去衡定学生学了什么，不是考察教育的产出，而是考察学生学习的过程和在过程中培养起来的各种相互关系。学生与阅读产生什么关联？怎样让学生们喜欢上数学？他们的体验是怎样变化的？他们关心的问题是什么？我们怎样帮助他们理解这个世界？

理解过程就是在关联中去理解存在和变化。把存在理解为复杂的过程而不是牛顿理论物理里的"物体"或"要素"一直是过程哲学家们的一个难题。如果把存在看成是关联或经验而不是"物体"，那么什么是现实的基本实体（entities of reality）呢？有三种方式可以将存在理解为过程（being as process）：把存在看成阶段形成物（being with becoming），认为存在由其自身演变形成，或意识到存在由形成它的历史构成。以上三种方式都被过程哲学家们运用过，我们讨论如下。

【85】

把过程中的存在（being-in-process）看成阶段形成物的集合，强调了过程和关联里最真实或最关键的问题。它指出了存在的基本结构就是通过内在和外在关系的演变而形成的"真实存在"（real thing）。这样芝诺关于时间的悖论再次产生了，那就是，存在怎么能由无数时间片刻里的形成物（time-slices of becoming）而构成呢？

对存在的另一种理解是把存在看成形成的结果，这样我们就是我们自己"形成"的产品［或者解释成经验、环境或物质存在体（physical entities）］。然而这种观点难以解释创造性和自由意志（free will）；会陷入牛顿决定论所带来的各种难题中。

怀特海认为存在是由形成"构成"的，因而，过程就是经验的形成。这种过程观强调经验和互动，是关联逻辑的关键。对怀特海来说，经验的相关事件是至关重要的。存在由形成"构成"（being constituted by becoming）的观点体现了过程。把存在作为过程，暗示了经验、变化、运动和相关性。怀特海特别主张存在是一个永远不会结束的创造性的动态发展过程。（Gragg，1976，p. 16）

> 对有机哲学的形而上学教条而言，彻底抛弃把实体作为变化中的不变主体（unchanging subject of change）的观念非常必要。实际存在物是主体的直接经验和其经验的超体。（Whitehead，1929/1978，p. 43）

当我们把存在设想成由过程构成，目的和情感就蕴涵在一切事物里了。这是关联逻辑的又一个重要方面。与达尔文进化论的机制不同，在怀特海的过程观里，变化和过程由意义和价值来驱动，意义和价值共同出现。"涌现物（emerging creatures），在生成过程中超越过去，追求对美感的满意程度和情感的强烈程度。"（Cobb & Schroeder，1981，p. xi）由怀特海的初始概念演化而来的过程哲学分享着相同的泛心论观点（panpsychist perspectives），从字面上讲，它来源于希腊语"所有的心灵"（all soul）。这种观点把关联和意义作为过程存在的根本，并把它们与作为驱动力的意义和目的融合起来，与传统的牛顿机械观相矛盾。传统的牛顿机械观暗示存在的基本单位是静止的、

【86】

无意识的原子单位。把存在看成过程的观点也反映了浪漫主义思想。根据过程哲学，生成是一个有目的的、自我创造的过程。

> 在怀特海的形而上学里，自由成为本体论的主要范畴，它定义了所有真实存在的事物。实际上，怀特海的创造力范畴是区分实物和抽象衍生物的主要标准。（Lucas，1979，p. 15）

虽然所有事件的发生都部分地与过去经验有关，但是没有哪一个事件可以完全由它的过去来决定。格拉格（Gragg，1976）解释说：

> 在事件的发展过程中，每一时刻都有新的机会因子自发地产生，所以每一时刻都部分地独立于前一刻。这种新的自发产生的机会因子使得每一个事件不能由它以前事件的组合来推断和预测。（p. 50）

过程、自由、情感和创造之间的联系为关联逻辑提供了基础，并与量子物理以及进化的、系统的变化相一致。由经验片刻组成的过去的经验，可能会限制或定义但却不能决定有机的、社会性的创造力和潜能。

> 实际存在是有效过去的直接产物，用斯宾诺莎的话说就是自身因果关系（causa sui）。每一种哲学都承认以某种形式出现的自身因果关系，这种自身因果关系导致了实际存在的最终存在。（Whitehead，1929/1978，p. 228）

源于过程哲学的关联逻辑拓展了学习的定义，探讨了课程的生成性和动态性。学习不是由教学方法或精心设计的教学模式所决定的，而是学生在社会情境里不断做出选择、获取经验的过程。创造力和自我引导可以使教学达到预期目的，也可能产生与预期目的不相一致的结果。过程教育提倡创造力和自我引导，强调终生学习和有意义的学习。同样，社会关系的系统性确保了学生有机会发展创造力和自我引导的能力，为自身和社会的发展而学习。

【87】

正如怀特海所言，我们需要避免静态的和孤立的知识。

处于连续发展的课程是没有终点的、循环的探究过程。如怀特海所言，浪漫、精确和概括在这个过程中周期性地交替出现。怀特海把浪漫、精确和概括定义为学习的几个阶段，但它们不是一个线性的，更像是一个流动的过程。怀特海的过程教育把快乐、创造、兴奋、热情和兴趣作为学习的动力，学习韵律就像我们的呼吸，寓于浪漫、精确和概括的延绵不断的关联中。强调过程、发展关联性的教育是整体的、经验性的、由兴趣驱动的、具有创造性的、有意义的教育。教育经验的形成既源于过去的经验，又面向有目的、有意义的未来。怀特海《教育目的》（*Aims of Education*）一书的副标题"学习的一体化"（The Seamless Coat of Learning）意味着教育不能脱离生活，它与生活紧密结合，融为一体。

过程哲学标志着与注重控制逻辑和科学理性化的现代思想传统的彻底决裂。过程哲学关注过程，探索自我因果关系，把教育韵律理解成流动的、动态的，而不是线性的、积累性的过程。这样，过程哲学更趋于与新科学和后现代主义一致。过程哲学不是用一种哲学观代替另一种哲学观（用过程哲学代替盛行的分析哲学）的宏大叙述。过程哲学承认它的思辨本性。过程哲学的思辨性对帮助我们不再寻找对付教育危机的万用药具有重要意义。

**过程哲学的思辨性**

怀特海（Whitehead，1929/1978）把思辨哲学描述成探究过程。思辨哲学的传统定义强调探究本质的一体化、脉络化以及交叉学科化。埃文斯（Evans，1998）描述道：

> 思辨哲学在字典里的定义为"一门用许多领域（科学、艺术、宗教、道德规范、社会科学）的知识来创建的综合性哲学。它的理论对人类有重要意义，表明了现实存在的一体化"。（p. 58）

[88] 怀特海（1929/1978）自己定义思辨哲学的议程是诠释人类经验的每一方面。它是以历史为基础的，是观念性的，而不是寻求隐藏的现实或最后真

相，它纳入了经验的各个方面，其诠释方法必须是连贯的和全面的。思辨哲学不是把哲学分割成不同的范畴，比如道德规范、逻辑学、认识论和存在论，而是去认识意义建构（meaning-making）的整体性、内在联系，以及思想和原理的演变发展，原理、探究方式和经验的内在联系。思辨哲学是一种系统化、追寻意义和关联模式的探究方式。对意义结构和实践的考察是对思辨哲学的一致性的检测，因为它影响着人类活动的各个方面。思辨哲学意识到根本原理的变革，理论和实践的关系，因而其本身是发展的。

杜威的探究理论拓展了怀特海对经验与创造性涌现概念的理解，为我们进一步拓展关联逻辑提供了依据，对于改变我们怎么看待学习与教育极具意义。

## 圆的中心

现代主义思维阻止了我们以创新的思想去寻找解决问题的方式。正如爱因斯坦（Einstein）所说，"由某种意识而产生的问题，如果想用同样的意识去解决，是一定行不通的。我们必须学会重新看待世界"。（Wheatley，1994，p. 5）现代主义的根本逻辑是支配和控制，以这种逻辑解决问题的办法是寻找因果关系链，它企图以管理的模式重新赢得控制感。当变革的隐喻用管理式的词汇来描述，它表现的是现代主义控制逻辑的根源—— 控制自然、控制民众、控制理念、控制变化、控制事物。课堂"管理"就是"控制"学生的学习和行为，管理公司就是"控制"雇员和利润率，因此学校的改革在潜在的可控制性和可预见性的现代主义假设下进行。实施一个管理计划就是安排并运作一系列事件，以期最后达到理想的结果。

杜威的探究逻辑为学校管理、课程改革和处理公共教育过程中的各种关 【89】系提供了另一种视角。杜威的探究逻辑和怀特海的过程哲学揭示的关联逻辑避免了把事物一分为二的传统逻辑思维，为道德伦理提供了启迪，从而使我们可以研究习惯与创新、学习与创造、过程与意义的动态关系。

杜威运用康德（Kant）的"哥白尼革命"来描述他的哲学思想旨在寻找生命、探究"秘密"。与笛卡尔的怀疑论和意识中心论哲学不同，杜威的哲

学研究方式标志着与西方传统哲学的重大决裂，它提供了可以用佛洛斯特
（Frost）的奥秘为隐喻的解决现代主义矛盾的钥匙和视角。

> 我们围成一个圆圈跳舞，猜测；
>
> 而秘密寓于其中，洞晓一切。
>
> （Forst, in Lathem, 1969, p. 362）

在《追求确定性》（*The Quest for Certainty*）一书的结尾，杜威总结了隐藏在传统思维史里的探究方法。

> 我们已经看到识知与行动、理论与实际之间的对立关系是怎样在实际的科学探究中被遗弃的，识知是怎样由行动推动的……旧中心是思维借助于某种力量在其自身之内完成的识知……是只有在先前的、外在的物质基础运作下才能同样完成的思维识知。新中心是不确定的互动，它发生在尚未完成的自然之道中。通过有目的运作的调节，新的方向、不同的结果可以产生……它是交流互动的整体运动。新的中心随着努力改变的方向而涌现。（Devey, 1929, pp. 290 - 291）

寓于其中的秘密就是强调关联、过程、变化和意义。知识范围的拓展和转换要求我们必须注重过程和关联逻辑。"我们可以把自己置于空无之中，通过放弃世界而赢得世界。"（Chardin, 1965, p. 21）

杜威的哲学方法和关注点受达尔文进化论的影响。杜威抛弃了笛卡尔的哲学方法，质疑哲学应该发现永恒真理的理念。杜威在《达尔文在哲学上的影响》（*The Influence of Darwin on Philosophy*, 1910）一书中描述道：

【90】

> 这些统治了自然和识知哲学两千年的概念，这些早已被思维所熟悉的概念，都建立在确定性和终极性假设上，把变化和起源当作瑕疵和非现实。"物种起源"为那些坚信神圣的、绝对永恒性、把确定性和完美性作为起源和终结的人们介绍了一种新的思维方式。这种思维方式最终

与知识的逻辑转化相联结，从而与对待道德、政治、宗教的方法也相联结。(pp. 1-2)

杜威哲学实现了达尔文开创的强调演变发展的思维模式。杜威摒弃了"确定和终极"的观点，认识到永恒的虚幻性。这个"秘密"在辩证关系、转换过程、相互作用中演变和涌现。杜威的相互作用、复杂演变的观点让我们能明白佛洛斯特所说的秘密寓于其中的难题。"我们围成一个圆圈跳舞，猜测"秘密，"而秘密寓于其中，洞晓一切"，秘密就是事物之间演变发展的关系。

杜威逻辑的基本原理包括行动、思维、互动、演变的相互联系。这些相互联系以经验为根基。杜威对经验的强调，他的探究逻辑、问题解决的实用性及审美观，强调关爱的伦理道德，就像万花筒里的彩色镜片，连续演变组成了千变万化的模式。通过对经验的强调，探究逻辑、实用性、审美观、关爱，我们可以捕获到杜威的思想，获得观察事物的相互联系和演变发展规律的视角。

## 杜威的探究逻辑思想

杜威对经验的关注指导了他的过程方法论，因为经验和生物组织与环境的互动演变的动态性相关。对杜威来说，在情境矛盾的化解过程中，经验交互性地同时改变了个体与环境。对生物而言，问题解决指导着经验的获得。

杜威的探究逻辑以解决问题为动力，建立在对经验的关注上。思维不仅仅是一个认知过程，而且涉及创新和直觉性思维，它们是问题解决复杂系统中的工具。经验产生于这个过程。对杜威来说，意义是问题交流解决过程中的一个重要方面，它源于经验，并在问题解决的互动过程中发展。

思维也驱动着问题的解决，即使在最基础的程度上。杜威的思维包括直 【91】
觉、本能、知觉、想象力、创造力以及认知和整合。霍尔德（Holder, 1995）

描述道：

> 詹姆斯（James）和杜威把思维看作一个过程。思维过程生成于并继续受制于经验的非认知水平。它包括经验结构层次，例如情感、习惯和想象力。根据詹姆斯和杜威的观点，思维是一种高度结构化的经验，它以一种本质性的、动态性的形式，生成于并保留在较低层次结构化的经验里。詹姆斯和杜威都摒弃了心智运作（mental operation）的认知模型，因为这样的认知模型错误地认为结构只存在于所谓的心理认知方面。（pp. 11 – 12）

在解决问题的过程中，与思维缺一不可的情感和想象力，以及作为实际推理中的习惯和逻辑都会涉及。因此，在杜威看来，解决问题就是基本的人类活动，而思维作为人类用来解决问题的方式，除了传统的逻辑思维外，应该包括多种"认识形式"。

**道德行为和美感**

杜威的探究逻辑把事件作为经验、思维、文化关系的基础，因而拓展了怀特海的过程哲学，强调了关联是最重要的基本现实。杜威的美学和价值论为探究逻辑以及最终处理个人、社会、环境的复杂关系提供了重要视角，这个视角以过程哲学为基础。杜威认为道德观、价值论、审美观是由意义驱动的行为维度，道德教育要求想象力的培养。在追寻解决问题的方案时，想象力和反思为我们提供了各种可能性，并最终帮助我们找到解决问题的方法。

激发想象力、开发潜能、丰富思想的讨论通常因不加思考的行动、对传统的过度依赖以及习以为常的交流模式而消失。更糟的是，我们的教育还时常使学生失去发展想象力的经验。费斯米尔（Fesmire, 1995）描绘道：

> 有时我们像在沙漠里茫然无绪地慢行，有时我们又致力于未来想象力的提高。在这两种情况下，我们都简化了对发展想象力的准备。当想

象力匮乏了，我们就不再注意到可能性。当我们把课题看成是额外的负担而去完成时，我们就朝埋葬想象力的坟墓迈进了一步。（p. 53）

杜威的美育包含了引领我们参与到艺术活动中的三种方式。首先，是与艺术对象的具体互动。杜威认为，经验和艺术欣赏使我们的生活具有意义和价值。其次，是艺术的教育意义。艺术探索和创作需要想象力的参与。最后，对美的追求是一个探究的过程。杜威没有对艺术创作经验和艺术教育的意义进行区分，他认为美渗透于各种感觉中，都应得到培养。道德伦理只有通过对美的欣赏才能得以实施。

杜威的审美观涉及对潜在的阶段性涌现目标的假设的创造性和反思性的实际检测。让潜在的阶段性涌现目标变为事实就是创造。道德行为是对可能的行为模式的特殊选择，它与创造性有密切的关系。阶段性涌现目标的实践方法也体现了事物演变转化关系中的不确定性。因为在变化过程中我们也同时影响着所处环境的变化，所以长远规划就只有立足在阶段性涌现性目标的基础之上。道德行为借助美感来产生和选择处理问题的方法和策略。行为之间的内在联系以及联系的多重性，产生于与美感相关的可能行动中，因而对美的欣赏就成为道德行为的一部分。

审美观也包括满足感，一种产生了不同的可能性并能从中选择的感受。"流动"这个词与美的经验相连，因为沉思、整体、生长、平衡感和意识都与美感相连。美感这样渗透于意义、目的和价值观之中。创造性的问题解决包括对美的体验。美感因而"为潜在的成长、意义和卓有成效的行为而敞开大门"。（Fesmire, 1995, p. 56）

美的体验与道德行为紧密联系。然而，不是所有的美的体验都暗示着道德规范。就像费斯米尔（Fesmire, 1995）所描述的：

对解决有疑义的问题所作的任何决定都包含审美因素，这就是为什么我们经常会被粗劣的道德评价所欺骗。明智的决定总是谨慎地关注需要而不是抑制需要，以此带来长期的、全面的而不是片面的短时间效果。道德艺术家们以创造性的方式来使人们能与他们一道有意义地改善生活。（p. 56）

因此，道德行为不是简单的遵守规则。如果只遵守而不质疑规则，就无须做出决定。只执行现有的规则，而不决定其行为的合理性，不考虑行为的后果，我们就没有介入道德规范的制定。道德规范需要精心考虑各种情况下的各个方面。作为美的体验的一部分，道德行为唤起了与教育特别有关的关爱和同情。

这样，道德暗示了对创造性和美的体验的培养。它包括对其他可能性的假设和从潜在的无数行为计划里精心选择阶段性目标。它也考虑了他人所处的情境和相关后果。道德观的发展需要考虑对环境、自身、他人的影响，展现关爱的美德。这样一来，道德教育就包含了价值观所隐含的关爱伦理。

## 关联的核心

怀特海的过程哲学和杜威的探究逻辑的基础都是关联逻辑，它具有以下特征：

- 整体存在由经验构成。
- 事件或经验的机遇是基本的现实。
- 所有的存在都是经验的机遇，它渗透了意义、目的和自由。
- 自身因果关系是所有变化过程的基础。
- 探究指导行为。
- 道德观、价值论、美学是由意义驱动的行为维度。
- 成长变化是通过探究和拓展各种关系来达到的，它涉及创造性、想象力、本能、直觉和感受。
- 个体、复杂事件或经验的机遇的系统关系和内在联系只能通过关联模式来探索。

【94】 关联逻辑代表了一种新的观点，这种观点就是要再造心灵，寻找能阐述后现代我们所处紧张关系下的意义和目的。杜威甚至把心灵这个词描述为具有相互联系、创造性的、有意义的探索和过程。亚历山大（Alexander，1995）描述道：

旧用法中的"心灵"一词的含义可能比现代的"意识"这个词更贴近杜威的思想。我们需要赋予它们全面的意义而不是只从认知的角度去理解它们。虽然可能会导致某种程度的**概念性**的不清楚，但是当我们从一种观点转化到另一种观点，所需要的想象力促进了我们观点的交流，各种各样的观点被带入到运作关系中……教育不只是提高自我调整能力，我们也需要提高倾听的能力，真正地倾听，……（发展）一种可以把他人的观点与我们的观点一同考虑的能力，以此来扩大我们理解不同情境的能力。只有当我们发展了那种能使我们用想象力来创建有意义的生活，我们才能开始倾听到经验本身所拥有的丰富内涵。(p.88)

杜威的探究逻辑和怀特海的过程哲学关注心灵的再造。他们抛弃了把认知作为头脑里发生的事件的观点。通过培养全面意义上的意识，通过描述智力发展的过程，我们不再把心与智分开，不再担心被邪恶的天才所愚弄。杜威的探究理论和怀特海的过程哲学是再造心灵的重要部分，它是关联、涌现性课程的基础。探究逻辑、过程哲学与关联逻辑的整合体现了我们对宇宙系统发展过程的动态性的理解。

## 关联、道德和意义

关联逻辑是我的后现代逻辑理论之一。尽管关联、意义、系统逻辑会有交叉，我们可能认为它们是一样的，但实际上这些逻辑为我们提供了不同却相辅相成的视角，它们指导了我们的行为，并为教育提供意义和目的。

从最初作为中小学课堂老师，到大学教授，再到现在的行政管理者的位置，关联逻辑指导着我的工作以及与学生同事相处的方式。尊重并欣赏他人 【95】对创造性、目的性行为的需要，了解自身所处关系的复杂性和道德行动规范，这些改变了我对什么是教育经验中最重要方面的看法。

卡伦·沃伦（Kaven Warren, 1996）描绘了她的登山经历。刚开始时，她想到的是去征服这座山峦。然而不管多么努力，她都失败而归。她发现自己伤痕累累，在绳索上反复摇晃，却总找不到立足之地。许多次如果不是有安全带，她早已掉入了万丈深渊。第二天她卸下安全带，独自一人从山的另一面最难的部分开始登山。与前天不同的是，她不再把登山作为一件任务，而开始考虑登山的感觉，并决定与山建立起联系。

> 我闭上眼睛，开始用手去感觉岩石——这些裂缝、青苔以及小碎石，它们可以成为我登山时手脚小憩的地方。当我这样想时，瞬间我就沐浴在山谷的宁静中。
>
> 我开始与山低语。像小孩子之间的对话，岩石就好像是我的朋友。我深深感谢它为我所提供的一切——这个机会让我知道了我与岩石的不同，欣赏到了未曾见到的奇迹，比如在岩石的表面上从狭窄的裂缝里露出的小花。我开始体验到人与自然的关系。就好像岩石和我是一对有着长期伙伴关系的朋友，我们悄悄地进行着对话。
>
> 我意识到我开始关心这些悬崖峭壁。它与我完全不同。它是如此坚韧不拔，独立而冷静地对待我的到来。在登山时，我只想与它在一起。我不再想征服它，把我的意愿强加给它，而只想尊重它，与它合作。这就是我登山时的感受。我感受到对山的关心。我感谢登山的经历让我以新的方式认识自己、认识这座山。（pp. 26 - 27）

关联逻辑使我以不同的方式认识了我自己和我的学生。当我把学生当成某种关联而不是"物"，当我意识到教育的道德目的所产生的影响，即它可能让教育超越了控制逻辑，这时，微妙而又具有深远意义的变化在我身上就开始发生了。

---

[96] **注　　释**

[1]这部分我特地选用"他"来突出科学、科学方法以及现代主义是以家长式的思维和关心为基础的。

[2]怀特海用"理性的"（rational）、"反理性的"（anti-rational）这两个词来区分理性主义哲学观（philosophical perspective of rationalism）。怀特海想暗示对科学范式无条件地接受和以现代方式理解存在是现代主义反理性或不加怀疑观点的基础。

# 第五章

## 系统逻辑

　　这一章将给大家呈现后现代主义逻辑中的系统逻辑（logic of system）。系统逻辑起源于一般系统论（general systems theory），把系统作为一个整体来进行研究，而不是用现代主义的分割法把它分成部分。20 世纪后期，系统的共性、复杂适应性、混沌理论挑战了传统意义上的系统逻辑的概念和系统关系。

　　传统的逻辑不能解释存在于许多系统里的复杂性和相互联系。世界每天充满了机遇、意外、错误、误解、创造性及各种情境，贫乏抽象的形式主义逻辑特别是符号逻辑远离我们这些日常生活的情境。20 世纪 70 年代，当我开始正式研究哲学逻辑时，我就被它的系统性深深吸引了。我的数学背景知识为我理解和研究逻辑的意义及其重要性提供了方便。随着多值逻辑、模糊逻辑[1]、人工智能的涌现，人们试图把数学上的形式主义扩展到人脑思维和机器思维中。对智力与逻辑行为关系的研究所产生的问题、人工智能研究的萌芽引起我对哲学和科幻的兴趣。

　　19 世纪末期，在对数学基础的探索特别是弗雷格（Frege）逻辑[2]的研究中，人们发现数学的逻辑基础中日益明显的矛盾。罗素悖论贴切地表达出由弗雷格的集合论引申出的以无限集合为数学基础所带来的冲突。罗素提出的【98】 问题是："无穷集合的集合是否包含自身集合？"这个问题代表了典型的20世纪悖论，包括塞维利亚（Seville）的理发师悖论，即"如果塞维利亚的理发师只给不给自己理发的人理发，那么他给自己理发吗？"显而易见，作为数学根基的逻辑不应该引起这样的矛盾。

20世纪早期的建构主义者和直觉主义者通过否定基本的数学逻辑真理来解决有关数学基础[3]的矛盾，即否认是P或非P，两者中必有一个正确的逻辑。数学逻辑和论证，包括科学推理是以排中律（Law of the Excluded Middle）为基础的。很明显，根据我们的经验，很多情况下仅有"是P或不是P"是不够的。要对"下不下雨？"做出结论是不容易的。可能塔尔萨（Tulsa）下雨而威奇托（Wichita）不下雨。与气候、学校、儿童及与兴趣有关的大部分问题都具有复杂性（它们常常是更大系统的组成部分），它们不可避免地与相应情境密切相关。以"是或不是"的逻辑为基础的真命题和真值论难以描述纷繁复杂却又相互联系的世界。

19世纪30年代早期哥德尔（Gödel）发表了关于数学的不完整性的证明。在此之前，罗素、怀特海、维特根斯坦等许多人曾花费了很多心血致力于解决数学基础的问题。哥德尔的证明改变了早期关于数学是上帝的语言的观点。哥德尔表明数学证明的完成是不可能不导致矛盾的。于是，数学家们不再进行数学基础的研究。现在很明显，数学不能反映我们对真理的看法，因为真理本身似乎就是一个关联系统。与许多自然产生的系统相比较，数学在产生新知识方面显得很贫乏。因为数学是一个封闭的系统，它的意义和真理性被少量既定的、原始的基础理论所约束。牛顿的钟表式宇宙观和世界数学化的思想不足以让我们对付世界的复杂性和变化发展。同时，我们本身也是这复杂变化世界的组成部分。

多值逻辑学（Multivalued logic）有助于我们更好地把握现实生活和经验中的不确定性、复杂性和相互联系，但是它仍然受限于真值评价机制（mechanics of truth valuation）。就像分析哲学，多值逻辑仍以真值评价为基础，它【99】 不能处理复杂化的、自然发生的、生物化的、演化发展的复杂系统。分析哲学和逻辑学不能阐述充满关联、思想、意义的复杂世界，因此，那时我就失去了对于逻辑哲学的研究兴趣。

离开哲学研究后，我转到了数学和计算机的教学。意识到过程哲学可以用来探索关联逻辑以及对复杂科学日益增强的兴趣，这使我又重新回到了对哲学的研究。这一章我们将探讨构成生物系统、涌现和复杂关系的基础——系统逻辑。系统逻辑不再把排中律和矛盾律作为基本理论，它意味着系统逻辑与现代逻辑思维的彻底决裂。

## 科学、技术和工具

在《跳马行动》（*The Knight's Move*）一书中，洛德和奈德哈特（Loder & Neidhardt，1992）对科学和科学技术进行了区分：

> 科学可以定义为一种人类活动，即在一个解释性框架里，通过近距离观察世界而寻求对观察现象的**解释**，把观察上升到理解意义的程度……科学技术可以定义为为获得物质利益而采取的行为手段。科学技术强调方法的开发与应用。通过技术，人们可以操纵物质世界，来获得更大的利益。（p. 3）

现代主义混淆了科学工具和科学意义的区别，从而把科学和科学技术并为一体。作为现代社会的主要工具的时钟成为宇宙盛行的隐喻。因为把工具和意义结构混为一谈，科学失去了其意义和重要地位。

> 从技术的角度来看待科学，会把科学简化为对物质世界的操作方式。这样，"科学和技术"利用夸大的神的力量创造了一个片面的世界观。在这种观点下，人们对目标和方法之间的系统关系的控制抑制了对目的和意义的探讨。从技术观点出发的形而上学只能是封闭系统的决定论思想。（Loder & Neidhardt，1992，p. 4）

当技术关注方法，科学关注意义的时候，作为一种意义系统的科学更紧密地与精神和相互依存联系起来。如果把工具和意义相混淆，科学就会像数学一样变得封闭、不完整和贫瘠起来。正如把数学工具作为数学基础和理解数学的方式时，形式逻辑将数学转化成对数学符号的操纵。

【100】

人们曾指责科学家马克斯威尔和爱因斯坦把科学思想与具有超越性、创造性和灵性的神秘论融为一体。这种对神秘主义的指责来源于现代主义的科学观，它把科学作为工具的一种技术产品。但是如果把科学看成意义结构（meaning structures），那么科学和灵性的区别就变得模糊起来。后现代主义科学观抛弃了牛顿钟表宇宙论对世界的完美预测，认为科学不是真理的传送者而是有用的意义和解释性框架。后现代主义科学观主张开放性、不确定性、随机性、相互关联性和动态性。科学作为一个意义系统，与灵性的关系不再像现代主义者对科学客观性的界定那样一清二楚。

随着后现代科学工具从机械向电子化学工具转化，如果我们细心地把科学和科学工具分开，意义系统就会被简化成封闭系统。这一章我们将探索复杂性科学理论，借助它，我们将诠释后现代观对关联、创新、涌现的过程理论所赋予的意义和隐喻。复杂科学的基本逻辑就是系统逻辑。我们必须注意，不要把复杂科学工具与它的意义结构相混淆。虽然系统逻辑是我们调查和解读经验与观察的一种方式，但是我们不能把它作为隐藏在自然界的真理的代表。

我们将在这一章探讨复杂适应性系统科学，以及系统逻辑下的后现代科学的隐喻和意义。作为意义和作为工具的科学的区分消除了科学至上主义和公开的神秘主义之间的不满。本章的第一部分将描述作为意义系统的复杂科学。复杂科学的期望起点可以追溯到系统原理。因此，这一章的前面部分我们将回顾系统思维的发展以及它与系统逻辑的关系。中间部分我们将会把复杂适应性系统作为生物系统（living system）来进行研究。从系统逻辑的角度来理解生物系统，可以拓展我们关于社会系统的思考。在第七章我们将进一步探讨这个问题。混沌数学将为我们理解和探索复杂性原理提供有力的工具。

【101】

虽然混沌技术可以作为理解复杂系统的工具，但我们不要高估它的作用而再次导致科学与工具的混淆。混沌数学为理解复杂系统提供了形象化的实用性隐喻。后面几章我将呈现给大家曼德尔布罗特集合，把它作为解读学校教育、课堂教学和学习中的动态演化的一种有效方式。这一章的最后部分我们将把复杂适应性系统与后现代主义思想结合起来，探讨后现代主义是否成为另一个"宏大叙述"的问题。

## 一般系统思维

一般来说，系统论常把我们的注意力从物理学和数学上引到生物学上。系统论从系统的角度出发研究关联、变化和过程的问题。"生命意味什么？"的问题驱动了系统研究方式。生物和社会领域中广泛存在的共同属性对以确定性为代表的科学分类法与物理仿真学提出了挑战。与量子物理学、相对论和进化论的出现相似，系统原理的雏形诞生于 20 世纪早期。

伯格森（Bergson，1911）是从系统的角度来探索社会心理关系的先驱之一。他关注一切生物的、自然的过程。他（以及杜威）都诞生在达尔文《物种起源》（*The Origin of Species*，1859）一书发表之年。他的著作与达尔文的决定论是对立的但也是对话的。伯格森认为，智慧和思维本质上是由创造力和直觉而不是由智力和知识决定的。生命追求的是创造性的行为而不是知识和确定性；揭示现实或宇宙本质的是直觉而不是分析方法。根据伯格森的观点，生存问题与创造性活动相关联而非与遗传特质相关联。

一般系统论思维的一个特征就是对达尔文进化主义中的机械论、目的论以及牛顿理论物理的抛弃。一般系统论试图从后达尔文观点出发来理解事物的复杂性、涌现性、关联性、创造性和变化发展过程。伯格森的研究方法主要从哲学的角度去关注社会心理过程。几十年以后，贝塔郎菲（Bertalanffy）在生物学领域向传统科学思维提出了挑战，他的方法来自对生物的研究而不是心理学研究。 【102】

从 20 世纪 20 年代后期，贝塔郎菲[4]开始了被他称为"有机生物"的研究。第二次世界大战后，一般系统理论（General Systems Theory，GST）在贝塔郎菲的有机生物论的基础上发展起来，并应用了许多进化论及生态学中的过程隐喻。因为不满意现代科学的机械隐喻，贝塔郎菲转向了对有机生物学的研究。在他看来，现代思维的孤立性和单一性无法解释生物组织的整体性和涌现性。

贝塔郎菲对可以解释各种系统，包括生命系统和非生命系统、生物系统和社会系统的共性的原理产生了兴趣。他的一般系统理论（GST）形成于第二次世界大战结束时。一般系统理论主要关注物理、化学、生命以及社会系统中的一般关联模式和组织特性。贝塔郎菲认为，科学的支离破碎阻挠着对基本原理的探究，而一般系统理论成为跨越学科界限的探究方法和哲学思想。

> 物理学仍然是科学的典范以及研究社会和人类思想及现象的基础。然而，一种新的科学——生命化的、行为化的和社会化的科学也同时诞生了。这种新的科学需要在当代世界观里求得一席之地……我们正在寻找对世界的新看法，即世界作为一个整体组织。这种新的理念——如果它能持续发展的话，将会真正改变以基本学科分类法为基础的科学思维，并对指导实践产生复杂的影响。（Bertalanffy, 1968, p. 187）

一般系统理论提出十年后，在经济学家博尔丁（Boulding, 1956）、神经物理学家热拉尔（Gerard）、心理学家米勒（Miller）、数学家拉波波特（Rapoport）、人类学家玛格丽特·米德（Margaret Mead）的支持下，贝塔郎菲于1954年组成了一般系统研究学会（The Society for General Systems Research）。一般系统研究学会现在被称为国际系统科学学会（International Society for the System Sciences, ISSS），学会的目的如下。

> （1）调查各个领域里的概念、规律和模型的同构（isomorphy），促进各领域的相互转化；（2）在缺乏理论模型的领域里发展多种理论模型；（3）减少不同领域里的重复性理论研究；（4）通过加强专家之间的对话促进科学的整体性。（Bertalanffy, 1975, p. 155）

〖103〗　国际系统科学学会（ISSS）的互联网首页描述道：

ISSS 的创建者们强烈地感到强调专业化和简单化的传统科学忽略了现实的整体性。ISSS 强调对更为一般的原理的需求，它是追求超越学科领域的分割的一个学术组织。（http：//www. isss. org/draft. htm）

巴纳锡（Banathy，1998）区分了系统原理、系统哲学和系统方法。他认为：

> 对于"我们怎样理解系统？"这个问题，从系统哲学的角度来讲，那就是我们把事实和事件放在相关情境里来研究。我们把事实、事件、相关情境理解为目的性地安排在系统关系里的整合体（integrated set）。与传统科学的分析、简化、线性以及简单因果哲学观相对立，系统哲学带来了思维和认知方法的重组，是一种用综合、拓展、动态等多种/相互影响的因果关系的方式进行思考和探究的观点。它研究事物怎样运作胜过研究事物是什么。（p. 6 of 16）

通过与传统科学方法的比较（表5.1），巴纳锡描绘了一般系统理论的基本概念。系统探究方法注重多样化/动态化的交互作用、关联模式和整体性。

系统逻辑学包括系统哲学、系统论和系统方法，由世界观、研究导向和涌现的方法组成。探究的目的是理解和行动。这种探究目的使系统逻辑和现代主义逻辑不一样，同时也暗示了认知的本质是互动的。从系统科学的角度出发，客观观察者或阿基米德立场（Archimedian Stance）不再存在。

对科学领域的分割和日趋专业化源于对古典物理潜在的信念。系统方法寻找对内在的、跨学科的、结构性的、组织性的、过程性的理解，探讨了系统的涌现性、增加的复杂性、系统的生存力等方面问题。探讨的目的不是想了解单个系统，而是要更好地了解多个系统怎样作为系统来一起运作。早期系统研究特别的驱动力来源于对生物、社会、经济、化学和神经系统等领域的共性的探求。翁焦尔（Angyal）调查了早期系统逻辑与古典科学观下的推理及过程的区别。

【104】

表 5.1　古典科学和系统科学的比较（Banathy，1998）

| | 古典科学观 | 系统科学观 |
|---|---|---|
| 关注点 | 单变量、部分、线性关系 | 多样化/动态化的交互作用、关联模式、整体 |
| 探究模式 | 分析、简化、实体 | 综合、拓展、涌现、过程 |
| 推理 | 因果关系、决定论 | 非决定论、目的、意义 |
| 规则 | 主观性、观察者与被观察对象的分离 | 观察者的介入和影响 |
| 目的 | 预测、证实、获得知识 | 理解、展开活动 |
| 控制 | 以目标为驱动力①、负反馈、误差调整 | 以目标为驱动力②（误差调整）、目标正向变动 |

## 基础逻辑

翁焦尔（Angyal，1941）认为，系统逻辑与传统科学推理及其因果逻辑不同。他描述了系统逻辑和传统逻辑的区别。

1. （传统逻辑）需要并且只需要两个成员。关系就在这两个成员间建立。复杂的关系总可以分解为成对的对应关系，而系统逻辑认为整体（whole）里的联结类型与聚合体（aggregate）的联结类型完全不同。系统这个词在这里指作为一个整体(holistic) 的系统。元素这个词指整体组织，因而我们这里所讨论的"系统"就是整体型组织。

2. （传统逻辑里的）关联只考虑形成关联的某个方面的因素。例如两个物体因为它们的颜色、大小、重量而相互联系……与此相反，系统成员并不因为它们单个特性，而是因为他们在系统里的分布和排列而成为系统的一员。

3. 虽然空间维度是关联和系统形成的必要条件，但是两种逻辑下空间维度的作用并不一样。传统逻辑下的它仅表示一种关联与另一种关联的

【105】

---

① 目标在这里是固定的，预先设置的。——译者注
② 目标在这里是变化的，没有预先设置。——译者注

分离，其本身并不包含在关联里。例如，两种颜色在空间里被区分，它们之间的比较可以不再需要任何空间维度。在系统逻辑里，空间维度紧密相联，它不仅把各组成部分分开，而且参与系统的形成。系统是空间化的。一个系统就是它的成员在空间维度的分布。

4. 处理关联和系统涉及两种不同的逻辑方式，相应的两种心理过程也非常不同。最近几年关于两种不同认知过程的可能性讨论一直没有结论：解释和理解……两个概念的区别……可能在于解释是指理性的思考，而理解是系统化的思考。理性思考的目的在于在两个物体之间建立直接的联系……系统化思考的任务不是要找到两个成员间的直接关系，而是找到一个更高一级的系统，各个成员在那个系统里都相互联系。(pp. 18−24)

传统逻辑受牛顿理论的检验，而从牛顿机械观出发，对应关系的数量决定了系统的逻辑空间范围。系统逻辑学则调查系统内部各组成部分的内在联系和各种关联模式的复杂性。我们只能从相互依赖、动态发展的组织结构的观点来理解系统。

作为一个整体，系统具有复杂的关系和动态化的组织结构，只用关联逻辑学来理解系统是不够的。关注关联性，不仅仅是关联本身，同时也包括其组织的动态变化。"在一个聚合体里，组成部分的多少具有重要意义；而在一个系统里，组成部分的位置关系具有重大意义。"（p. 26）翁焦尔认为，只是部分之和的聚合体与作为系统的整合体有完全不同的发展过程。系统的认定或特征不会由组成它的每一个部分或系统里的一些对应关系来决定，而是由整个系统的组织确定的。系统不是单个个体的总和，也不是一对对对应关系的比较。系统的整体功效大于各部分之和。系统理论就是调查并检验使整个系统有意义、使各部分凝聚在一起的整体组织的特性，而非系统中的某个个体组合。这种变化代表了系统的逻辑基础。

动态性或开放性的系统具有特别的意义。在翁焦尔撰文之时，理解动态变化的生物系统的组织结构还属于新科学领域。贝塔郎菲最早区分了开放系

【106】

统和封闭系统。20 年后，普里高津在热力动力学领域的研究为理解开放系统的动态性做出了巨大贡献。20 世纪 60 年代，马图拉纳（Maturana）和瓦雷拉（Varela）利用这些观点形成了他们关于生物系统（living systems）是自生和自主的复杂系统的思想。这些关于系统的动态性、开放性、复杂性和整体性的讨论推动了由一般系统到复杂适应性系统原理讨论的转变。以下我们将描述这些原理的区别和过渡转化。

## 系统理论和新科学

系统思维被广泛地应用于科学和非科学领域。"系统理论"这个词并不意味着它是关于系统运作的唯一理论。正如前面所述，系统逻辑学包括系统方法、哲学和原理。物理学家弗里乔夫·卡普拉（Fritjof Capra, 1996）指出，系统思维的特征表现为从现代科学的机械简化思维方式到 20 世纪科学的整体有机性思维方式。

> 根本冲突在于在部分和整体之间。强调部分的思维方式被称为机械的、简化的或原子式的；与之相对的则被称为整体的、有机的或生态的。20 世纪科学把整体观看成"系统的"，其思维方式暗示了"系统思维"。（Capra, 1996, p. 17）

虽然系统学由生物学家所创始，但如今在众多的实证科学的分支里都可以发现系统思维模式。扬弃机械思维模式不仅仅只是接纳这种科学观。正如我们在第一章里所讨论的，18 和 19 世纪后期的美学、文学、哲学中的浪漫主义标志着向整体观和相互依存思维的过渡，后现代主义以各种形式挑战着现代主义碎片式的思维方式。建构主义、解构主义、存在主义和新马克思主义后现代观都关注现代主义的片面、孤立和机械性。

【107】 20 世纪后期研究的耗散性结构的自组织，是开放系统动态进化和复杂适应性系统的一个关键方面。从这个角度来看，整体关系是系统结构的一个本

质方面。正如卡普拉（1996）总结的：

> 系统意味着一个整体。其根本属性由它内部各部分的相互关系而决定。系统思维是在更高一级的系统情境里去理解现象。事实上，"系统"一词来源于希腊语，其词根的意义是"放在一起"。从字面上讲，系统化理解意味着把事件置于情境里，理解整体里的各种关系的本质。（p.27）

系统观给我们在生物进化领域带来了新的启示。从系统论出发，量子物理学中的悖论重新得到了解释，因此我们可以理解量子的行为，并意识到观察与存在之间的系统关系的重要性。从系统的角度看，量子之间的互动由它们的相互关系以及与系统整体的相关关系而确定，并不受我们对其解释的影响。完形心理学、生态学、量子物理学、有机生物领域的研究都影响了早期复杂适应性系统思维的发展。

从上面的讨论我们可以证实并总结出系统思维的几个特点。需要注意的是，我们并不是要把系统思维简化为几条标准。首先，系统思维关注关联和整体结构而不是每个个体或每个对应关系之和。系统的相关属性是不可能通过检验孤立和局部的属性来发现的。不仅如此，孤立的调查方式还会破坏系统的本质。准确地说，系统的重要特性在于它的组织形式以及各个部分相对整体系统的关系。

其次，系统思维关注系统的组织化程度。在组织和其关联结构的分析中，我们可以看到组织的等级性。大多数复杂的系统内部结构都有不同层次的组织形式。对各个层次组织的组织过程以及各层次之间的组织过程的理解包括探究系统的耗散性、涌现性和洐生性。

系统思维方式的第三个重要组成部分是相关情境。除了系统内部的主要关联，系统的动态性与系统的动态演化历史、外界环境紧密相联。系统思维要求从系统的变化历史过程以及与外界相联的具体情境来研究系统。〖108〗

新科学研究系统的自生性、历史性、情境性、相关性以及相互依存。对系统关联的强调、对转化过程的关注以及自我产生、实现过程中的创造性的影响，组成系统逻辑的关键部分。系统逻辑学是新科学的基础，而新科学可能是我们深入理解相互关系以及与环境之间互动的一种革命性方法。正如伦尼（Renniie, 1999, p. 1）认为的，"当科学帮助我们理解一个全新的世界时，真正的变革就开始在我们的脑海里发生了"。

通过递归性地探究系统的互动，在自然情境里跟踪系统的历史发展趋势，系统逻辑学展现了科学探究的这两个关注点。复杂适应性系统科学揭示了系统探究的方法、哲学和原理。

## 复杂适应性系统

复杂适应性系统的研究得益于几个学科的贡献。它起源于对复杂系统的研究——20世纪后期理解生物系统的一种方法。而复杂适应性系统的研究主要萌生于对非平衡物理学和动力系统的研究。

普里高津研究了非平衡物理学的一个分支——热力动力学上的不可逆化学反应，而洛伦茨等人开创了气候动力学的研究。非平衡物理学研究系统在**远离平衡**(far-from-equilibrium) 状态下的特征，而系统动力学则研究微小变化如何被加强而引起巨大的变化。这些变化在其他系统中也被称作非线性（nonlinearity）变化。复杂适应性系统研究把复杂系统的许多研究成果运用到生物系统领域，调查远离平衡状态下，非线性变化是怎样影响生物系统的。自我创生（self-creativity or autopoiesis）似乎就是生物系统在这种情境下的反应。

以下我们将从复杂适应性系统的源头——热力动力学和动力系统研究——出发来探讨复杂适应性系统。复杂适应性系统的研究是了解生物系统的一种途径，它以系统逻辑学为基础，为研究教学以及与学校教育相关的各种复杂关系提供了一种观察思维的方式。

【109】

### 非平衡物理学和远离平衡状态

1977年，普里高津因发现热力动力学中的不可逆原理而获得诺贝尔化学奖。在热力动力学实验研究中，他发现远离平衡状态下一些化学振荡反应并不会导致系统瓦解，而是导致系统的重新组织和加倍的复杂化。

这种由重新组织和加倍复杂化引起的不可逆现象似乎与传统的决定论和认知论不一致。拉普拉斯（Laplace）对牛顿推理方式的运用建议，如果我们对初始条件了解越多，对未来和过去的推测就越有把握。而普里高津的不可逆原理否定了这种可能性。同样，系统增加的复杂性也对牛顿的熵（entropy）概念提出了挑战，即当系统"衰减"时，系统会因失去能量变得趋于一致而不是更加复杂化的观点。

普里高津也研究了生命是否可以通过化学变化过程而出现的问题。他提出："化学变化过程能告诉我们晶体和细胞行为的根本区别在哪里吗？"（Prigogine & Stengers，1984，pp. 131–132）。对这个问题的回答导致了传统化学动力学，即描述热力动力反应的内在属性与涌现理论的区别。

> 传统化学动力学假设化学反应率与参加反应的反应物（或反应物的总和）的浓度成比例（p. 132）……如果不受外界影响，发生化学反应的系统会趋向于化学平衡状态（p. 133）……与临近平衡状态的情形相反，一个远离平衡状态的系统会变得高度具体化，任何宇宙普遍规律都不能用来推断系统的整体行为。每一个系统都不同，每一系列的化学反应都必须被研究，而且它们将会产生不同本质的行为。（pp. 144–145）

普里高津认为，在复杂适应性系统里，自我反馈对系统的重新组织做出了建设性的贡献。这些"催化环"（catalytic loops）以非线性的不可预测的形式影响着系统。系统在远离平衡状态下的反馈过程或许就是不可简化论对进化问题的回答。正如惠特利（Wheatley，1994）所描述的：

> 普里高津研究的耗散结构展现了生命系统以诞生新生命而对无序（非平衡）状况做出反应的能力。无序对新生命的诞生和更高级的有序的出现起着重要的作用。（p. 11）

【110】

普里高津的研究表明，远离平衡状态的开放系统通常有物质和能量的交换，这种交换产生了对系统的反馈，从而产生了非线性的、不可逆的、系统化的独特效果。这一发现把热力动力学研究与其他开放式系统的动态性研究结合了起来。

**动态系统和非线性**

在对气候的研究中，洛伦茨（Lovenz）类似地调查了远离平衡状态下的微小变化如何被放大而引起的系统复杂变化。早期洛伦茨曾试图用非线性微分方程来模拟天气的变化过程。他的努力展现了 20 世纪 60 年代人们对预测并最终控制气候的希望，是对掌控和发展天气动力学所作的承诺的写照。

洛伦茨通过计算机用数学模型来模拟天气变化过程。通常只要计算机运行足够长的时间，就可得到几个月的天气预报数据。而现在的故事是，在一个很特别的一天，洛伦茨对天气预报数据中的某部分特别感兴趣，于是他重新设置了几个变量的初始值，重新运行他的数学模型。一个小时以后，当他喝完一杯咖啡回来时却发现所得到的天气预报结果完全不同于以前由同样数值产生的结果。他以为是计算机出了差错，于是检查了计算机的连接和运行的方程，结果发现问题出在输入的数字上。计算机在处理数据时需要用六位数字，而他输入的初始值只取舍到第三位数。因为模型里的初始值产生的微小变化而导致完全不同的结果，洛伦茨意识到气候是一个相当复杂的系统，即使相对微小的初始变化也会带来系统戏剧性的变化效果。

**对初始条件的敏感性**（sensitivity to initial conditions）和微小变化引起的非线性变化效果向系统的可预测性和有序性提出了挑战。"蝴蝶效应"（butterfly effect）的现象就表明了复杂系统的微小变化导致系统戏剧性的不可预测性的变化。正如一只蝴蝶在香港振动翅膀会影响纽约将来的天气变化。

【111】因为复杂系统是相互联系的网络，研究系统的动态学不能用片面的局部的方法。混沌动态学研究的先驱者们曾尝试理解并呈现复杂系统的动态性。

**混沌理论和复杂系统动态学**

詹姆斯·约克（James York）在 1975 年提出了关于混沌的第一个数学定义。为了理解像气候这样的复杂系统的行为，詹姆斯·约克把洛伦茨方程所表现出的系统行为描述为混沌现象。他用相空间图（phase space diagramming）来表达系统的行为，认为系统在不同的状态之间进行转化并最终导致"混沌"现象的出现。这些被称为相位加倍（phase doubling）的状态显示复杂系统在临界点由稳定状态到重复模式，再到变幻莫测但仍然有规律可循的混沌现象。系统的这些行为可以由计算机或者 19 世纪数学家彭加勒（Poincaré）研究相互作用的天体重力效应的方法呈现出来。有人指出，彭加勒早期解决三体运动机制问题的尝试是混沌学的起源。（Ekeland，1990）

三体问题（three-body problem）研究在天体系统里如果有多于两个天体运行，系统的复杂性如何增加的问题。16 世纪开普勒（Keplar）提出了用运动三大定律来描述行星的运动。牛顿假定存在一种"隐力"，也即重力，从而把行星的运动系统化。几个世纪以来，牛顿原理一直被用来预测地球上和太空里物体的运动。开普勒成功地用数学方程来表示这些运动关系，他的数学化方法和关于宇宙自然规律的假设在人们心目中根深蒂固，使得现代主义者们坚信——正如拉普拉斯所表达的——只要知道足够多的系统初始条件，我们就可以决定（机械）系统所有的过去和将来。

19 世纪末，彭加勒对牛顿的机械决定论以及以此为基础的量化模型提出了异议。彭加勒发展了用质性研究方法来理解系统的动态学。他认识到对初始条件的敏感性和微小变化引起的非线性动态变化使长期的预测变得不可能。事实上，除了复杂系统的内在不稳定性和不可决定性外，初始敏感性和非线性也影响了我们的计算能力。

彭加勒对三体问题的研究挑战了牛顿定律，即关于两个天体的运行规律　【112】
是否也适于三个天体运行的假设，并由此引起了对系统复杂性的讨论。彭加勒研究表明，只增加一个相互作用的力，我们就不能再用牛顿方程来理解整个系统的行为了。也就是说，牛顿的机械论仅对两个天体的运动有效，一旦涉及三个天体，它就失效了。

彭加勒研究天体运动的方法关注系统各要素的相互关系，以及系统作为一个整体的行为表现。他的行星周期性轨迹的二维映射（two-dimensionalmappings）预示了几乎一个世纪以后约克·埃农（Henon）和其他人在以计算机为基础的研究中所运用的多种技巧。

虽然当时的计算能力和模拟水平有限，但彭加勒却清楚动态系统相互作用的复杂性。他把系统行为表示为随时间而回归，并用它建立了一种完全不同的系统行为模型。由彭加勒建立的回归表示法后来被发展为相空间图。相空间图对待时间和系统行为的方式与传统的笛卡尔坐标图对待时间和系统的方式非常不同。笛卡尔坐标图（正如我们在初等代数里用来表示函数的坐标系）不能捕捉系统的复杂性和动态性。系统的行为看似没有规律可循（例如三个天体的相互作用），但如果用早期相空间图技术，我们就会发现系统的实际行为中隐藏着有序性和规律性。这些系统虽然不可预测却是稳定的，而其他系统却变得混沌起来。隐藏在传统的笛卡尔映射方式下的组织模式在相空间映射下显现出来了。

埃农是 20 世纪 60 年代最早通过计算机模拟系统的动态行为来调查系统行为的人之一，他运用相似的关联思维来研究系统。他的研究表明虽然系统有规律但预测却是有限的，因为完全的重复是不可能的，完全预测系统的行为也就不可能。尽管如此，在某些"奇异吸引"（strange attraction）的区域，系统却似乎表现得有规律可循。这些发现与同一时代洛伦茨的发现不谋而合。对初始条件的依赖敏感性、有限度的有序性、关联模式以及"奇异吸引子"（strange attractors）成为了动态系统在许多领域里的共同特征。

【113】 探究复杂系统行为用的是递归的、关联的、非线性的、动态的而不是算术式的、静态的数学；探究方法是模拟而不是预测系统的行为。这种数学方法应用递归过程，把系统的下个状态理解为系统对上次状态的反馈。这种理解更充分地捕捉了系统随时间变化的涌现性和关联性。

下面的例子表明了这些关联对于理解时间概念的启示，即时间不再是绝对的，更多的是相对性的。如果运用关联法研究系统，可以得到对简单系统动态性完全不同的理解。

让我们来看看简单钟摆的行为。钟摆在开始运动后最终都会停在一个被称为平衡状态的地方。在连续运动中，钟摆不会每次都摆动到它的最高位置，而是幅度会越来越小，最后到达平衡状态。

钟摆行为是牛顿力学的代表。笛卡尔钟摆里的时间是连续的、独立的变量。在时间坐标图里，时间被表示成 X 轴上的自变量，距离被表示成 Y 轴上的因变量。这种方法是我们绝大多数在高中数学里学习的方法。

　　下面的图形显示了用笛卡尔方法表示钟摆的运动过程（见图5.1 a）。在 A 点，时间为零，物体离开平衡位置最远。然后开始释放钟摆，钟摆光滑摆动向下穿过平衡位置 B，在另一边返回到与最初释放钟摆的位置距离相等的图中 C 点，然后再向上穿过平衡位置 D 点，再返回到与最初释放钟摆的位置距离小些的 E 点。这个过程继续下去直到钟摆最后停止在平衡状态（图中 F 点）。

　　赫伦（Heron）、斯梅尔（Smale）等人在20世纪60年代建立起来的相空间图，也是彭加勒最早描述的方法，其研究方法不是把时间看成自变量而是把它作为一个动态变量。如果把钟摆运动中每一个微小变化都反馈回系统，运动本身就是一个系统变化而不是以时间为自变量的函数。（这种方法不再产生芝诺关于运动的悖论，它阐明了休谟的想法，即把变化看成相对于早先状态的状态变化而不是相对于时间的时间变化。）　【114】

**笛卡尔钟摆**

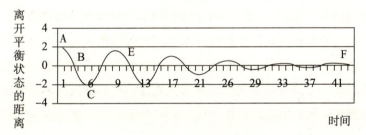

**图5.1a　钟摆运动的牛顿坐标表示**

**相空间钟摆**

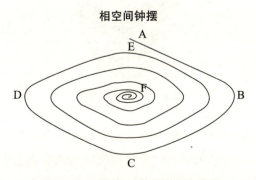

**图5. 1b　钟摆运动的相空间图表示**

相空间图（见图5．1b）表明了钟摆由最初的释放状态到最终的平衡状态的系统的整个变化过程。相空间图的维度包括离开平衡位置的距离和钟摆运动的速度。跟踪相空间图可以使我们了解运动的方向。在 A 点，钟摆离开平衡位置最远。释放钟摆，钟摆以最大的速度向下运动，经过平衡位置 B 点再到达与离开平衡位置距离相等的 C 点。在 C 点钟摆的运动方向发生改变，向上返回到平衡位置。在 C 点钟摆处于瞬间静止状态，速度为零。当钟摆经过平衡位置，其返回的途径与从 A 点到 B 点的方向相反，这个过程可以用一个与从 A 到 B 的过程相反的过程来表示。钟摆在 D 点达到最大速度，然后继续向上返回，它不再到达最初释放钟摆的位置而是到达 E 点，钟摆上下摆动最终静止在 F 点。

用相空间图表示钟摆的这种简单变化可能看上去不是特别有用，但是，在熵不会使系统最终衰竭的开放系统里，相空间图可以使以前只存在于彭加勒想象中的复杂系统的动态变化呈现出来。相空间图揭示出洛伦茨的天气复杂系统动态变化似乎被吸引在两个稳定却又不可预测的状态，据此人们对洛伦茨的蝴蝶效应（见图5．2）有了新的解释。奇异吸引子清楚地揭示并反映了我们对天气的直觉。我们认识到了天气变化的某些规律，但是我们却不能完全预测特别某一天的天气会像什么样。相空间图似乎体现出了系统对初始条件的敏感性、非线性、涌现性和复杂变化性，它们也反映了系统潜在的有序性和对随机变化行为的约束性。

图5．2 洛伦茨蝴蝶

随着开放系统的动态变化模拟技术的发展，曼德尔布罗特也发展了数学上的几何回归关系。这些几何回归关系不仅以公式形式表达了混沌技术，而且对研究开放式系统的复杂性和涌现的有序性提供了直观的、艺术的、创造性的分析视角。

## 混沌数学

曼德尔布罗特是一个数学家，可是在正统数学的研究上他并不很成功。〖116〗
曼德尔布罗特曾以波兰难民的身份在法国从事数学研究，从那时起他就已经
放弃了对正统数学的研究，转而对数学中的关系和非封闭系统数学产生了兴
趣，并开始从直观的、几何的角度去研究它们。曼德尔布罗特放弃了传统的
分析法，转向非传统方法。他特别对数学在现实世界中的运用感兴趣。葛雷克
（Gleick，1987）描述曼德尔布罗特是一个"沿着非正统的道路，研究数学领域
上的偏门僻舍，在自己不被欢迎的学科领域里探索，收藏起自己卓越的思想，
换得所写文章的发表，靠着雇主的信任而得以生存的人"。（pp. 86 - 87）20 世
纪的数学发展普遍受到原理和公式的限制，曼德尔布罗特不屈服于传统，坚
持从直观的、几何的、递归的角度来探索现实世界问题。离开法国以后，曼
德尔布罗特来到了美国，供职于 IBM 研究所。

引起曼德尔布罗特兴趣的一个问题是电子通信里的图文干扰。对于 IBM
公司来说，这是一个重要问题，因为电子通信是通过电话线进行传输的，而
干扰波影响着通信的传输。曼德尔布罗特检查了在不同的时间段里电波的传
输情况，例如 60 秒、30 秒、20 秒等。按照常识，很短时间间隔的干扰是不
存在的，或者说电子通信传输是连贯的。而事实却并非如此，他在所有不同
时间间隔里都观察到了同样的干扰模式。

> 在任何错误突发的时间段，不管时间多么短，总有周期性的无差错
> 的传输出现。进一步，他发现错误突发和无差错的传输间隔之间保持着
> 一致的几何关系……特别是，它意味着工程师们不应该以增加信号的强
> 度来减少愈来愈多的杂音，而应该设置中等强度的信号，接受不可避免
> 的差错，用重复信号的策略来发现这些差错并纠正它们。曼德尔布罗特
> 改变了 IBM 公司里工程师们关于杂音起因的认识……曼德尔布罗特发现
> 的跨时间而出现的同样关系模式的事实表明，杂音决不能被作为孤立事
> 件而加以解释。（Gleick，1987，pp. 91 - 92）

曼德尔布罗特的关联几何似乎体现了数学内在的不确定性。曼德尔布罗特发现了在电子信号传输上信号—杂音的比例关系的重大意义，那就是，不管传输信号怎样被放大，在错误突发和无差错传输的间隔期间总有不同规模的相似现象发生。这种跨越不同尺度的相似现象的发生代表了系统的动态学。

〔117〕 除了对电子通信的研究，曼德尔布罗特还研究了其他各种问题，比如说尼罗河水的泛滥、棉花价格的波动。他在这些领域中的发现和在电子通信研究上发现的不同规模范围上的干扰结果相似，都揭示了系统的动态变化。不管规模大小，系统的行为都是重复的，其动态行为都可以用几何回归来呈现。曼德尔布罗特不是要删除"杂音"、控制系统或者预测系统的行为，而是通过拓展几何学来研究这些规律。混沌几何就是由曼德尔布罗特发明并用于研究现实世界里的实际问题的数学，而不是完美的柏拉图式的理想状态下的或抽象性的数学。

> 新几何反映了一个真实的宇宙世界，即宇宙是大致的而不是精确的、粗糙的而不是光滑的世界。新几何是一门描述那些凹凸不平的、有斑痕的、不连续的、螺旋扭曲的、缠绕纠结的几何学……这种凹凸不平的、缠绕纠结扭曲了传统的欧几里得几何学，但却常常是理解事物本质的关键。（Gleick, 1987, p. 94）

在用回归几何来研究系统关系的发展过程中，曼德尔布罗特试图通过重新定义维度，由跨尺度的自相似性来描述模式的相关结构。1975 年，曼德尔布罗特把这种结构命名为"分形"（fractal）。

> 曼德尔布罗特决定给他的这些几何形状和维度取一个名字。一天，儿子放学回家后，曼德尔布罗特翻阅着儿子的拉丁字典，发现形容词"碎的"（fractus）、动词"打碎"（frangere）都与主要英语里的同根词"破碎"（fracture）和"分数"（fraction）相一致。于是他创造了……"分形"这个词。（Gleick, 1987, p. 98）

　　在很多情形下分形结构似乎都能提供有用的信息，特别是对于无规则的、碎片式的、有分歧的系统或结构。用曼德尔布罗特的混沌几何对量的测定——比如大小和距离，重新进行解释——包括质性和相关特性，理解或模拟系统的行为和特征。用分形几何方法对许多生命系统，如肺和心脏血管系统的研究变得更有意义。例如心血管系统的分形维度和分形结构解释了复杂的血管网状结构，可以怎样使血管遍布于身体的绝大部分，而不占据身体太多的空间。

　　　　由于生理需要，血管分布必定要具有魔术般的空间分布。如同科赫（Koch）曲线①，无限长度的曲线被压缩到有限的区域。循环系统必须把巨大的表面积压缩到有限的容积里。血液作为身体能量的源泉是宝贵的，它所占据的空间是至关重要的……在大部分的组织里，没有细胞远离血管超过三到四个细胞的间距，而血管和血液只占据了不到百分之五的身体空间。（Gleick, 1987, p. 108） 【118】

　　复杂的分形结构的基础常常是简单而有序的。简单的动态变化就可以引起复杂的、跨尺度的相似性以及与传统一维、二维和三维不同的分数维度②。分形几何提供了一种方式来理解复杂系统里所潜在的有序性、跨尺度的相似性和涌现性。"分形是一种能看到无限的思维方式"（Gleick, 1987, p. 98）。"从一粒沙子看到一个世界"（布莱克，Black）这句话描绘了分形几何学的想象力、灵性和分形几何观。

　　复杂科学和混沌数学有助于拓展对系统关联性的讨论，挑战建立在自然数学化基础上的现代主义的根基。包容复杂性、理解关联性、接受可能关系、奇异吸引子而不是简单因果关系或固定的知识，可以使我们超越现代主义的钟摆范式。数学话语域可以拓展我们对关联性的思想，抵制机械决定论，把数学模式和关联性重新联系起来，调查系统的复杂性和动态性，让直觉和经

---

　　① 科赫曲线是数学上的一种分形曲线，它看起来像雪花一样，也被称为科赫雪花。科赫曲线围成的面积有限，但曲线的长度为无穷大。——译者注
　　② 第八章最后一节作者对分数维度有更详尽的解释和说明。——译者注

验包括在对数学意义的探索里。从系统逻辑观出发的混沌数学、非平衡物理学、动力系统分析方法可以转化我们旧的看待生物系统，包括儿童和社会组织的方式。复杂适应性系统原理就是从这些视角出发来理解生物系统的。

### 生物系统

马图拉纳（Maturana，1980）探索了"生命意味着什么"这个问题。作为一个生物学家，他认为这不仅是一个至关重要的问题，而且是一个不可避免的、必须回答学生的问题。研究处理有关生命的问题是生物学和心理学的基本需要。在我们理解什么是学习之前，我们必须理解智力、创造力和行为之间的关系，对生命的理解是理解这些关系的同修课程。

【119】 传统上有三种方式可以来回答这个问题。第一种方式就是活力论（vitalism），它是 20 世纪初由伯格森（Bergson，1911）发展起来的观点。活力被假定为赋予生物系统生命的动力。这个动力的存在体现了系统作为生物系统的特征。生物与非生物实体的区别在于是否有生命力，这是一种质的区别。然而，这种"生命力"的解释需要有能带来超自然的、生命之神的介入。更难以让人接受的是，这种方式实际上把生命循环定义为具有生命属性的东西。

第二种回答"什么是生命"的方式是建立在系统思想基础上的。正如明格斯（Mingers，1995）所描述的：

> 随着反馈、动态平衡、开放系统等概念的建立，系统论为用纯机械论术语解释有机体的复杂性和目的性的行为铺平了道路……这是一个有重大意义的进步，因为它可以把这样的机制同样很好地建立在不能称为有机体的简单机器上。(p. 9)

如果只是简化到机械关系，系统原理本身是不足以解释生命的出现的。普里高津研究的耗散结构是远离平衡状态下的化学反应，他假定生命可能从这些电子化学反应中产生，这样，区分生物系统与其他非生物系统的行为似乎与相信伯格森的活力论一样令人费解。

　　第三种区分生命的方式就是从功能（function）或目的（purpose）角度描述生物系统。这种方式与科学研究方法相一致。从这种观点出发，科学家可列出生物系统的所有特征。但是区分生物系统与非生物系统的特征需要解决两个难点：首先，要列出生物系统特征的清单。而列出清单，要先知道什么是生物系统，这其实是不可接受的一个循环过程。其次，怎么区分不同的生物系统。例如以人为代表的生物系统与以树木或者以病毒为代表的生物系统有什么区别？

　　马图拉纳以不同的方式来诠释生物系统。他特别关注**组织**和**模式**，并把它们作为生物系统的特征。当组织关系与我们的传统逻辑一致时，模式使我们避免了把系统简化成部分之间的关系，而把注意力集中于系统与环境之间的互动和涌现现象，正如我们在杜威的思想里看到的，这些概念关注思维的 【120】 自然涌现，包含了关联和系统逻辑。组织和模式这两个概念是定义和理解生物系统、理解思维过程的关键，对此我们讨论如下。

　　**组织**。马图拉纳首先区分了简单和复杂系统。人类、树木、桌子、社会都是由许多部分组成的复杂混合体。根据马图拉纳的观点，一个复杂系统无论是否是生物系统，它的组织都是指系统各部分之间的关系。这样，"组成部分之间的关系定义了一个特别合成体（系统），这种组成部分之间的关系就构成了组织"。（Maturana，1980，p. xix）例如，一台计算机有输入、运转、输出设备。不管这些组成部分怎样特别地组合起来（也就是说它的特殊构成）或变化，其组织或者说各组成部分的关系都是保持不变的。

　　因为马图拉纳的观点关注组织关系，它代表了一种系统的观点。但是我们要避免把系统思维简化为机械论方法，即我们不是寻找系统各部分的直接关系而是要找出与它相联系的更高一级的系统。伯格森认为，认同（identify）更高一级的系统就是目的或意义。马图拉纳证实涌现和自创生（autopoiesis）是生物系统的高层次方面，他认为理解生物系统的特别方式就是探索自创生关系。

　　**自创生**。马图拉纳和瓦雷拉（Maturana & Varela，1980）定义生物系统里的组织模式为自创生。马图拉纳（1980）是这样描述自创生这个词的来源的：

有一天，我跟一个朋友……谈起他的儿子写的关于堂吉诃德的短文。在那篇短文里，他的儿子分析了堂吉诃德在行动（praxis）与创新（poiesis）之间选择的困境。堂吉诃德最终选择先行动而不是创新。这是我第一次明白"创新"这个词的威力，在此基础上我们创造了我们需要的词语：自创生。（p. xvii）

自创生这个词的起源强调了自我产生性、自主性。弗莱施哈克（Fleischaker，1990）从三个方面总结了马图拉纳和瓦雷拉的自创生系统的特点。这些特点就是：

【121】
1. 封闭性(closed)，有界，自主。
2. 自生性(self-generating)，系统的所有组成部分都由系统本身产生。
3. 自存性(self-perpetuating)，通过变化保持系统的身份界定。

"有界""产品""组织"这些词既限定又定义了自创生系统的历史进化过程（常常是生物性的）。马图拉纳从关注生物系统的特征转变为关注自创（self-creation）、自存、自产（self-generation）的过程。他的观点转变了对生物系统的检验方法。生物系统是复杂的适应性系统。

一个组织封闭、结构界定但仍然存在与外界的交互作用的开放性系统是怎样与外界环境发生交互作用的呢？在解释生物系统怎样与外界环境交互作用时，我们看到马图拉纳的自创生概念与普里高津的开放系统、耗散结构相一致。就像普里高津研究的热力动力系统，生物系统受环境的影响而处于不稳定的状态，并以多种形式与环境发生交互作用。组织模式在生物系统与环境的交互作用中产生，它加快了系统的有机生长，微小的变化因为递归过程而放大。

自创生系统与外界环境相互作用的能力被马图拉纳称为**结构塑性**（structural plasticity），这种能力使得"系统内部各个部分以及系统和环境，或者与其他具有结构塑性的系统相互作用，从而实现系统结构的变化"。（Dell，1985，p. 13）系统的这种能力是自创生的表现。与外界环境相互作用的过程是一个**结构耦合**（structural coupling），"周期性的相互作用激发了系统结构的变化"过程。（Capra，1996，p. 219）

马图拉纳的有机体与环境相互作用的生物解释，与杜威的共同进化源于有机体与环境的复杂整合的观点相一致。因为马图拉纳不再从环境的因果关系或者条件反射链，而从生物体和环境的相互影响动态变化来描述生命，所以这种一致性表现得特别明显。类似的，环境条件的改变也不像某些达尔文主义学说所认定的是导致生物组织特征改变的原因。根据马图拉纳和瓦雷拉的观点（1980），环境并没有导致任何变化。从结构决定论观点来说，因果关系和控制论是不能成立的。系统的结构决定了自我产生的潜能和与环境的结构耦合的潜能。"因果关系概念是适合于描述范畴或者相关类似领域的概念。"（Maturana，1980，p. xviii）因果关系的心理经验在"当我们能以一种方式把自己和对象联结起来，使得我们能收到预期的或理想的结果"（Dell，1985，p. 9）的情境下出现。本书的后面几章将要讨论与因果关系概念特别相关的课堂实践和师生的动态变化情况。【122】

通过系统结构的可塑性，相关质性在自创生系统形成发展，而系统逻辑关注复杂演变的组织模式的质性和历史。作为自我组织、自我调节、自我参照系统，生物系统具有结构塑性和创造性。它通过结构耦合而进行更新。因此，结构耦合的过程就是自创生的复杂体与环境的相互作用。"正是系统组织的循环性使得生物系统成为相互作用的单位。生物系统的存在必须要保留这种循环性。"（Maturana，1980，p. 9）

自创生实体（autopietic unities）是复杂适应性系统。系统与环境交换物质和能量，与环境建立互相依赖的联系，从效果来看，它们的相互作用是非线性的。虽然复杂适应性系统不可预测，但却潜在令人感兴趣的重要规律。这样的系统在远离平衡状态下，由于对初始条件的敏感性，与环境相互作用的结果是不可预测的。尽管如此，它们的行为是有规律可循的。隐藏性、涌现的有序性是非线性反馈系统的特征，也是研究复杂适应性系统的人们感兴趣的地方。

正如普里高津在对远离平衡状态下系统的研究所发现的，马图拉纳也发现自组织结构涌现的有序性涉及不可逆的过程。系统的复杂性和对环境的反应同样不能根据初始情况来进行预测。对系统的探索和观察必须考虑到初始的情况所带来的不确定性和它的演变的历史过程。系统行为模式允许我们研究系统的各种适应性的行为。在远离平衡状态下，特别是，生物系统创造性的反应使得新的组织形式出现，系统以更复杂的形式与环境相互作用。

# 并非另一个宏大叙述

从前面的描述可以看出，我们必须避免把后现代科学工具方法与后现代科学的意义结构混淆起来。系统逻辑学为我们提供了一种探索和理解我们对生物系统的经验和观察，并最终明白生物系统是怎样相互作用的视角。当我们调查具有生命现象的社会系统时，复杂适应性原理显得特别重要。然而，复杂系统理论不能被当成生物系统的潜在的运作真理的代表，它必须反映后现代主义的系统逻辑。

这一章我们首先以系统理论解释了系统逻辑学的起源。我们追遡了复杂科学的**期望起点**是怎样随着作为系统逻辑之基础的系统理论的发展而发展的。这一章的中间部分，我们从非平衡状态下的物理动力学系统原理、混沌数学的角度探讨和发展了生物系统作为复杂适应性系统的思维。第七章我们将继续讨论作为探究和理解复杂性有力工具的混沌数学以及社会系统。在本章的最后部分，我们将从后现代主义角度探讨反映系统逻辑和关联逻辑的复杂适应性系统。

### 后现代主义和复杂适应性系统

正如前面所述，后现代主义是一种状态或一系列事件，它与现代主义相联结，并由现代主义过渡到未知的将来。在这些过渡转化期间我们不清楚人类和社会互动是否会改变、停滞、被干扰，或随社会和自然环境的改变而调整变化。拉图尔（Latour，1993）描述道：

> 后现代主义是一种现象，不是一种新的答案。它存在于现代主义的议程里，但是不再相信现代主义的议程所提供的保证。在对现代主义的批评

声中，后现代主义意识到了现代主义的差错，虽然它不相信现代主义的基础，但除了对现代主义的批评，后现代主义不能做任何其他的事。(p. 46)

科学领域发生的变化与转变观点、质疑并挑战牛顿现代主义思维方式和控制逻辑密彻相关。正如弗莱彻（Fletcher, 2000）所描述的：

> 后现代主义呼吁我们承认我们对世界的认知、对他人的理解甚至对自己的看法都有逃不脱的片面性。特别的，后现代思想家质疑身份认同的概念。他们争辩道：身份从来不是一个容易被定义的概念，它的含义绝不可能用整齐化的基本属性来充分表达。对于后现代主义者来说，个人身份认同和社会经验联结的复杂关系难以调和。(p. 28)

【124】

威登（Weedon, 1997）把后现代主义起源与建筑学联系起来。她特别指出后现代主义是与过去的决裂，是对从前建筑学和其他科学领域追求的有序性、永恒性的抛弃。她继续指出后现代主义定义了真理、正义和以情境的宏大叙述为基础的探究，它是变化的、与历史发展相关的。

我们的关联、系统逻辑提供的后现代观类似地抛弃了宇宙真理学说，意识到了主观性、过程性和动态变化的特点。然而我们仍然不知道新科学、复杂适应性系统原理、关联、系统逻辑是否又会变成另一个宏大叙述，用另一个普遍的极权的探究替换以牛顿现代主义为代表的教条主义思想。

要完全迎接这些挑战，我们还需要进一步发展我们的第三种后现代逻辑——意义逻辑。我们将用意义、关联、系统逻辑一起探讨差异性、情境化、非均匀性、不连续和不确定性，诠释它们怎样与后现代主义探究方式相关，接受话语域的历史演变发展以及主体间的探究。下一章我们将进一步探讨后现代逻辑的另一个方面——意义逻辑。

---

# 注　释

【125】

[1]模糊逻辑由多值逻辑发展而来。它试图创造一个思维学习系统，并以此解决问题和提供创造性的解答。人们希望用模糊逻辑程序来控制机器人，使它们能够更接近人的思

维方式，做出决策，达到当时一般机器所不能达到的处理模糊事件的能力。

[2] 弗雷格试图在集合论上建立数学基础。他在这方面的努力创始了数学域和逻辑系统的研究。

[3] 下一章我们会全面地探讨有关数学基础的问题。当我们在过程逻辑、系统逻辑和控制逻辑之间做平行类比时，数学基础问题的研究方法显得特别有益。

[4] 此文献是指 Ludwig von Bertalanffy，同时使用他的德文名字 von Bertalanffy 和英文名 Bertalanffy。后面还会再次用到。

# 第六章

## 意义逻辑

如果有人问我："哲学的目的是什么？"我会说："给陷于瓶中的飞虫显示飞出去的路径"……这是哲学应得的荣耀。如果让我用一个词来表达什么是哲学最重要的特性，我会毫不犹豫地说："愿景……起着决定性作用的是新的观察方式，与它相伴的是改变整个智识界的愿望。"

——维特根斯坦[1]

作为一个数学老师，我喜欢让学生玩拼图和数学游戏。每逢佳节购买礼物时，我总要家人买一些与拓扑、悖论有关的数学游戏和拼图的礼物。对于不是从事数学研究的家人，我的礼物并非显而易见，我必须向他们解释这些游戏与线和环有关，通常需要把环从线里解出来或把纽结解开，有时它们就是由铁丝交叉缠绕而成的雕塑作品。

纽结的解开需要几何意识，即"结"看起来像"结"，但并不总是"结"。我过去常给学生们看一个名为"解结"（Not knot）的录像。这个录像展示了缠绕交叉的"结"其实并不是真正的"结"，它形象而生动地介绍了数学上的拓扑学。如果以某种方式把"结"画出来，你就可以发现它们其实并不是"结"。对现有的"不是结"的分类研究与数学上的一个分支——拓扑学密切相关。我的房间挂满了"结"，对"结"的研究使我有一种新的方式去欣赏它们。

不用考虑我方法的深层意义，我运用的是维特根斯坦的"给陷于瓶中的飞虫显示飞出去的路径"的思想。改变观察方式，把问题形象化为拓扑学里"结"，是以一种非常不同的方式观察问题。把问题作为拓扑学里的"结"，"结"就可以消失化解。

〔128〕

这就是维特根斯坦提出的理解意义和哲学的方法。在他看来，如果我们转化视角（change of aspect）或改变看待问题的方式，思维困惑就会化解，问题就不再成为问题。"我发现维特根斯坦诠释的解结，解开了我们思维的纽结。正如维特根斯坦所清楚知道的，这种诠释本身就是变化的载体。"（Genova，1995，p. 19）维特根斯坦给瓶中的飞虫显示飞出去的路径的思想以及他的探究方式，向我们关于语言、意义和目的的传统观念提出了挑战。

## 早期维特根斯坦

维特根斯坦后期挑战了自己的早期思想。他对行动、过程、探究的关注贯串其所有早期作品。

> 在早期的作品中，（维特根斯坦）谈到他的方式是一种康德式批判，即为可说和不可说的划界。在后期的作品里，他把哲学当作一种"治疗"（therapy）方式，其目的就是消除人们对哲学目的的错觉……对哲学的澄清增加了其批判的维度，减少了其判断的功能，而且表演艺术使得治疗方式更清楚地展示出来。对后期的维特根斯坦来说，哲学家不再是诗人、批评家和临床医师，而是表演艺术家，其唯一的目的就是去影响改变。（Genova，1995，p. xv）

根据维特根斯坦的早期作品《逻辑哲学论》（*Tractatus*，*TLP*），与哲学有关的许多问题都源于我们对事物本身和对事物的描述两者之间的关系所存在的幻觉。例如，他写道："我们的整个现代世界观都是建立在所谓对自然现象的解释的幻觉上的。"（*TLP*，6.371）[2]正如我们在第二章里讨论的，虽然伽利略假设数学能够用来探索自然发生的关系，但它并不意味着数学就能揭示隐藏的规律。纵观现代工业时代，数学已经被用（或误用）于代表和强化一种信念，即相信存在我们可以认知的基本自然规律。同样，正如第五章讨论的，在现代工业时代，我们已经混淆了科学与科学工具（例如机械钟表），把科学工具作为表示潜在现实的模型。维特根斯坦回应了这种错误导向。【129】

与此类似，维特根斯坦认为，逻辑的应用和由逻辑分析而产生的意义的区别正如"言说"（saying）和"显示"（showing）的区别。逻辑是一种语言的形式，但不能由语言形式来表达，只有通过语言运用才能显现。我们通过运用语言，显示或揭示逻辑。不存在要描述的基本逻辑。我们不可能在语言之外讨论语言形式。在维特根斯坦关于证明的讨论里，我们也可以看到"言说"和"显示"的区别。

> 对维特根斯坦来说，所谓证明（proof）就是显示两者之间的衍生（联结）关系。用康德的词，证明建构了概念。"一个人可以说证明不仅仅是显示它是什么，而且显示它怎样变成那样。例如显示 13 + 14 怎样产生 27……因而证明当然有某种模式"（*RFM* II，22）……再次对是什么(that) 和怎么样(how) 进行区分，维特根斯坦现在关注的是怎么样的问题。（Genova，1995，p. 36 – 37）

在维特根斯坦的早期著作中，他也用"言说"和"显示"的区别以及"是什么"和"怎么样"的区别来发展对道德的理解。他描述道："道德规范不是要怎样对付这个世界。就像逻辑，道德规范必须是现实的一种状况（a condition of the world）。"（Monk，1990，p. 142）根据这种观点，整体世界的基本逻辑或框架结构不能以分割或片面的分析方式来理解。道德规范是由我们的行为来揭示的现实状况。根据维特根斯坦的理论，元伦理学（metaethics）即关于道德规范的讨论，是问题产生的根源。

维特根斯坦在后期拓展并用语言游戏（language games）的探讨代替了关于"言说"和"显示"的区别。维特根斯坦强调通过语言游戏来改变我们观察问题的方式。语言游戏本身是生活形式，它对于我们转化、摆脱传统和习惯的束缚也是非常重要的。"片面的观点（aspect-blind），使得一个人不能看到潜在的意义，因而不能产生变化。"（*PI*, p. 214）用新的方式探究我们所熟悉的事物要求我们改变看待事物的方式，并探索使我们陷入困惑的语言游戏。维特根斯坦的方法显示了意义的逻辑，它将作为我们后现代主义观的第三个逻辑基础。在发展维特根斯坦意义的逻辑的同时，我们也将在本章探讨它与过程和系统逻辑的关系。

## 〖130〗 什么是词的意义?

1933 年和 1934 年维特根斯坦曾在剑桥大学做了以"什么是词的意义?"（What is the meaning of word?）为题的演讲。学生们把这些演讲编辑成了《蓝棕书》（*The Blue and Brown Books*）。对意义的质疑盛行于维特根斯坦后期的所有作品。

维特根斯坦对意义的探究在他去世后出版的《哲学研究》（*Philosophical Investigations*, *PI*）和《论确定性》（*On Certainty*, *OC*）中得到了充分的发展。维特根斯坦对语言游戏的研究方法描述了一种探讨意义的方法。这种方法适合于理解后现代关联性、整体性、意义演变发展的原理，阐述了关于意义、目的、价值最根本的问题。这种从传统的分析过程到对语言探索的转变代表了哲学上著名的"语言性转向"（linguistic turn）。

### 语言性转向

古时候人们想知道"世界由什么组成?"中世纪时人们寻找"谁创造了世界?"现代主义者们追问"世界是怎样运行的?"后现代主义者质问"为什么?"（Genova, 1995）维特根斯坦提出了世界图景（Weltbild）的概念，把观察作为一种生活方式。以此为基础，维特根斯坦把对外部现实的关注转化到对内在意义的关注。以下我们还要进一步探讨他的这一思想。对意义的探讨，对"为什么"的回答，反映了我们的世界观，展示了我们如何理解世界，怎样赋予经验以意义。

维特根斯坦探讨意义的方法从本质上讲是抛弃理性思维，而注重观察、经验和感受。对维特根斯坦而言，理解观察、经验和感受的关键就是语言。他的语言游戏方法代表了哲学上的语言性转向。

维特根斯坦是促进并推动后现代语言哲学产生和发展的一个关键人物。语言哲学陈述了由笛卡尔方法论而引起的问题。虽然三百年来人们发出了与盛行的现代主义思想不一致的声音，包括来自 18 世纪和 19 世纪的浪漫主义、理想主义、存在主义的声音，人们的思维却始终不能超越现代主义理性思维的局限。

> 数学上：如果你的论点是错误的，我不能只是通过反驳你的词语而让你明白为什么它是错误的。我只能把你的注意力引到表达方式、例证和图形上，也就是由词转到词的运用上。（Z, 463）

"语言性转向"意味着从传统的认识论到对意义和语言运用的研究，因 【131】 而它与浪漫主义、理想主义、存在主义所采用的方法完全不同。正如罗蒂（Rorty, 1967）对语言哲学的定义：

> 我所指的"语言哲学"是这样一种观点：它认为哲学上的问题要么通过变革语言，要么通过更多地明白我们所使用的语言来解决或化解。很多支持者认为它是当今这个时代最重要的哲学发现。而反对者则把它解释为一种心灵虚弱的表现、反理性的思维和（用罗素的话来说）自欺欺人的尝试，即靠偷窃获得不能由诚实努力获得的东西。（p. 3）

杰诺瓦（Genova, 1995）认为：

> 维特根斯坦不只是创造了语言转向，他在英美哲学里也扮演了一个中心角色。在他的带领下，哲学经历了从康德的哥白尼革命以来两百多年来第一次主要转向……维特根斯坦与康德哲学的分离不同于黑格尔流派与康德哲学的分离，维特根斯坦设法找到了进入后现代世界的不同入口。(p. 21)

维特根斯坦的语言游戏不是要掌握词的意义或提供游戏所要遵循的规则，而是通过研究意义和困惑是怎样产生的来揭示哲学上的难题。维特根斯坦表明意义不可避免地与情境相联。"一个人运用语言就像他在游戏里移动棋子，每一步都要根据上下情境而定。移动、运作就是行动"（Hagberg, 1994, p. 14），"哲学是用语言与智力博弈"（*PI*, 109）。

我们只能在语言游戏过程中而不是先于游戏去理解一个词的意义和学会怎样运用词语。从这个角度来看，词语不存在潜在的意义。

语言游戏是不能简化的，它与上下情境相联并不断变化。类似的，语言游戏的研究也揭示了我们的生活方式，它是一种在游戏里理解意义结构的方式。最终，语言游戏法描述了我们怎样发展意义结构、变革的观点，从根本上避免社会、文化和个人构建意义的传统习性。语言游戏法的各组成部分分别描述如下。

## 〖132〗语言游戏

哈格贝里（Hagberg, 1994）这样描述了语言游戏以及维特根斯坦运用它的方式：

> 语言游戏有其内在的规则，就像被维特根斯坦运用的那样，因而它是自主的。同时，在没有超越规则的情况下游戏又可产生各种范围的移动，因而它又是自足的（self-sufficiency）。(pp. 17－18)

自足这个概念很重要。对维特根斯坦而言，句子有同样的意义不是因为它的基本形式或意义结构，准确地说，而是因为它们用于相同的目的，意味着相同的事。例如，"五块石板"在不同情境里可以有多种含义，它既可以表示石板的顺序又可以表示石板的数量。

> 假设在一个语言游戏里，甲问乙一堆石板或砖块的数目，或堆放在某个地方作为建筑材料的石头的颜色或形状，其回答可能是"五块石板"。现在，陈述性的"五块石板"与表示次序的"五块石板！"有什么区别呢？它们的区别就在于在游戏中它们是怎样被描述的。(*PI*, 21)

每一种情境下的语言游戏都是独特的，因而它是自足的，并与上下情境不可分割。意义不是内在固存于词语本身甚至句子结构里。

作为一种哲学技巧，语言游戏研究语言是怎样被运用的。它不是去回答"知识是什么？"或"数学是什么？"这类哲学问题。事实上，维特根斯坦用语言游戏论揭示了没有"物"可以回答这些问题，而只有语言运用中的相关的"家族相似性"（family resemblances）和重叠交叉性。例如，游戏这个词可以指与舷板有关的游戏，与谋略有关的游戏，与强度有关的游戏，与棋类有关的游戏，或集体参与的游戏，等等。

> 我们倾向于认为所有游戏都有共性。正因为有这些共同属性，我们可以把各种各样的游戏统称为"游戏"。游戏形成了一个家族（family），每一个成员都有家族相似的特征。某些人有相似的鼻子；某些人有相似的眉毛；某些人行走的方式相似；这些相似性也是重叠交叉的。(*Blue Book*, p. 17)

很多情况下，概念与它们所代表的具体"物"的混淆源于我们语言的使【133】用方式。例如，如果我们认为时间是一个实体，那么它就会反映在我们对时间语言的使用上。"到那里要多少时间？""每小时的报酬是多少？""现在是多少时间？"这些语言都把时间看成是可以测量和量化的"物"。学生们在学校所教授的"讲述时间"（telling time）这一早期概念，强化了对时间量化的机械性理解，使我们对时间的理解局限于对钟表的认识。

我们的回答是："现在"（now）这个词完全不同于某个具体的时间——如果注意到这个词在语言运用中所扮演的角色，就很容易明白这点。但是，如果我们只看到这个短语使用的上下文而不是整个语言游戏，它的含义就是模糊不清的。（*Brown Book*, p. 108）

时间的语言游戏包括了我们讨论时间的所有方式。通过时间语言游戏，我们找到了在游戏里所讨论的各种时间的关系，也就是时间概念里的家族相似性。

因此，维特根斯坦的哲学方式不是寻求真理，而是通过探究语言游戏来解惑。根据维特根斯坦的观点，语言游戏的关键之处就在于探究语言的运用以及它在不同情境下的复杂意义。与美学相似，意义通常通过行动而不是词语来表示。所以，语言游戏就是通过言语的和非言语的行为来探究意义（meaning-through-use）。正如蒙克（Monk，1990）所描述的：

> 维特根斯坦不是要回答传统的美学问题（"比如什么是美?"等），而是用一系列的例证显示艺术欣赏不是（像一个人阅读美学的哲学论文）一直站在一幅画前说："这就是美。"美的欣赏有多种形式，并因文化不同而不同，甚至可能令人困惑不解。在不同的文化下，对美的欣赏常有不一致的言说(saying)。美的欣赏是显示(shown) 出来的。它是通过语言和行动，通过喜欢或厌恶的表情手势，通过朗诵一首诗、演奏一首乐曲的方式，通过欣赏同一乐曲的次数，以及如何去做而显示出来的。在单纯回答"什么是艺术欣赏?"这一问题时，虽然不同的欣赏形式没有共同点，但它们却由一系列复杂的"家族相似性"而联结。（p. 405）

数学上的证明并不是要显示其真实性，而是通过运用符号系统来建构意义。正如我们以前讨论的算术表达式"2 + 2 = 4"是真命题，不是因为它【134】表述了根本事实，而是因为通过数学语言游戏这个算式的意义被揭示出来。维特根斯坦通过语言游戏探究了数学的运用，避开了关于真理的辩论以及证明与真理之间的关系。

词和它的意义之间的关系不是在某个理论中发现的，而是在实践中，在对词的运用中发现的。规则和其应用之间的直接联系，语言和行为的联系，都不能由另一个规则来解释。它必须被看见(seen)。"这里看见(seeing) 很关键：如果你没有看见这个新的系统，你就还没有得到它。"(Monk，1990，p. 308)

如上所述，维特根斯坦研究哲学的方式和目的就是调查语言的用法，从而消除我们在理解上的矛盾与困惑。准确地说，意义逻辑就是通过运用语言而揭示关系结构。语言游戏，就像复杂适应性系统，是自主的、自生的、自给自足的、自我维持的系统。它们随相关情境的变化而适应、演变和转化；语言游戏就这样界定了其边界，我们不能脱离游戏本身来研究它们。

所以，从语言游戏这个角度讲，任何以抽象的方式来理解某个词语的含义都是没有意义的。比如，要理解"五"在句子"我买五个红苹果"里的含义，就只能在我买苹果的事件里理解。我们通过参与到关于"五"的语言游戏中而学会了怎样运用"五"这个数，包括数学上的学习活动，我们在哪里学的，何时何地运用它的。如果我们假设一个关于"五"的基本概念作为这些表达方式的真实性的基础，或者假设我们所说的买了五个红苹果暗示了数的抽象意义，那么哲学上的许多困惑就会出现。维特根斯坦说："不存在'五'的含义是什么的问题，而存在'五'是怎样运用的问题。"(*PI*, 1)

类似的，离开上下文而声称一段陈词是真实可靠的做法会导致意义不清，例如，声称什么和什么是真实的。真实性是通过其所处脉络而被揭示的，离开脉络而去谈论真实性是不可能的。

维特根斯坦认为，语言游戏里行动的有效性受游戏本身的限制。这种限制反映了语言游戏的自主性。语言游戏是一些活动（可以通过言语、手势和仪式来表示）。维特根斯坦认为"理解一个句子意味着去理解它的语言。理解它的语言意味着掌握一门技巧"。(*PI*, 199) 换句话说，语言游戏本身是一个活动。用另一种方式来表达，即：

【135】

在很多情况下——虽然不是所有情况下——我们所指的"意义"一词的含义就是指它在语言里的运用。(*PI*, 43)

维特根斯坦认为，我们的生活方式从根本上来说由我们参与的语言游戏而定义。在他的早期著作《逻辑哲学论》里，他描述道："语言的局限意味着我的世界的局限"(*TLP*, 5.62)，"想象一种语言意味着想象一种生活形式"(*PI*, 19)。

## 生活形式

维特根斯坦在他的早期著作《逻辑哲学论》里发展了语言的图像理论(picture-theory)，但在后期的著作里他区分了语言作为意义的代表或呈现(representation or projection)与作为行为的呈现之间的不同。意义通过行动而展现，通过我们所进行的语言游戏我们定义了生活形式。"在这里，'语言游戏'意味着这个事实，即语言的说(speaking)是活动的一部分，或是一种生活的方式。"(*PI*, 23)

维特根斯坦邀请我们到文化的语言游戏里去探讨语言、手势和宗教仪式的意义。一个人不可能从旁观者的角度，不置身于语言游戏中而理解语言的含义。例如，一个人类学家要明白一个部落的宗教仪式，他必须把自己投入到当地的文化和语言中，也就是说融入到当地人们的生活方式中。

由语言游戏而定义的生活方式反映了我们看待事物的方式。维特根斯坦区分了"看"(seeing)和"看作"(seeing as)，他强调了后者与语言游戏的关系：

如果你把一片树叶看作树叶形状的普遍样本，你的观点就与那些把它看成某个具体树叶样本的人的观点不同。当你以特定的方式看树叶，你是以具体的方式或根据它的某种具体属性而观测它。(*PI*, 74)

"看作"与我们怎样看或怎样理解世界有关。维特根斯坦指出了世界观(Weltanschauung)和世界图景的不同。世界图景是一种生活方式，包括我们

行动所体现出来的看待世界的方式。它是开放性的，具有意义的，以过程和 〖136〗
行为为导向的。这幅世界图景使想、看、做不可分离。我们的世界观却是抽
象化的、智力化的世界图景。世界观一旦表述出来，它就变成了我们给视野
设置的局限和陷阱。"片面性使得一个人不能看到意义的多方面，因而不能
产生变化。"（*PI*, 214）维特根斯坦指出世界观的发展要避免不惜代价，因为
世界观一旦建立起来，人们就会受其束缚而难以逃脱。为了改变我们观察世
界的方式，改变世界图景，我们需要经验语言游戏带来的困惑，用不同的方
式看待事物。

　　用库恩的话来说，语法性的变化发生在范式之内，它促进正式科学
的运作。另一方面，新的观察方式更像发现新的语法、新的生活形
式——"想象一种语言意味着想象一种生活形式"（*PI*, 19）。（Genova,
1995, p. 6）

　　我们需要想象力来改变我们的生活形式，拓展或转变我们看待问题的方
式，转化我们的世界图景。维特根斯坦把它定义为"转化视角"（change of
aspect）或创造性的"看作"。

## 转化视角

　　维特根斯坦没有发展不同的观察方式，只是指出为了变革我们必须用新
的方式观察。"因为简单和熟悉，我们常常看不到事物最重要的方面。"（*PI*,
129）我们需要变换视角，改变我们看待事物的方法。变换视角与我们的语
言和生活形式紧密相联。变化视角不是改变我们的观点而是改变看什么以及
怎样看的方式，包括我们怎样对观察做出反应。

　　我凝视着一张面孔，然后突然注意到他与另一个人的相似。我看的
东西没有改变，但我所看到的却不一样。我把这个经验称为"注意到一
个方面"。（*PI*, 193）

从我自身的经历来看，把学生看成物转变到把学生看成关系的观点，从根本上改变了我怎样与学生交流，怎样理解他们的行为方式。学生没有改变，而我观察他们的方式改变了。"一旦新的可能性被瞥见，以前的思维定势就【137】会被打破，我们就可以自由地以新的方式探索熟悉的事物。"（Genova，1995，p. 2）

变革，如同意义与语言，与所发生的脉络相关。它涉及感觉和情感的变化，而不只是智力或理性的活动。我们是否从困境里逃脱出来，是否从生活的困惑中解脱出来，是对改变的检测。

变换视角这个词既代表了新的观点，又代表了尚未改变的观点。（*PI*，p. 196）

片面性使得一个人不能看到潜在的意义，因而不能产生改变。（*PI*，p. 214）

正如罗蒂（Rorty，1967）所描述的，语言游戏方式提供了视角转换的方式，"问题……可能因为我们改变语言，或者因为我们对语言的更深理解而得到解决。"（p. 3）以语言游戏论来看待学校教育，我们或许能摆脱所面临的困境。变换视角，用与我们现有的方式不同的方式来看学校教育，或许是我们变革公共教育的重要部分。

从语言游戏论出发，我们怎样能解决存在的教育问题呢？以意义为中心，会产生什么新的理解呢？它会怎样影响我们的行为和价值观呢？关系、系统、意义逻辑学怎样一起帮助我们产生新的"生活方式"，找到"变换的视角"？我们会在第八章和第九章回答这两个问题。下面这一小节我们要探讨把系统、关系、意义之间的逻辑关系看作全息图景的方法。转换我们用于描述学校教育重要方面的隐喻和语言，对于变革学校教育的语言游戏产生新的视角至关重要。

# 全息作为"看作"的隐喻

全息图是记载在照片底片上的干涉条纹图像。当光照射到照片底片时，它会产生三维图像。20世纪40年代后期，英国人迪尼斯·加伯（Dennis Gabor）发明了全息技术并获得了诺贝尔物理奖。这项技术极大地促成了60年代激光的发明。"全息"这个词来源于希腊语"整体"（holos），具有完整性和图像性的含义。

全息图中的每一个局部都包含了被摄物体的整体信息。这是因为被摄物体各点的信息被反射光分散到物体的各个局部。在心理学（Peat, 1987）、大脑生理机能原理（Penfield, 1975, Zohar, 1990）、宇宙论（Briggs & Peat, 1984）、死亡论（Ring, 1984）、梦的原理（Wolf, 1987）和组织学说（Wheatley, 1994）中都能看到全息技术的深远意义。全息图作为观察事物方式的隐喻，其意义在于它代表了意义创建的途径；它诠释了关联、系统、意义逻辑之间的关系。 【138】

这三种视角似乎在许多方面交叉重叠，包括连通性、整体论、转换性、情境性、创造性、价值观、自主性、意义及目的性，所有这些含义在这三种逻辑里都在不同程度上得到了探索研究。有人或许会说这三个后现代主义逻辑是对还没有发现的同样的根本现实的不同看法。如果这样，就像我们对原子基本属性的争论一样，我们又回到了"物"的世界而远离对关联和过程的探讨。

我们也可以争辩说这些后现代主义的每种逻辑都提供了看待同一事物的不同视角或部分观点，就像漫步于山峦，我们可以获得对山峰、海拔、生态和山蚀的不同观点。类似于我们前面讨论的"秘密寓于其中"，运用后现代主义的逻辑去发现"秘密寓于其中"的实质或真相的企图会使我们再次犯下维特根斯坦不愿意让我们犯的错误。

全息图这一隐喻让我们看到了意义怎样渗透到后现代主义语言游戏的各个方面。利用全息隐喻产生的语言全景图使我们可以避免重蹈二元论的覆辙，即把主观与客观、个人与社会、男性与女性、局部与整体对立起来。全息隐喻甚至为我们的行动提供了建议。整体的信息在局部渗透得越多越广泛，图片也就越清晰。如果把一个组织看成一幅全息图，当信息传遍组织的各个方面，组织就能提高其服务的机能。下面这个例子描述了这一情形。

> 全息图的每一个局部都以凝聚形式包含并展示整体的信息……任何碎片都可以用来恢复整体图像。全息图为信息在组织里的分布创建了一个极好的图像。事实上，在顾客售后服务方式中我们已经获得组织形式的全息图的经验。大部分组织都声称顾客可以和组织内的任何人联系而不管他的地位和身份高与低、好与坏，顾客是和整个组织相联系的……当我们鼓励和支持全息化的组织……把信息更广泛地传播到整个组织……并强化这一思想时，顾客的满意度就可以得到提高。（Wheatley，1994，pp. 112 – 113）

【139】

与等级分配不同，在全息关系里，共享的信息需要遍布整个组织和每个个体。物理学家戴维·玻姆（David Bohm，1980）利用全息图的隐喻来描述宇宙的复杂次序。援引量子物理和相对论学说里的例子，戴维·玻姆表明宇宙世界是不可分割的整体。例如，随着量子关系的建立，人的知觉和物质世界的关系变得模棱两可。宇宙潜在的次序和整体性怎样揭示隐缠序（implicate order）的呢？

> 在全息图里，实物和图版（plate）的关系就像明与暗的关系。随着隐示次序信息的揭开，图像的重建开始形成。这些隐示的信息也适合于对社会的描述。例如，人群里的每一个人都有各自不同的兴趣和信仰。但在特定的情况下，比如，在足球赛、葬礼、展示会、游行时，人群却又可以表现出一些集体的行为。就像乳浆里的电子或黏液菌类（slime mold slug）里的细胞，在这种情况下，集体行为折叠在个体里，个体行为在集体中展开。（Peat，1987，pp. 172 – 173）

尽管我们的每一个后现代逻辑都提供一种不同的生活形式、话语域、观察视角，但它们都是后现代意义系统的整合部分，因而也是语言游戏全息图的组成部分。维特根斯坦也谈到难以写下他思想的复杂性和其隐缠序：

> 我想我所写下的每一个句子都意味着整个事件，这个事件一而再，再而三地被描述，就像从不同角度观察同一物体。（*CV*, p. 7）

"秘密寓于其中"不是说有什么"物"需要我们描述，而是我们设法从【140】事件的内部，以真实的经验描述整个事件的产生发展。后现代主义的话语域必须是激发各种讨论观点，而不是跌入"秘密"这一陷阱中。

我们必须把维特根斯坦的警告铭记在心，避免把后现代主义研究意义的方法作为唯一的方法。"为什么维特根斯坦不直接说'我想改变你观察的方式'，很清楚……哲学只是变革的催化剂。"（Genova, 1995, p. 18）这一章以及这本书是讨论关于转变观点的方式。我希望这本书所提出的观点和看待事物的方式是学校教育、教学、课程变革的催化剂。

维特根斯坦之所以难以读懂的一个原因，就是他尽力避免替我们思考，避免提供给我们具体的答案。对此我也需要非常小心。我强调以关联、系统、意义逻辑看待问题曾经怎样帮助过我。读者们，你们需要在自己的日常活动中去考察关联、系统、意义的逻辑，并决定怎样运用它们，解除对学校教育的困惑，从现代统治逻辑的束缚和混淆中逃脱出去。

维特根斯坦指出一个散漫性社区（discursive community）需要分享语言游戏。改变我们谈论学校的方式——它是学校变革的关键——要求在把文化融入到语言游戏活动中去分享意义。从维特根斯坦语言游戏的观点出发，如果我们只是以局外人的身份谈论学校教育，或只是阅读一些关于学校教育的条款而不参与到后现代主义的语言游戏之中，那么这样的谈论就是毫无意义的。

> "遵守一个规则，报道一件事，提出一个要求，或下一盘棋，这些都是习俗（用法，体制）。"（*PI*, 199）由此，意义有公共的属性或尺

度，它意味着对脉络的关注。（Hagberg，1994，p. 62）

正如尼采（Nietzsche）在《查拉图斯特如是说》（*Thus Spoke Zarathustra*）一书的献词里所写的："一本为所有人或没有人而写的书。"它暗示了关于争辩的合理性和程度化是不能从局外人出发的。局外人出发的争辩没有说服力。只有那些愿意分享思想，愿意从关联、系统、意义的逻辑出发看待问题的人才能理解意义。我的任务是展示一种看待问题的方式、一个转变的视角，为【141】最终变革我们讨论学校的方式提供帮助。只有通过改变我们讨论学校教育的方式，学校教育才可能发生有意义的变革。

下一章我们将讨论交流是怎样成为使意义渗透于整个社会组织的载体的。如果我们要明白个体声音怎样才能融入和影响一个散漫性社区，我们就必须理解什么是社会组织。下一章将是后现代主义技艺的最后一章。我们会在第三部分的两章里讨论后现代主义的语言游戏可以怎样改变我们的视角，我们可以怎样创造性（arté）地用新的世界图景来看待教育。

---

【142】**注　　释**

[1] 引自杰诺瓦（Genova，1995，p. 1），维特根斯坦去世前六周给斯蒂芬（Stephen Hilmyde）的评注。

[2] 这里引用的参考文献使用维特根斯坦著述中常用的注脚标准，而不是出版的时间和页码。这样，对这里引用的参考文献，我将给出表示书名的字母、段落或页码。如果引用的参考文献出于维特根斯坦著述的某部分，我会注明其具体部分，但不标明具体页码。例如，*PI*，4。然而，如果引文没有具体部分出处，我会注明译文页码。例如，在《哲学研究》第二部分中，大部分引自译文页码。比如说 *PI*, p. 218 中的 218 是指译文页码。

# 第七章

## 学校作为学习型组织

　　我的教学生涯第一年是在学生、课堂、教学、会议、学校广播的微妙平衡中度过的。每周星期二的第二节课，总有一辆送煤的货车轰隆隆地从我们教室的窗前驶过，同时学校广播也不时传来各种各样的通知。我数了数，有一天竟然多达 37 个通知，要么通知学生去办公室，要么通知有什么活动。这些广播不只是在下课的前五分钟播出，而是贯串于整个课堂教学时间。虽然我也知道信息交流在学校的可贵性，但是对这些"广播"的重要性，我的确不敢苟同。

　　在这一章里我们将探讨交流在社会系统里所扮演的角色及其意义。通过后现代主义关联、系统和意义逻辑学，我们将学习社会系统的一些特征。关注这些特征有助于提高社会系统的能力，使其发展为学习型组织。维特根斯坦提出的视角转换思想可以帮助我们的教育走出现代主义境地，改变我们观察和与世界互动的方式，从而形成不同世界图景或生活形式。把学校解读为学习型组织（learning organizations），帮助学校发展其适应变化的潜力，可以最终使视角转换成为可能。把学校视为学习型组织，把教育看成社会性的、动态性的思想可以怎样为教育提供对话和转化方式呢？在这个过程中，交流和语言扮演了什么样的角色呢？

# 〔144〕社会系统

社会组织被诠释成多种形式。例如，经济、学校、政治、法律都被认为是机构、集体和社会系统。如果我们只是把社会组织作为一种机构或集体加以讨论，那么我们将要面对把逻辑作为基本结构，或具有某种特征的对象的集合问题，而它正是维特根斯坦注意到的问题。我们知道逻辑形式是在使用过程中被揭示出来的。没有可描述的基础逻辑或意义，只有通过使用语言我们才能"呈现"或揭示逻辑。类似的，社会组织只能通过组织的动态变化来描述。静止的方式不足以描述社会组织的基本特征。只有通过对经济体系或公共教育等社会组织的动态变化的观察，我们才能描述反映它们的复杂性并探索其意义。这些组织的动态变化可以通过系统、意义、关联逻辑来表述。

**社会系统作为生物系统**

如果我们要通过组织的动态性来探讨意义的话，那么把社会作为生物系统来考虑是有用的。生物系统至少要有三个特征：自生、自主、自存。一个系统要成为生物系统必须具备这三个特征。

对系统自生性的调查，需要我们界定系统的生产能力。马图拉纳把自创生性（autopoietic reproductions）作为描述生物系统自生性的特征。生物系统的第二个特征是自主性，它描述系统的自我调整。生物系统的第三个特征是自我保存性。我们需要探索系统怎样通过变化而维持系统的同一性。生物系统的自创生、自我调节和自我保存性界定了系统的边界、产品、组织结构，从而使每一个生物系统独一无二。学校以及其他社会组织可以怎样展示这些特征呢？首先，我们认为社会系统的自我生产（self-generating）潜力是自创生的关键所在。

生物系统的自创生性。把社会系统当成生物系统意味着从根本上认同社会系统是具有生命的。事实上，社会系统自身有更新能力和可能的智力行为。【145】如果我们把学校或企业看成生物系统，就可以理解和欣赏组织的动态性是如何与组织的意义和目的融为一体的。对社会系统来说，产生的问题不是管理者要如何管理或控制好一个社会系统，而是如何发展系统的意义、目的、变化发展的能力。如果学校是生物系统，自主、有界、自我参照（self-reference）的动态性就会展现出来。系统的动态性超越了个体的系统整体特性。这种动态性有助于学校内部各种关系的协同效应。可是社会生物系统是怎样再生的呢？

我们将从三个角度来回答社会系统是否是自创生的，以及它的再生力问题。此外，我们还将看到社会系统的再生性揭示了我们用于理解系统动态性的基本逻辑。把社会系统看成一群人的集合所揭示的是控制逻辑学，是与现代主义相一致的组织运行机制。把社会系统当成一个意义系统，就像下面描述的，揭示的是关联、意义和系统的基本逻辑理论。

第一种解决社会系统是否是自创生系统问题的方法是把社会系统作为自创生系统的子系统，但是质疑所有自创生系统都是生物系统。这种观点认为存在一些系统是自创生的，但却不是生物系统，例如用于模拟自创生系统和社会系统的计算机系统。这样，对于有自创生性但却没有生命的系统来说，再生力的定义是不清楚的。再生力定义的不清楚使得区分自创生的生物系统与自创生的无生命社会系统成为一个难题，因为由马图拉纳（Maturana, 1980）提出的自创生性是区分生物与非生物系统的特征。从这种观点来看，缺乏对社会系统的再生力的理解，而把社会系统定义为自创生的非生物系统是无意义的。

第二种观点是把自创生性限制在有机系统，由此，社会系统或计算机模拟系统是不能作为生物系统的。这种观点认为，社会系统可以是自创生系统运行的媒介，但其本身并不是自创生的。在这种观点下，社会系统是人类和生物（例如，蜜蜂）的集合。社会系统通过支持个体生命而支持个体自主性，但系统本身是不具有生命的。根据马图拉纳（Maturana, 1980）的观【146】点，自创生性是定义生物系统的首要条件，这种把自创生性限制到有机系统的观点是不合适的。只有有机系统才具有自创生性的观点把生命过程的定义简化为生物有机体属性，从而陷入区分和描述生物系统与其属性的困境（正如第五章里所讨论的）。它是一种科学技术化的方法而不是由马图拉纳发展起来的关注过程的方法，是一种机械的、把社会系统简化成各个组成部分的观点。把生物系统定义为生物属性的观点不用说也是循环的、不可接受的。

第三种观点认为所有的自创生系统是生物系统但不都是有机系统。这种观点关注系统的边界和产生过程，并以此来决定这个系统是否是自创生系统。系统只要满足条件，根据定义就是自创生系统。这样，社会系统是否是生物系统就只需要回答社会系统是否具有*边界*（boundaries）、*产生过程*（processes of production），以及能否*自我保存*（self-perpetuating）的问题。

第三种观点看来是合理的。它指出要回答社会系统，比如说学校，是否是自创生系统只需要根据自创生的定义来考察系统。理解其界定、产生以及自我保存过程就是考察系统的自创生能力。这里，我们必须要问对学校和其他社会组织而言，自创生意味着什么？把学校理解成自创生系统有什么意义？把学校作为生物系统，探索系统怎样能够自我产生、自我更新和自我决定，就是把学校看成一个具有适应性，具有学习能力，能够适应后现代时期的迅速变化的生物系统。

### 社会系统的语言和意义

明格斯（Mingers，1995）把博尔丁（Boulding，1956）对复杂系统的分类运用到马图拉纳和瓦雷拉（见表7.1）的理论上来解释语言在人类发展和社会系统中扮演的角色。明格斯提出了以系统内在关系为基础的系统复杂度的观点。语言成为定义社会系统为自创生系统的关键。对系统动态性的阶层分类特别有助于我们理解各系统之间以及系统内的各级复杂关系[1]。

【147】最低级的组织结构是静态封闭的系统，例如桥梁、高山[2]。（Mingers，1995，pp. 81 - 82）封闭系统是没有能量交换的，系统结构也不发生变化。第二级系统是开放性的机械系统，能量作为系统运行的动力。时钟和炉子上的火苗就是开放性的机械系统，它们需要能量来抵消熵的消耗。

表 7.1　复杂性等级划分（改编自 mingers，1995，pp. 81 -82）

| 程　度 | 特　征 | 关系种类 | 例　子 | 域 |
|---|---|---|---|---|
| 框架性结构 | 静态 | 拓扑型结构 | 桥、山 | 封闭系统 |
| 简单机械性结构 | 动态、开放 | 有序 | 太阳系、时钟、机器 | 开放系统 |
| 自我调节系统 | 闭环控制、负反馈 | 具体化 | 自动调温计，身体的动态平衡调节 | 动态系统 |
| 开放性生物系统 | 自我保存，自我产生 | 自创生 | 细胞、火苗 | 动态系统 |
| 多细胞生物系统 | 组织化整体，功能化的部分 | 第二自创生结构结合 | 植物、藻类 | 动态系统 |
| 具有神经系统的有机体 | 封闭组织，有学习能力 | 与关联部分交互作用 | 动物 | 语言域 |
| 观测系统 | 语言、心理、自我意识 | 嵌套关联 | 人类 | 共识域 |
| 社会文化系统 | 交流的角色，价值观 | 有机体之间的第三自创生结构结合 | 家庭、社群、群体 | 社交域 |

　　下一级系统是自我调节系统，包括自动调温计、人体体温调节系统，它们都是开放系统，与时钟所不同的是它们利用负反馈来调节自己。第四级系统是简单自创生生物系统。单细胞就是一个自我调节、自我产生、自我创生的生物系统的一个例子。第五级系统为多细胞生物系统。多细胞生物系统为细胞之间结构的结合提供了条件，例如植物和藻类就是明格斯复杂性等级分类中的第五级第二类自创生系统。第六级系统包括具有神经系统的有机体，具有能进行自我反应的特征。"对神经系统来说，相关神经活动状态成为其自身反应的对象，从而导致更进一步的活动。"（Mingers，1995，p. 73）。这个层次的系统隶属于语言域，并且与米德描述的非语言手势交流相一致。（见 Mead，1934/1967）第七级系统隶属于共识域（consensual domain），以人类与各种嵌套联系（relations of relations）的相互作用为示例。语言和自我意识发生在这一层次[3]（以下会有更详细的描述）。第八级系统为社会系统，其结构的结合发生在有机体之间，家庭和蚂蚁群就是社会系统的例子。

〖148〗

系统结构复杂程度的最后三个层次以交流为特征，它使我们能分辨认知生物系统与非认知生物系统、非生物系统。"根据马图拉纳的观点，交流并不是信息的交换，而是有机体通过相互结构的结合来构建的一种行为协调"（Capra，1996，p. 287），或一种舞蹈。由学习获得的交流方式就是语言行为的一个例子，尽管它本身不是语言，但它却是语言发展的基础。马图拉纳和瓦雷拉（Maturana & Varela，1987）以鸟语为例表明鸟语是鸟类寻求伴侣的一种非人类语言交流。鸟儿之间的交流展现了一种没有语言的语言行为：

> 这些居住在茂密的森林里的动物通常很少或几乎没有任何视觉接触。在这种情况下，鸟儿通过产生同一首歌而协调、配对……每一对鸟儿所用的曲调都是独特的，由他们的配对历史而定义。（Maturana & Varela，1987，p. 194）

米德描述咆哮的狗群"彼此在附近走来走去，肢体紧绷，头发直立，咬牙露齿"。（Mead，1964，p. 111）这个例子从另一方面描述了通过非语言的身体姿态来相互配合的行为，它可以用马图拉纳和瓦雷拉的通过非语言行为而进行交流的结构结合（协作行为）框架理论来解释。

【149】

> 一只狗的行为是另一只狗对其反应的刺激物，两者之间因此而联系起来。当一只狗对另一只的行为做出反应，变化就产生了……我们不会假定这只狗会对自己说："如果那只狗从这个方向过来跳起来咬我的脖子，我会这样转过去。"而事实上这狗会朝什么方向移动取决于另一只狗的实际进攻方向。（pp. 42 - 43）

非语言交流通过姿态来暗示意义和行为。狗懂得它们之间的相互威胁并做出相应反应。"如果在某种程度上的理解（通过相互配合）出现了，那就意味着交流被意识到了。"（Luhmann，1995，p. 147）

在更高一级的复杂性里，语言是一种对语言行为的调和。因而，语言是对交流的（关注语言意义的）的交流（由协调行动产生的意义的）。卡普拉用以下的例子说明这种关系：

> 假设每天早晨当我的猫发出叫声并跑到冰箱前时，我就跟着它，拿出牛奶并倒入碗里，然后猫接着把碗里的牛奶舔干净，这个过程就是一种交流—— 一种通过周期性的互动或结构结合的协调行为。现在假设有一天早晨我知道没有牛奶了，当猫叫时，我没有去。如果猫能跟我讲："嗨，我已经叫过三次了，我的牛奶在哪里？"这就是语言的交流。而猫的反应如果是根据以前的叫声的反应而做出的话，就构成语言意义与行为意义之间的交流。（Capra, 1996, p. 289）

随着语言的出现，可能会出现不同程度的语言交流来反映不同程度的抽象水平。这样，语言作为交流的交流而成为一个拥有不同层次的语言行为的复杂系统，例如，颜色和数学就是对苹果和椅子的不同程度的抽象。

社会结构是一个行动的网络，和语言与行为意义的交流协调相关。马图拉纳和瓦雷拉这样描述社会现象：

> 我们认为社会现象就是那些自发产生的第三结构结合现象。社会系统就是这样产生的第三结构结合体……我们把激发于社会体系里的各成员之间的相互协调行为称为交流。（Maturana & Varela, 1987, p. 193）

这样一来，社会系统就是：

> 行动协调的网络……社会系统是行为协调变化的持续流动中的一个动态系统。只要定义一个特殊社会系统的行为协调的关系不变，行为协调变化的持续流（continue flow）就会保持。（Maturana, 1988, pp. 67 –68）

【150】

语言和交流是社会结构发展的工具。社会组织成员通过语言和交流来协调行为，语言和交流帮助社会组织成员间进行结构结合，形成了第三结构结合的社会结构[4]。

> 人类社会系统是……对话的网络。相应的，不同的人类社会系统或社
> 会的区别在于构成他们的对话网络的不同特征。（Maturana，1988，p. 68）

作为自创生系统第三结构结合的社会结构，其本身是否具有自创生性？
卢曼（Luhmann）争辩到，如果我们拓展涌现、组织、关系等概念，社会系
统是可以被认为是自创生的。明格斯（Mingers，1995，p. 141）引用卢曼
的观点：

> 社会系统以交流作为其特别的自创生模式。社会系统要素是由交流
> 网络递归性产生和再产生的各种交流。离开交流网络，这些要素将不再
> 存在。（Luhmann，1986，p. 174）

把交流定义成自创生的模式暗示了社会结构是一个意义系统。卢曼把社
会组织当成意义系统，其观点与后现代主义关联、系统、意义逻辑理论相一
致。从这种角度来看，卢曼描述了社会系统的开放闭合关系以涵括社会系统
背景下交流及其意义的发展。

交流整合观揭示了社会系统之间相互作用以及系统与环境相互联系的复
杂性。这种复杂性渗透在整个社会系统中。"不仅系统内部能够进行交流，
更可贵的是系统之间也能进行交流。与生命（生物系统）不同，社会系统没
有空间上的限制。"（Luhmann，1995，p. 145）这样，社会系统不再局限于或
界定为个体。虽然学校与经济、政治和法律这些社会机构相联系，但是学校
与它们不同。正因为它们之间的不同，怎样把学校理解成社会系统，在教育
【151】领域内改变其意义结构，同时又不改变跨越社会各领域的动态意义就变得艰
难起来。"然而，系统可以发展它的边界并保持边界。因为系统可以界定交
流的合理与不合理性。"（Luhmann，1995，p. 145）

与生物系统不同，社会系统以交流作为可再生的媒介。意识通过意义关
联在社会结构里与交流同时涌现。作为自创生系统，社会系统除了具有以意

义结构形式出现的再创生力外，同时也有自主性。自主性影响社会系统的适应力、生存力和学习能力。

> 社会系统以交流作为其特别的自我再创生模式。社会系统要素就是由交流网络递回性产生和再产生的交流。这些要素离开交流网络就不再存在。交流并不是"生命"单位，不是"意识"单位，也不是"行动"。交流网络要求对三种选择的综合，即对信息、言语和理解（包括误解）的综合。这种综合是由交流网络产生的，不是由意识的某种内力或信息的内在品质而产生。（Luhmann，1990，p.3）

社会系统被看成以意义作为再生力的生物系统，暗示了意义、关联和系统逻辑。生物系统的另一个方面就是他们能界定其自身的边界。生物系统是开放的，这样它可以与环境互动，同时也是闭合的，但这种闭合容许创造性的重组。如果社会系统是自创生的，是由其意义结构而决定的，那么它的界定条件是怎样呈现的呢？例如，如果学校是复杂的意义结构，那么它的社会环境部分是哪些呢？学校与银行、商业部门、工厂的区别是什么呢？

## 社会自主性

系统逻辑促使我们探讨了社会系统的自创生性，关联逻辑将引导我们探讨系统怎样与环境发生作用。如果一个系统有自我调节的能力，我们就说这个系统是自主的。

对个体而言，自主通常被当作"自由"。这种观点忽略了个人与所处环境的复杂关系。例如监狱里的囚犯，即使受社会限制，也可以展现其自主行为。自主是自我调节的能力。人作为认知的主体，其自主性是在社会限制之内的自我调整，自我创造性地解决问题和做出决策的能力。

【152】

皮亚杰（Piaget，1965）认为人类的发展是一个由混乱（非调整）到他治（由他人调节），再到自主（自我调节）组成的连续统一体。社会情境，包括不平等的权利关系，都可能阻止或禁止自主性的发展。通过相互交流，合作支持了个体成长和自主性的发展。皮亚杰认为合作使得我们既能体会个人也能意识到别人的感受和看法，它体现了为赢得共同目标而做出的努力。（DeVries, 1997, p. 5）通过合作、探索、选择来协调平衡权力与冲突对于发展自主性至关重要。

社会系统也通过自我实现来发展自主性。社会自主性最初定义为"**社会系统自我创造、自我产生的潜力**"。（Fleener & Rogers, 1999）正如个人自主性的发展，社会系统的发展也有一个由混乱到他治再到自主的过程。作为意义系统，社会自主性的关键是分享意义和交流。合作和冲突有助于社会系统发展身份界定和目的，而意义关系和交流体现了系统的特征，对不同的社会系统进行了区别。

自创生系统的第三个方面就是系统自我实现。通过自创生和自主性活动，生物系统与外界环境以及自身内部相互作用。在这个过程中，生物系统是怎样保持其自身身份同一性的呢？例如，每天我们的细胞都在再生，两年后组成我们身体的大部分细胞都将更新，但是我们自身仍然不变。社会组织是怎样保持其身份同一性，与它所处的环境分离开来的呢？

**通过交互作用界定身份**

卢曼（Luhmann）的社会系统原理、维特根斯坦的语言游戏论、马图拉纳的自创生概念、皮亚杰的社会情境下的自主概念是从系统、意义、过程角度来理解作为生物系统的社会结构。语言游戏是社会动态性规则，因此也是具体社会情境下存在的意义结构。同时，随着社会自主性的涌现，语【153】言游戏揭示了权威性、自主性以及共享意义的建构之间的动态变化。交流随着意义的涌现而发展。作为社会系统的再生力的交流表明意义是社会系统的构成成分。通过语言游戏，交流建构了社会组织，并保存了社会组织的身份。

不是所有的社会系统都可以发展社会自主力，即与目的价值融为一体的、自创生意义的能力。作为意义系统的社会系统怎样成为具有自我实现和自创生能力的学习型组织？怎样把学校看成具有适应性、自我调节、自我产生、自我更新能力的复杂意义结构？作为学习型组织的学校，怎样能转变自己、发展意义而不被过去重复的失败所抑制？最后这个问题我们会在第九章里充分地论述，这里我们要讨论学习型组织的动态学是怎样与商业和企业界相融合的，它又怎样为我们提供了把学校诠释为学习型组织的视角。

## 学习型组织

商业和企业界已经展开了重新定义组织适应能力和组织结构的探讨。工厂型的领导学说受到了挑战。

1990 年，圣吉（Senge）从学习型组织的角度研究了商业领导关系和组织的变化。他描绘学习型组织的基本特征为："一个可以持续性拓展它的能力，创造未来的组织……'适应性学习'必须与'生成性的学习'（generative learning）相结合。学习是为了提高我们的创新能力。"（p. 14）科夫曼和圣吉（Kofman & Senge，1995）谨慎地没有把学习型组织作为"物"，而是认识到学习型组织的重要性在于其语言所提供的意义。

> "学习型组织"是我们用语言创造的一个分类。正如每一种语言创作，这个分类有双重作用，既可以发展同时也可能限制发展，其区别在于我们是把它作为既定事实的标签，还是把它作为诠释新生活模式的媒介。（p. 32）

圣达菲研究所（Santa Fe Institute）布赖恩·阿瑟（Brian Arthur）的研究 【154】也更进一步支持把社会系统作为具有适应和转变能力的学习型组织。（参见 Waldrop，1993）20 世纪最后十年特别是信息技术已经巨大改变了全球市场的格局，各种支持系统化思考和组织动态学的领导和管理书刊层出不穷，学习型组织特别适合于"信息丰富的"、类似于学校及技术等组织部门。例如，从经济学原理来讲，信息技术市场是否拥有学习能力与其是否拥有巨大的经济效益密切相关。

> 以知识产品为基础的经济……主要是依赖于增长的回报。像计算机、药品、导弹、飞机、汽车、软件、电子通讯仪器、光纤产品这类产品，

需要复杂的设计和生产工艺。一开始就需要在研究、发展、设备配置方面的大量投资。一旦产品投入市场，再次生产它们所需要的资本就相对降低……随着生产次数的增加，单位成本的降低，利润开始增长……随着生产量的增加，高科技产品不仅成本下降，而且运用科技的好处也增加了。(Arthur, 1990, p. 93)

面对市场的每次变化，具有内在适应力的这些企业无须重新开始，就能对顾客的要求和技术的发展更新迅速做出反应。

斯泰西（Stacey）的著作《掌控未知世界》（*Managing the Unknowable*, 1992）描述了怎样策略性地指导"混沌边缘"的组织。它代表了一种对过去的控制和静止观的范式转变。组织的生存力不是由"实施计划"来决定，而是由变化能力来决定。能激发和促进系统适应变化行为的系统结构，以及各级组织阶层的领导关系都是重要的。这些特点是我们从学习型组织的角度来重新展望学校教育时应当考虑的。

维特根斯坦的"看作"是改变我们怎样把学校、社会组织看成具有自创生的生物系统的一个重要思想。他的"转化视角"暗示了语言所扮演的角色。语言和语言游戏是社会组织的意义结构。把学校解读为学习型组织可以从真正意义上转变学校教育的语言游戏和学校教育动态性的含义。

贝萨尼斯（Bethanis，1995）从三个角度讨论了隐喻在意义系统里扮演的角色。**根本隐喻**（root metaphors）"是位于我们记忆表层或深层的假设。不管是哪一种情况，当我们开口讲话时，对某事的假设就脱口而出"。（p. 190）机械式宇宙观就是一种基础性隐喻。它描述了部分怎样相互作用，我们怎样理解事物内在的运转机制，以及我们可以怎样通过技术控制而成为权威。一些根本隐喻隐藏在词语里，并不太明显，例如我们用来揭示控制、统治、等级和机制的逻辑词语。学校教育中的常用词"定时工作量""课堂管理""标准"就揭示了机械控制论的基础性隐喻的意义结构。例如，我们相信通过技术控制，就能管理时间、行为、学术绩效等。

**跨接隐喻**（bridging metaphors）有利于达成相互的理解和形成共享的意义。例如，当我们描述怎样在直角坐标平面上描点时，代数老师就可以讲述笛卡尔是怎样确定飞虫在天花板上的位置的故事。通过点数飞虫到两相交平面的板块数量，飞虫的位置便可以唯一确定。这样，笛卡尔的发现过程就成了学生理解直角坐标平面的意义和用法的桥梁，学生因而可以建立自己的隐喻。例如，一个学生在玩"战舰"游戏后对直角坐标平面上的描点产生了新的理解。跨接隐喻也用于情感描述。例如，一个人可以向他的医生描述他的疼痛为"就像有人用针上下刺我的腿"。

在我们交流和分享意义时，根本隐喻和跨接隐喻是语言游戏不可分割的部分。**生成隐喻**(generative metaphors) 进一步发展了意义和语言游戏。它们为"促进新的理解的产生……和新的意义的涌现"提供了驱动力。(Bethanis, 1995, p. 191) 沃尔德罗普（Waldrop, 1993）描述了量子物理学和新科学怎样为许多研究领域提供了生成性隐喻，例如布赖恩·阿瑟在经济方面的研究就戏剧化地影响了我们怎样看待组织在涌现的市场上的生存能力。

> 新古典主义的理论假定经济完全由负反馈控制：微小的影响会逐渐消失……递减的倾向暗示在"收益递减"的经济学说里……负反馈、收益递减是整个新古典主义关于经济和谐、稳定、平衡的理论基础。然而，……如果收益是增长，情况会怎样呢？……正反馈、收益增长——它们都可能在实际的经济现象中发生。它们可能解释他所看到的身边的真实世界的经济的活性、复杂性和丰富性。(pp. 34-35)

【156】

阿瑟抛弃了寓于收益递减经济规律里的根本隐喻而把经济看成复杂适应性系统，即一个寓于"收益递增"的规律里且具有生存能力的非线性系统。他带来了对经济和组织的生存能力的全新看法。作为复杂适应性系统的经济不是要忽略微小变化，朝稳定状态发展；它需要在多样化变化发展的过程中、在"混沌边缘"寻求最大收益。然而许多经济学家抛弃了这些观点，拒绝接受收益递增规律下的经济复杂性，却接受强调安全、可预测、平衡和控制性，而不是创造性和非平衡性的传统的经济观。缺乏可控和可预测性、运行于"混沌边缘"的经济也似乎无法进行管理，且传统经济原理的范式及语言不再适合于作为具有创造性、不可预测和自组织性的复杂适应性系统的经济。

在系统、意义、关联逻辑学里，我们找到了生成性隐喻来描述学习型组织的动态学。复杂适应性系统、关联动态学、作为意义结构的语言游戏论都是以不同方式在社会系统内来看待组织的生存能力的。一个具有适应能力的学习组织，它的发展、维持和生长需要得到渗透于整个组织的意义结构的支持。从复杂系统观的角度发展组织的能力要求培养和利用创造力与自我产生、自我组织的能力。它们都是自主的和自创生的意义系统所具有的属性。

转变观察组织化过程的方式意味着转变描述组织运作的语言、目的及其内在意义。例如，斯泰西（Stacey，1992）就描述了我们应该怎样转变控制和权力观。"管理者"不应该是分配任务、指定质量标准的检测人；相反，从学习型组织的观点出发，意义和目的应该是渗透于组织的各个部门。在学习型组织里，领导者应当鼓励员工承担风险、富有创造性、吸取多种观点、运用多种渠道处理问题，并进行持续性学习而不是采取压制的手段。

【157】 动态系统模式所传达的主要信息就是，跨时间的指定计划、稳定性、一致性破坏了管理的创造性和应对未知情境的应变力……管理者所面临的关键问题不是怎样维持稳定的局势，而是怎样建立充足的、有条件的不稳定性，以此激发复杂学习。（Stacey，1992，pp. 202 - 203）

把问题重新看成"交流障碍"或"创造力障碍"彻底改变了我们对困境的看法。这种关联的动态学并不关注结果、个人、控制权，它暗示了意义和系统的特点可以由我们谈论组织方式的变化来反映。包含关联、意义和系统逻辑的生成性隐喻突出了过程性、复杂性，而过程性和复杂性促进了组织的生存能力，以及适应各个组织阶层社会变化的能力的发展。

哈格里夫斯（Hargreaves，1994）和富兰（Fullan，1993）描述了他们如何与学校老师一道把学习型组织的理念用于学校教育。把学校视为学习型组织面临以下挑战：（1）提高所有学校的学习能力；（2）适应性变化在学校文化和组织结构上的渗透；（3）意义和目的在学校教育灵魂上的渗透。语言游戏的生成能力可以帮助我们迎接学校教育的这些挑战。

与我们在本章开头所描述的多年前的课堂不同的是，有着丰富交流的学习型组织并不是"通知多过交流"，而是意义系统，它的语言游戏反映了这个动态组织各个方面的目的和价值观。交流使学习组织变得兴旺，而从管理中心者发出的要求阻碍着交流的进行。在组织内发展个人的创造潜力体现了社会动态的演变，以及涌现的与个人自主性相随的社会自主性。

下一章我们将讨论课程在学校教育变革中扮演的角色，以及它是怎样体现学习型学校的根本目的和意义的。我们将讨论学校作为学习型组织对社会和个人的影响。要转型成学习型组织，学校需要"转化视角"，学校教育的语言游戏不再以现代主义为导向，而是形成新的世界图景或生活形式，这也反映了我们探讨学校教育的意义和目的的方式。

## 第二部分小结　　　　　　　　　　　　　　　　　　　　【158】

这四章包括了后现代逻辑的技艺——关联、意义、系统逻辑。它们为我们克服现代主义趋势、探讨学校教育提供了语言、隐喻和方法，为我们提供了观察和思考世界的方法，它们充满着意义和目的。关联、意义、系统逻辑并不相互排斥，而更像一幅全息图，让我们看到了学校教育的另一种可能性。一个清晰的后现代世界的全息图景将建立在关联、意义、系统观的相互联系基础之上。有了后现代逻辑学的技艺，我们的眼光不再局限于我们目前所在的现代主义视域。我们将在本书的最后一部分——学习型组织的动态学里探讨由关联、意义、系统逻辑引导的课程、教育与学习。

---

## 注　释　　　　　　　　　　　　　　　　　　　　　　　　【159】

[1]虽然明格斯（Mingers，1995）呈现了系统之间的阶层关系，但把它作为递归和反思性的连续体来探讨却可能更有意义，更好地体现系统之间的不断变化以及相互关系，而不只是系统之间的区别。我引用了明格斯对阶层关系的描述，同时也增加了一些描述以便使所讨论的系统更好地联系起来。

[2]明格斯（1995）把山作为静态结构的例子，对此许多人有不同见解。山的位置在不

断变化，其动态结构较好地反映了本书所描述的动态性。但鉴于这是明格斯和许多其他人的经验，这里我仅保留把山作为静态结构的例子。

[3]米德以及许多人都认为语言是人类与其他动物相区别的特征，我并不赞同这一说法。我认为我们不能也不应该假设我们有决定其他动物的交流和反思的能力。除了人类，其他动物也具有交流和反思能力。

[4]我相信社会系统的定义暗示了语言也是除人类以外的其他动物的特征之一。

# 第三部分　创造

# 新乐章

# 第八章

## 课程动态学

　　怎样综合归纳本书的要点但又不让它简化成行动计划或解决问题的最终答案,是我面临的一个挑战。维特根斯坦也曾关心他的哲学思想精神可能会被简化诠释,成为束缚而不是激发人们的思维。维特根斯坦这样描述他的担忧:

　　　　因为多种原因,现在我在这里发表的观点会与其他人产生联系······我对是否应该将我的观点公开持怀疑态度。虽然我的工作不是不可能给在黑暗贫穷岁月里的读者们的思维带来一线光明——当然,也可能不是这样。可是,我不希望我的思想限制了他们的思考。可能的话,我倒希望激发他们自己的思想。(Wittgenstein, *PI*, p. vi)

　　最后几章我将就后现代逻辑对于我们转换视角、形成新的生活方式的潜在影响做一个阶段性的小结。我乐观地希望这些思想和隐喻能促进关于教育问题的话语域的生成，而不是提供解决问题的完整答案。正如维特根斯坦在讨论他的语言游戏法时所指出的，我们寻找的不是解决问题的答案，而是化解问题的方法。在用新的方法挑战旧的方法的同时，新的问题也随之而来。我们的学校教育改革正面临新的挑战和新的机遇。在证实和研究这些新问题的过程中，我们的注意力不应该只停留在过去的困惑中，而应该通过语言游戏提供新的意义和目的，去充满希望地接受挑战。如果我们不断地调整我们看待和处理问题的视角，我们的思维和行动就不会再陷入困境。

【164】

尽管量子物理学、复杂适应性系统、混沌学、复杂性科学给我们转换视角提供了多种隐喻，但我们只能借用隐喻的力量来诠释和理解，而不能把它们作为问题解决的根本方案。我不是要与其他后现代课程观进行比较——那样做的影响是微不足道的——而是要借助于这些后现代逻辑引领人们参与到各种方法的探讨中，使教育的意义、目的与价值的深度和广度得以拓展加深。对于我的学生、教师、同事、学校管理人员以及政策决策者们，我特别希望这些观点与你们的生活相关联，通过你们，对现有的社会和制度的意义结构产生影响。

这一章我们将要讨论课程在改变学校教育的语言游戏中所扮演的角色。课程反映了学校教育的内在意义和目的。我们将要探讨课程的涌现性、适应性、关联性及意义对变革学校教育产生的可能影响。借助意义、关联、系统逻辑理论，我们展望充满了意义和目的的学校教育全息图景。我们所展望的课程将支持学校成为学习型组织，为其提供意义和方法。意义、关联、系统逻辑使我们能超越控制逻辑、西方现代主义的局限性，消除偏见，跳出其陷阱。我们也将看到对课程和学校教育的传统辩论注定会使我们重复已经过去一百多年的厄运。把课程看作"物"而不是动态过程，会使得我们再次陷入到同样的争论中，陷入现代主义语言游戏的困境中。

## 课程作为语言游戏

课程不但定义了而且其本身就是学校教育的语言游戏。如果把课程看成

"物"——教案、目的、大纲、教学效果——这种语言游戏反映的就是潜在的控制逻辑。掌握教学大纲、达到教学目的或取得好的成绩要求精通控制技术。它暗示了教师、家长、校长以及教育部门要确保好的教学质量、高的教学标准，保证所有的孩子都要有超过平均水平的成绩。然而，虽然要求所有的孩子都超过平均水平从数学上讲是不可能的，但它却常被现代主义思想下的学校列为其教育目的之一。

【165】

如果把课程看成动态化过程，我们就需要改变课程的语言游戏和学校教育的意义结构。就像物理学上具有复杂关系的量子，自我组织的课程体现了完全不同的理解和组织互动的方式。以下我们将描述具有动态化过程和复杂性关联的课程愿景，它反映了关联、系统、意义的基本逻辑。

**自组织性课程**

多尔（Doll，1993）曾预言："如果有一个后现代主义教育模式涌现……它会以自组织概念为核心。"（p. 163）自组织不是在控制下发生的，而是发生在异常、不安、困境、复杂的情况下。后现代课程不是要减少可能性，也不是让每一个学生同出一辙，而是鼓励多样化、多种观点和探索。

> 不是把课程看成一套预先制定的需要遵循的"跑道"，而是把它看成每个个体转化的路径。其重点和主题更多地在于跑步的过程以及许多跑步者一起跑时涌现出来的集体模式，尽管跑步者和跑道不可一分为二，课程较少关注跑道本身。组织和转化是在活动中涌现的，而不是在活动之前确定的。（p. 4）

多尔建议用课程模体来描述后现代课程中的组织复杂化和模式的涌现性。课程模体像网络一样，既没有起点也没有终点，可它却有其自身的结构和边界。课程在具体运用中构建其组织结构形式并拓展边界。课程模体是非线性的、非序列性的，但却有作用点、结点和焦点。它可由简单结构发展成复杂连贯的结构。课程本身的发展变化不是由已知出发，但它却是指向未知的。随着课程的发展变化，参与者和教育格局都发展变化着。

课程是一个过程——探索未知的过程，不是传输已知（绝对）的过程；通过探索，学生和老师一道"清扫这块土地"。这样一来，老师、学生和这块土地都转化了。（p. 155）

多尔提出从四个方面探讨自组织性的课程。这四个方面包括**丰富性**、**递归性**、**关联性**和**严密性**。在后现代主义视角下，它们的意义的语言游戏改变了。要诠释它们的含义，我们不仅需要改变谈论课程的方式，而且需要改变已有的关于课程的图像和隐喻。 【166】

## 课程模体

从后现代课程观来诠释**丰富性**，它是指课程的深度、多层次意义、多种可能性和多样化的解释。（Doll，1993，p. 176）我们联想到的现代主义课程观下的"深度"和"层次"图像可能就是掘洞和剥洋葱皮。掘洞时，你越努力就可能掘得越深。尤其在运动场上，我们常常听见表达这种含义的用语。"挖深一点"意味着只要努力多一些，就可以挖掘出更多的内在潜力。同样的，如果把课程看成洋葱，我们探讨的可能只是某个概念的浅层意思，而深层次意味着对概念更彻底的调查，包括与其他概念的联系。我们曾经用"一英里宽，一英寸深"来形容我们的数学教材是多么缺乏深度。

掘洞和剥洋葱皮的隐喻都针对课程的内容而言，它们假想我们所分享的内容对学生学习任何领域都是重要的，它们不能体现多尔所指的丰富性的含义。把学科内容作为课程暗示了课程是"物"，因而掘洞和剥洋葱皮都是把课程作为已知的"物"而不是一个过程。

多尔课程的丰富性捕获了后现代课程理论中的过程和涌现的关系。我想曼德尔布罗特集[①]（Mandelbrot set）可以作为理解丰富性的一个有力的隐喻。沿着曼德尔布罗特集图案的边缘区域，我们可以看到不断连续涌现的模式、

---

[①] 曼德尔布罗特集是分形几何图形中的一个经典例子。它由复数函数 $Z_{n+1} = Z_n^2 + C$ 通过给定一个初始值而迭代产生，其中 $C$ 是任意复数，初始值为 0。曼德尔布罗特图案表示了这些值经过迭代后的变化轨迹，或这些点的行为。——译者注

关联性与无限的复杂性。如今，互联网上有一些计算机程序可以允许我们沿
着曼德尔布罗特集图案的边缘实地考察这些复杂的、涌现的各种模式及其相
互关系[1]。曼德尔布罗特集图案中的"深度"关系提供了多尔视为后现代课
程的丰富性的重要特征，即"适度的不确定性、异常性、无效性、混沌性、非
平衡性、耗散性与鲜活的经验"。（Doll, 1993, p. 176）例如沿着曼德尔布罗
【167】 特集图案的边缘区域，我们可以注意到朱利娅兔子[1]（Julia Rabbit）或曼德
尔布罗特球形物不断涌现。这些图案之间看似没有任何联系，或完全不一样
（见图 8.1），然而它们却紧密相联。就像我们置身在一个未知的地方，看起
来杂乱无章的表面下却潜藏着重复出现的规律。不像那最终使我们陷入衰竭
的中心区域的黑洞，曼德尔布罗特集图案边缘区域所显现的深度复杂性对我
们进行相关意义联系和综合探讨更具有启发性[2]。正如我们在曼德尔布罗
集图案里所看到的，课程的丰富性保留了后现代课程的重要特征并提供了无
穷变化、涌现性的和更深层次上的探索机遇。

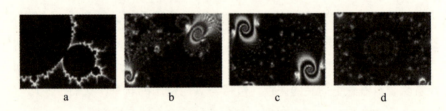

a            b            c            d

**图 8.1　曼德尔布罗特集 [图片征得艾瑞克·斯库尔（Eric Schol）的同意[2]]**

　　如果我们沿着曼德尔布罗特集混沌和有序性交界的边缘去探索这一区域，
就可以发现很多有趣的、涌现性的特征，比如说曼德尔布罗特球形物的各种
大小变化。如果再进一步观察，我们还会发现不同的球形物有着不同的特征。

---

　　① 与曼德尔布罗特集相似，朱利娅集同样由复数函数 $Z_{n+1} = Z_n{}^2 + C$ 产生，所不同的是在每
一个朱利娅集下 $C$ 是常数，初始值可以是任何值。不同的 $C$ 值决定了不同形状的朱利娅图形。曼德尔
布罗特集包含了所有朱利娅集。——译者注
　　② 曼德尔布罗特集图像中心黑色区域的数经过 $Z_{n+1} = Z_n{}^2 + C$ 迭代后，迭代值最终都趋于一固
定值。而其边缘区域的数经过迭代后，迭代值最终可能趋于任何一个值，包括无穷大。换句话说，中
心区域的点的行为是静止的。——译者注

有三个触角的球形物不同于有五个触角的球形物①。即使在有三个触角的球形物的边界区域涌现的小的曼德尔布罗特集图形也与在有五个触角的球形物的边界区域涌现的曼德尔布罗特集图形略有不同³。正如学校里由不同学科内容组成的课程。我们在不同学科领域领略其意义、功能、目的和价值，就像我们发现各具特色的每一个小的曼德尔布罗特集一样，不同的学科领域既相互联系又各具特色。

只是孤立地学习每一个学科领域而没有认识到它与其他学科领域的联系，正如只研究曼德尔布罗特集里的单个球形物而没有理解它与整个曼德尔布罗特集的关系。这一方面失去了对整个课程的整体内涵和目的的理解，另一方面漏掉了曼德尔布罗特集里的自相似性和内在的一致性的特性。例如，曼德尔布罗特集图形上两个触角的球形物与三个触角的球形物之间是五个触角的球形物；三个触角的球形物与五个触角的球形物之间是八个触角的球形物。这些关系具有重要意义，它使我们看到了曼德尔布罗特集作为一个整体显现出来的奇妙的内在的动态学。只单独研究一个个的球形物而忽略了这些关系就看不到整体显现出来的特征。这正是我们在学校里看到的情形，在那里我们没有探讨不同学科领域的相互联系，把课程变成独立的学科而失去了课程的丰富性。

递归性是多尔课程模体的第二个方面。传统上递归经常被当成重复或循环。事实上，递归不是重复或循环，它是发展的重要组成部分。在生物系统里，递归就像细胞繁殖和变异一样重要。递归包括了重复或循环过程中没有的反思。没有反思，细胞的繁殖就只有走向疯狂。例如，癌细胞的繁殖就只是重复而没有意识到什么时候应停止。当你不小心割伤了自己，细胞会迅速生长，对伤口进行补救。可是如果补救工作完成了，伤口已经愈合了，而细胞仍然没有意识到，它们就会继续繁殖。递归的关键组成部分就是反思和评估。不加思考的重复将会导致失控，就像缺乏禁令的癌细胞的不断复制，最终要么不得不被切除，要么导致它所赖以生存的机体部位死亡。有了递归，就有了创造和检验的成分。

〖168〗

---

① 有三个触角的球形物的中心区域的点所对应的值经过迭代，最终趋于三个不同但却固定的函数值。类似地，有五个触角的球形物的中心区域的点经过迭代，最终趋于五个不同但却固定的函数值。——译者注

在我的早期教学经历中，我曾做过科学竞赛评判员。因为计算机方面的专长，我负责计算机语言编程部分的评判。一个九年级学生获得了那年比赛的一等奖。他用递归模型写出的程序漂亮地解决了汉诺塔难题。汉诺塔难题是根据一个古老的传说而来。据说，如果僧侣们将64片金属片依规则从一根木棍上全部移到另一根木棍上，那么，世界末日就会来到（见图8.2）。移动的规则很简单：一次只能移动一片金属片，并且保证大的在上，小的在下。遵循这些简单的规则，用递归法写出的程序只需几步就能解决问题。如果不用递归法，我们就必须用一系列重复使用的"如果……那么……"语言。[4]这种"繁琐"解决问题的方法没能抓住这一问题的实质，即创造性和递归性。如果我们只是把每一次移动当作单独的行动，我们就像小孩子一样只能对付具体情况，看不到解决问题的模式，失去对金属片的放置模式的整体把握，即上一个问题的解决关涉下一个问题的解决（下一片金属片应该移到哪里）以及对过程的重复性和移动有效性的检验。

【169】

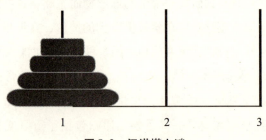

图8.2 汉诺塔之谜

递归法的魅力在于它展现了"可能世界"里的动态关系。为了给学生解释递归语言程序，我常常在笔记本上写出解决问题的简单指令（例如，把一片金属片从一根木棍移到另一根木棍上）。每一次递归不是重新回到开始，而是由一个新的初始条件来产生与以前不同的新的轮回。它需要对下一轮递归做出评价或选择。随着递归过程的继续，新一轮递归在上一轮的基础上产生，新的可能性也从中产生。每开始一次递归，我都用新一页纸展现给学生。在即将完成一轮递归，即当我们到达一轮递归的终点时，我们从那里离开，再把它作为新的初始条件开始新一轮递归。例如在汉诺塔程序的编程问题中，当我们完成一次有效的移动，我们就完成了那一轮递归而返回到开始时的移动模式，即回到我们笔记本里的上一页的指令，再开始新的递归。我们来回穿越在各种可能的世界里。随着递归的展开，一个个新的可能性的出现，可能性给递归赋予了力量。递归的有效性在于我们不需要记住我们是从哪里开始的，只要我们决定了整个模式和移动方向，递归的展开和收敛就随之而来。

　　如果我们把递归的特点与机械重复的复杂性相比，没有反思和创新的"螺旋"式的课程就像用重复性手段解决汉诺塔问题。随着金属片的增加， 【170】 我们解决问题所需的指令就越繁杂（例如，在适当把三个金属片移到第二根木棍上后，我们就可能进行以下步骤：把最大的第四个金属片放到空的第三根木棍上。然后把第一个金属片放在第四个金属片上，第二个金属片放在空的第一根木棍上，再把第一个金属片放在第二个金属片上，把第三个金属片放在第四个金属片上，第一个金属片放到空的第二根木棍上，然后把第二个金属片放在第三个金属片上，把第一个金属片放在第二个金属片上。这样问题才得以解决）。螺旋似的方法可能从新的角度对旧的想法进行了重新温习，但每一次的重新温习都是孤立的。在这种情形下的学习，事实上是信息的累积而非新模式的探究。

　　教学上的重复就像失去控制的癌细胞。对小学高年级来说，每一年的数学教学都始于对整数加、减、乘、除的复习；对初中生则始于分数的复习。大部分学生对这种重复性学习已经麻木了。这种重复最终要么消灭其赖以生存的资源（学生），要么使学习变得臃肿不堪，无法获得新的信息。就像失去控制的癌细胞，机械重复使课程变得笨拙，并使我们从关心学生的利益和兴趣转变到关心怎样控制和管理课程。我们变得只关心管理由我们造成的"疾病"，而不再是帮助学生学习。

　　重复练习在学校里有悠久的传统。例如，小学二年级的学生家长会关注他们的孩子有没有数学家庭作业。单词或数字抽认卡（flash card）等一些帮助记忆的材料常被用来支持重复练习。这种方法或许对某些学生有效，因为他们可能运用了反思和创新而不是仅仅重复。在练习过程中，他们用心地思考所要解决的任务，递归性的，而不只是机械的重复。在反复练习过程中他们产生了反思和联系。当一个学生通过反复记忆 $7+6=13$ 时，另一个学生可能把 $7+6$ 看成 $6+6$ 再加 1 或比 $6+4$ 多 3。他们都得到 13。但其中一个学生发展了对数的感觉，而另一个学生只是记忆了一些散碎而静止的结论。当算式所在情境发生变化，例如要求学生告诉时钟上的时间，第一个学生可能难以识别晚上 7 点以后的 6 小时是凌晨 1 点；另一个学生则可能通过"游玩数字"而很容易识别出其中的关系。

在产生分形图形时，我们容易混淆递归和重复。例如，产生谢尔宾斯基（Sierpinsky）三角形的指令很简短，由一些简单的规则就可得到谢尔宾斯基分形。先任选一点作为起点，再选择三角形的任意一个角落，从起点朝角落移动到中间位置。再任选一点作为下一起点。重复这个过程就可得到谢尔宾斯基分形。这里，递归包括决定每次选择哪个点。像一台随机号码发放器从任意三个号码里任选一个号码一样，这种生成谢尔宾斯基三角形的规则和移动序列简单容易。只要让这个递归过程重复下去就可以生成谢尔宾斯基三角形。谢尔宾斯基三角形展现了分形的所有特征，包括跨尺度的自相似性、涌现模式、分形维数。每一个谢尔宾斯基三角形看起来是一样的，但生成它们的方法却是不一样的。例如我们还可以这样产生一个特别的谢尔宾斯基三角形：从三角形的中心开始，然后移动到与顶点 A 一半距离的地方，把这一点作为新的起点，从这点再移动到与顶点 B 一半距离的地方，得到的点又作为新的起点，移动到与 A 点一半距离的地方，如此重复这个过程。虽然产生的方式不一样，事实上，即使运用完全相同的方式产生的任何两个谢尔宾斯基三角形也会大相径庭。但是各个谢尔宾斯基三角形都会出现同样的整体模式，即三角形嵌套于三角形之中。

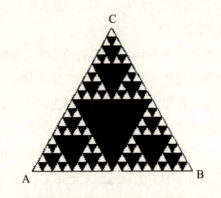

图8.3 谢尔宾斯基三角形

　　虽然学习的共同经验里有很多关联模式，每一个学生却有着不同的回归、反思、关联过程的复合体，因而是独特的。在涌现性的后现代主义课程里，我们既对个体的探索途径感兴趣，又对涌现的集体模式感兴趣。

　　谢尔宾斯基三角形也为多尔的课程理论（Doll，1993）的第三个方面——关联性提供了形象化的比喻。一方面，课程的关联性揭示了课程进展中涌现的各种模式的联系。课程作为相互作用和演变进化的行动和结果，是"路径产生于行进中"而不是仅仅指路径本身。传统上这种课程理念被看成"隐性"课程、涌现课程或过程课程。课程里的关联性就是指课堂的互动和经验的展开。它是内在的、进化的过程，而不是预先由专家写好的或存放于书架上的学习指南。课程的关联性强调过程，而不是把课程当作一种产品或"物"。

　　从关联性的角度来看，涌现的课程模体形成了课堂的互动方式。各种方式可能没有联系，同时也是自发的和不可预测的，但是正如我们在分形几何所看到的，随着课程模体的发展，各种方式联系起来，建构了课程的深度和广度，影响了课程模体的整体发展趋势。借用谢尔宾斯基几何分形图的产生，我们看到同样的模式在越来越小的尺度上出现，课程整体模式在过程中涌现、建立。这样，课程不是像砌墙一样把一块块砖放在一起，而具有跨尺度的自相似性，像不同区域的谢尔宾斯基三角形相互联系，通过递归过程而涌现。谢尔宾斯基三角形不是像砌墙一样产生，而是作为一个复杂结构整体涌现出来，其深层次的内在关系显示了它与其他分形图的不同特征。

　　课程关联性的另一方面涉及学生之间，以及讨论过程中所产生的进化的意义之间的内在联系。在课程实施过程的交流中产生的社会联系是一种意义联系，它使得个人、共享的意义和理解得以拓展。被看作意义的关联性的课程涌现、进化，通过课程的语言游戏而发展转化。

　　因此，课程的关联性可以从教育性和意义性两方面来理解。（Doll，1993）课程除了在教育过程中涌现出来，被看作教育艺术和课堂互动模式的复合体以外，还具有从个人和社会出发的意义结构。作为整合"教育"和"意义"关系的课程，具有自创生性、社会自主性和身份关系。

　　以涌现性、过程性为基础的多尔的课程理论的第四个特点是**严密性**。在

【173】多尔看来，作为教育韵律的严密性能"防止课程变革沦陷到泛滥的相对主义或感情用事的唯我论之中"。（p. 181）他解释道："严密性意味着有目的地寻找不同的备选方案、关系和联系。"（p. 182）它也意味着检验假设、挑战传统和鼓励创造性解决问题的方案。正如杜威的探究过程，只有在我们通过探究、用精确的方式向意义结构提出挑战，共享的意义和理解才能得到发展和转变。维特根斯坦认为，挑战假设，探究其他可能方式，就是质疑和转变我们的语言游戏。维特根斯坦的语言游戏论就如同杜威的逻辑学，旨在延伸、拓展、改变我们的意义系统和理解方式。

在怀特海创建的由浪漫、精确和综合运用（Whitehead, 1929/1957）而形成的舞蹈（dance）中，我们可以感受到来自多尔课程理论（Doll, 1993）四个方面的内在关系的韵律。怀特海（1929/1957）解释到，韵律本身涉及"多个循环交织的过程，而每个过程都被一个具有相同特征的更大循环所控制"（p. 27），具有自组织、社会自主性、跨尺度自相似性的课程支持着课程动态学的丰富性、递归性、关联性、严密性，它们也是学习型组织的特征。学校要想成为学习型组织，课程就需要具备这些品质。以下我们将讨论课程韵律，就像维持我们心脏跳动的韵律，是怎样与作为学习型组织的学校融为一体的。

**课程作为过程**

以过程为导向，具有涌现性、自组织性的课程对于我们现有的课程理念提出了挑战。这些挑战包括我们现有的课程模体可以怎样进化发展，以及学习和认知意味着什么。从过程的观点来看，这两者是相互联系的，它们都要求我们必须从把课程看成"物"的观点中摆脱出来。后现代主义课程不是现代主义课程的简单代替，不是像我们今天跟明天换穿不同的衣服，而是必须从现代主义课程中涌现出来并超越现代主义课程。这并不只是不再把课程当成"物"而看成过程，而是要转换我们看待课程的意义、目的、价值，以及看待与学校管理的关联性的视角。我们必须改变讨论课程的方式，包括对课【174】程的隐喻和认识方式。我们也面临对教师、学校校长以及其他管理人员的角色进行重新考察而带来的挑战。

让意义和目的充满学校教育，把学校理解成学习型组织，用后现代逻辑观来运营学校，最终都要求我们用不同的视角看待事物，它帮助我们从把课程看成"物"转变到"过程"，其根本就是要抛弃控制逻辑。过程、意义、系统逻辑给关联性课程提供了自我创新、自主、自我身份界定的能力。这样的课程是意义系统，它既可能转变个人也可能转变社会。

作为意义系统的课程，其潜在的重要作用在学校教育的变革过程中常被忽略。学校教育转变的文献常常始于对管理结构、权力关系调整和责任的陈述。虽然从任何意义上讲，它们与课程不无关联，但是这些方法经常不关心我们希望学生学什么和怎样学。课程的这些观点实际上也挑战着学校的其他组织结构，因而，课程可能是学校变革的关键。

## 课程作为学习型组织

正如圣吉所定义的，学习型组织具有可持续性的更新力和创造力，它"不断地拓展能力，创造未来"。（p. 14）学习型组织是社会结构和意义系统，它通过不断衍生新的意义，达成新的理解而创新。学习型组织是通过这些能力而进化的意义机构，它也因此适应并影响其所处的环境。交流网络变成了意义分享的载体，它们也构成了学习型组织的社会结构。

学校是具有目的性和价值观的社会结构。要在学校中引进和创建学习型组织就必须发展交流系统。课程既可以作为学校的交流媒介，其本身也是学习型组织。课程支持个人为发展意义和分享认识所做出的各种努力，因而它成为学习型组织学校的媒介。课程本身作为学习型组织，通过进化发展而获得意义、自主性及自我身份。最终课程帮助个人学习，获得意义，更新成长，【175】变革他们的生活和相关环境。

学校的组织形式传统上是等级制。学校改革始于领导方式的改革，为教师和学校管理人员提供技术培训。课程的制定、假设和评价都是以课程自身为目的。20 世纪以来，我们对课程的辩论都徘徊在是以内容为中心的传统课程还是以学生为中心的进步教育课程之间。把课程作为"物"的假设和相应处理方式在这些辩论中占有主导地位。

学校教育的传统语言游戏把课程作为"物"，围绕着以内容或以学生为中心而争论不休。除非转变我们的语言游戏，否则教育问题就永远解决不了。对于儿童、课程、社会的关系我们已经辩论了一百多年，围绕这三个方面来回摇摆，就像打乒乓球，围着弹跳的乒乓球。除非我们不再把儿童、课程、社会当作"物"，否则，争辩是永远不会停止的。

课程模体从不同的视角出发，把课程看成自组织的、涌现的、适应性的、有意义的模式。在课程实施中，涌现的意义把儿童、社会与课程实施联系起来。曼德尔布罗特集和分形图形是描述课程要素（**丰富性、递归性、关联性、严密性**）的隐喻。前面我们用全息图把后现代主义的逻辑作为相互交织在一起的意义而联系起来，这种方法同样反映了学校、课程、儿童和社会的复杂关系。这种关系是流动的而不是分层次的或有等级的，这种动态关系共享的意义使得整体图画结构一致而清晰。课程就像全息图上的信息渗透于每一个图像中。从根本上说，课程就是学校教育的全息图，过程、学习、意义分享、社会论述交织于其中。课程是教育的心脏，它赋予学校生命和意义，指导学校的转化成长。课程同样允许个人在社会意义结构里转化成长。课程最终变成一个使更大的意义结构组织和社会结构组织交织在一起的重要载体。

我们怎样才能不再把学校看成等级制度下的组织去开发其适应发展的潜能？我们怎样产生一种对于课堂的视野，看到在曼德尔布罗特图集里的有序和混沌的边界？课程模体怎样从我们的标准、学习目的、对失去国际竞争能力的恐惧和唯我论中演化产生？变革教育的语言游戏，使意义结构得到发展，我们需要营造新思维课堂。

【176】

## 新思维课堂

我在给本科生讲授的数学方法课里，常常用《平地》（*Flatland*）这本书（Abbott，1884/1994）来引出关于维数和视角的讨论，激励学生"跳出固定模式"。这本书写于19世纪，揭示了维多利亚人的价值观，包括社会对女性的歧视。然而这本书更重要的价值在于它提供了一种理念，即接受新思想，以不同方式进行观察，并运用类比进行推理的思想。

在《平地》一书中，每个人都生活在二维空间里，并且只知道二维空间。在这个世界里，人们需要特殊的观察和交流方式。《平地》中的男性都是几何形状。除了武士是等腰三角形，所有的男性都是普通多边形，例如四边形、五边形、六边形等。

那里的社会地位通过继承而获得。一个人的地位由他所拥有的边数决定。统治阶层由圆或接近圆的多边形组成。九十六边形的地位高于十二边形，十二边形的地位高于六边形、五边形和四边形。除非父辈玷污了家庭的名声，男性后代总比父辈多一条边。四边形的儿子是五边形，五边形的儿子是六边形（妇女是直线。如果角的度量是测量智力的标准，作为直线的女人是没有智力的）。

这个故事是关于一个四边形先生的。有一天晚上，他做了一个梦或者说他看见了一个东西——一个三维空间的球。四边形先生只能看到球显现在平面上的部分。开始球像一个圆，然后当它离开平面时则越变越小，最后在离开平面时变成了一个点。球想给这个四边形先生解释球是怎样离开平面而站立起来，想告诉他什么是三维空间。

四边形先生感到疑惑不解。这种情形怎么可能发生呢？球为了说服他，【177】把四边形先生从平面抬到三维空间。一开始，四边形先生感觉他疯了。当他向下看时，他看到了房子里面的部分，他感到很不舒服，但最终明白了四边形怎样被立起来而变成正方体了。他明白了有两个终点的线段是怎样在二维空间变成有四个终点（顶点）的四边形，又怎样在三维空间变成有八个顶点的正方体。类似的，在一维空间里，线段没有边，二维空间四边形只有一条边，三维空间里正方体只有六条边。

从类比的思维来看，从一维空间到二维空间再到三维空间，边的数目和终点的数目在增加，那么，四维空间会像什么样呢？四边形先生问球。球肯定地告诉他四维空间不可能存在，这里没有四维空间。

四边形先生回到平地，把他的发现告诉那里的人们。可是只有他的孙子明白并欣赏他这种新的观察方式以及他带回来的关于维数的信息。当权者们没有这么善良，因为他不同的观察方式，他们把他当成疯子而扔进了监狱。

这个故事虽然简单但给我们以启示。首先四边形先生被排斥，并因为不同观点而最终被关进监狱。读过那本书的人都能理解他所受到的迫害和孤立。我们许多人在这里都能意识到维多利亚时期的等级社会系统以及妇女在那里的地位。类比是一种帮助我们理解我们所不能直接经历的事情的有力工具。有趣的是，聪明的球却不能用他鼓励四边形先生的方法，使其用同样的推理来摆脱自己的世界观而看到四维空间。（这不正如我们鼓励学生独立思考，而当他们对我们提出挑战时，我们却叫他们保持安静的写照吗?）

我重新讲述这个故事是因为我们在类似于《平地》的世界里花费了太多的时间。当我们感受到可预测的、确定的舒适和安全时，我们就故步自封、安于现状。我们的学生可能有球的世界观，可能想漫游在曼德尔布罗特集的边缘，却常常因为想不同地看待事物而遭到打压和惩罚。当我们用不同的视镜、不同的更好角度来观察我们已经感觉舒适的世界时，我们自己却感觉不快，熟悉的看起来不熟悉。我们组织整个世界的方式都置于疑问之中。

【178】

我挑战我的学生不仅要想象四维空间，还要想象分维空间——一片新的领地。当我们从传统测量维数的方式转变到曼德尔布罗特集分形中用相互关联性来测量维数时，我们关于关联、意义、目的会怎样变化呢？虽然用标准方式来理解维数，我们可以把一维空间理解成只有宽度的直线，二维空间常常涉及长和宽，三维空间则包括长、宽、高，但是我们怎样想象维数为 2.59 的分维空间呢？

我们在第五章讨论了自然界的分形结构及其嵌入模式与跨尺度的自相似性。分形几何里的维数重新定义为跨尺度的自相似和自相似比值的关系。与我们常用的测量正方形的周长或圆的面积不同，分形是表明相互关系的特征量。计算分形增值而不是计算累积增值或平均增值的评估方式会是怎样的呢？如果我们用思维的维度而不是用（逻辑数学语言）推理来衡量智力，我们关于智力的观点会怎样变化呢？如果我们把课程看成是行走在曼德尔布罗特集的边缘而不是攀登山峰，我们的课程又会怎样变化呢？

我们常以在平面上描点而得到的几何图形来表示系统的行为。笛卡尔坐标平面上的线表示随时间可以向直线两端无限运动。在曼德尔布罗特集里的每一个点都是俘获了一个完整的朱利娅集的动态系统。特别有趣的是，曼德尔布罗特集代表了复数平面上所有朱利娅集中的点的行为。曼德尔布罗特集也是混沌或混沌边缘复杂性的形象化和数学化的隐喻。图 8.4 展示了变换角度所看到的曼德尔布罗特集。无穷无尽变化重复而美丽的模式，以及它所引起的无限的朱利娅集的行为方式使得曼德尔布罗特集成为显现复杂性的有力图像。

这样的动态课程怎么可以在我们的教室里产生和发展呢？涌现和重复出现的模式又怎么改变我们关于可预测性和关于学习的理念呢？个人的学习模式是怎样与涌现的整体模式相联系的呢？

**图 8.4　另一视角下的曼德尔布罗特集①**

所有这些图像所隐含的思想成为改变我们在课堂教学里角色的理念，挑战我们课程观的推动力。新思维课堂暗示并呼唤一个具有丰富性、关联性、递归性和严密性的课程。启用新的语言游戏，把课程理解成具有自身生命的意义系统，我们必须愿意接受这些创造性的构想及其寓意；我们必须接受可能的创造，并探索其结果；我们必须意识到我们可能被那些局限于现代主义世界观的人们当成疯子或因此而受到不公正的待遇。【179】

虽然我鼓励我的学生用混沌和复杂适应性系统的隐喻来变革他们的教育语言游戏，但却担忧由此而带来的潜在后果。倒不是说担心我的学生（像平地里的四边形先生）将来会挑战我们后现代主义的假设。困扰我的是道义上的两难。我担心当他们质疑以标准化及考试为指挥棒的课程的正确性时，他们可能因此而感到困惑、灰心，职业和个人生活甚至可能因此遭受到危险。

然而新思维课堂是可以产生动态变化的课程的课堂。随着学校对话语域

---

① 这里指由朱利娅集来观察曼德尔布罗特集中各点的行为。——译者注

的演化发展，作为意义系统的学校教育的本质也会转变，我们的对话和理解也会进化，并超越现代主义的局限性。在新思维课堂里，新的模式在涌现，新的问题推动着未来的变化发展，因而我们的角色和身份会面临新的挑战。

---

## 【180】注　释

[1] 请参见德瓦尼（Devaney）的网站：http：//math. bu. edu/people/bob，那里有更多的以曼德尔布罗特集为基础的杰出的教学工具，以及对曼德尔布罗特集的图像意义的探讨。

[2] 这些分形图片可以在 http：//www. student. utwente. nl/ ~ schol/gallery/ 看到。这些图片由艾瑞克（Eric Schol）用 FractInt 创作。这里的使用征得其许可。他的个人网页是 http：//www. student. utwente. nl/ ~ schol/index. html/，电子邮箱是 eric@ scol. nl. 版权所有。

[3] 德瓦尼的网站有关于曼德尔布罗特球形物的有趣的辅导材料和信息，可以在那里购买其印刷制品和音像制品。

[4] 如果每秒移动一片金属片，需要 $2^{64} - 1$（2 的 64 次方减 1）秒完成所有 64 片的移动，意味着地球被毁灭的时间。如果我的计算正确的话，应该在 14 029 009 106 175 年多一点。

# 第九章

## 超 越

本书中的"逻辑"自始至终都特别地有两个作用，即作为跨越现代主义思维方式的桥梁和对它的挑战。亚里士多德区分了科学推理和逻辑推理。在其逻辑学著作中，他探讨了语言的形式和论证的本质。在《后分析篇》（*Analytica Posteriora*）开头，亚里士多德写道："任何以论证形式给出或接受的解释都是从已有知识推导而来的。"（McKeon，1973，p. 11）逻辑形式从来不会产生新知识，而科学推理却可能。然而，对亚里士多德而言，这个推理形式都是被定义和决定的。

杜威的逻辑与亚里士多德的论证形式的逻辑有显著区别。伯克（Burk，1994）指出："在杜威看来，逻辑学原理不应当只是陈述语言句法的学习，而应该以经验为基础。"（p. 136）杜威的逻辑把探究定义为使经验变得合理的方式。但是对杜威来说，探究逻辑仍然是试图去发现"真相"。

维特根斯坦在他的后期著作里，摒弃了早期想解读数学逻辑基础的尝试。维特根斯坦认为：

我们想说明逻辑不能有任何模糊不清的含义，这一理念吸引了我们的全部注意力，我们必须在现实中找到这个理想状态（ideal）。可同时我们又没看到它是怎样发生的，也不明白必须的本质是什么。我们认为它必须存在于现实中；因为我们认为我们已经看到它了……这种想法是从何而来呢？就像我们通过架在我们鼻梁上的眼镜来看事物，一旦我们摘下眼镜，我们就再也看不到它们了。（*PI*, 101 – 103）

【182】 几千年来追求基本真理和结构的愿望使西方世界一直戴着一副旧眼镜。虽然现代它可能已经变成双焦距，让我们看到所谓的真理和结构了，但是现在我们不再用这些旧眼镜来检验我们的视野了。维特根斯坦告诉我们，意义的理解与我们语言的运用相关。理解意义需要研究如何运用语言。如果我们要改变对事物原来的理解，我们就需要新眼镜，需要转变我们的语言游戏。

关联、意义、系统的后现代逻辑帮助我们摘下旧眼镜，改变语言游戏，探究新的意义。虽然我们仍然习惯于寻找固定目标和客观真理，然而随着语言游戏的改变，我们可以转化我们的视角和语言。

尼采描述了走钢索的表演者怎样把自己悬挂在半空中的情形，那正是我们的写照，我们处于由现代主义假设带来的社会后果所引起的危险地带中——后现代主义的前沿之地。虽然一些人想使我们从钢索上退下来，回到现代主义时期，然而我们已经无法抹去机械和极权在过去的影响。

人类是一根系在兽与超人间的软索——一根悬在深谷上的软索。往彼端去是危险的，停在半途是危险的，向后瞧望也是危险的，战栗或不前进，都是危险的。人类之伟大处，正在它是一座桥而不是一个目的。人类之可爱处，正在它是一个过程与一个没落。我爱那些只知道为没落而生活的人。因为他们是跨过桥者。我爱那些大轻蔑者，因为他们是大崇拜者，射向彼岸的渴望之箭。（Nietzsche, 1968, pp. 126 – 127）

我们正在进行一种"危险的跨越"，以我们的方式来创造一个新世界。

西方思维是一种动物式的思维，它抛弃和否认了整体性、关联性、创造性、意义、目的和价值。现代主义世界陷于贫瘠和孤立之中，并且面临着随时的崩溃。我们正处在向前或往后的十字路口。停滞不前或抛弃创新的思想都是危险的。我们也不能回到过去，唯一的方法就是接受挑战。

接受挑战，意味着我们将挑战我们最基本、最珍惜的信仰和价值观。创造和开放要求我们必须接受挑战，走向边缘地带，超越极限，接受混沌思想，相信混沌中包含有秩序。在这个过程中，我们通过语言游戏产生新的视角，不断更新发展。〔183〕

重建心灵意味着学校教育课程应该由关联性和意义性而不是由考试分数和标准而驱动。创生性的隐喻、新的视角指导着我们参与到多种教育的情境互动中，为创造新生活、获得新意义而努力。

我精心选择了贯串于本书的隐喻。在后现代主义的前沿之地，我们一只脚仍旧踏在现代主义的土壤上。我们需要努力打开视野，超越现代主义的局限。因为固守旧的视角，有些人看不到新的景象。当然，我们还不能清楚地看到超越现代主义的区域以外的情境。事实上，我们所看到的只能是在我们目前位置所能看到的景象。从过去的压抑、憎恨和控制的危险地带走出来，我们在钢索上行走，路在脚下展开。我们有力量创造未来，但是我们首先必须放弃对过去安全与舒适的依赖。

尽管后现代主义的逻辑仍然难以掌握，我们却可以整合关联、意义和系统逻辑理论，以语言游戏的方式来转变讨论和思考的方式，掀开以现代主义的落幕为序曲的新乐章。就像全息图，关联、意义、系统是整合的，不是三个分离的途径或观察方式，它们一起构成一个清晰的景象，形成一种可以创造新世界、新生活的观察思维方法。

学习型组织的学校体现了这些愿景，并为我们理解学校教育提供了整合的、充满意义的、关联性的视角。最后一章我们将描述在意义和目的渗透于学校组织的过程中，课程所扮演的角色。课程是学校教育组织的核心。这个过程应该怎样开始？怎样把学校创建成学习型组织？课程领域可以怎样转变？这一章将提供观察和解决这些问题的视角。

## 量子学校

最近一期的《科学美国人》杂志（*Scientific American*），阿斯图米安（Astumian，2001）讨论了分子马达（molecular motors）① 的发明。基于细胞能量交换的分子马达让我们意识到我们关于机器运行机制的理念是多么陈腐。

[184]    可以大致描述为布朗棘轮原理（Brownian ratchet principle），其基本启示是：随机噪音是可以利用的。这个技巧就是调整噪音，把不想要的随机部分过滤掉，留下想要的部分。这个原理所描述的现象类似于被称为随机噪音同步化的现象。噪音增加信息交流渠道，实际上使得信号传输更容易。（Astumian，2001，p. 58）

目前，脑的研究也表明儿童脑发育具有相似的现象。一个两岁儿童的脑不是缺乏与神经系统的神经联结而是太多。实际上，儿童的脑发育开始于神经系统的配对联结，并继续"稳定"这些神经联结。两岁儿童发脾气可能是因相关的神经联结的挫折而引起。脑开发的实质就是对神经联结进行策略性地选择，而不只是神经联结的组装。适当时候获得的经验为儿童提供了选择并稳定神经联结的通道，使联结在整个生命过程中得以稳固。增加噪音（增加某种经验）也就增加了配对机会和稳定性，选择的可能性也就不减反增。正如棘轮效应② （ratcheting affect），每个联结都把儿童脑引向更深的层次，进而达到成人脑水平。因为个体的经验"噪音"变化无穷，个体的思想也是独特的，而作为人类的我们也享有共性和关联性，它们就像是混沌中的秩序，是不同个体经验的混沌中的奇异吸引子。

---

① 分子马达又称布朗马达，一类广泛存在于分子生物中的酶蛋白。它能在没有外在宏观力的情况下将化学能转化为力，从而达成有方向的运动。——译者注

② 棘轮是一种特制轮子。它在上坡中能上行，但不能下行。棘轮效应常用在经济学上指消费者习惯了奢侈消费后，当收入减少时，很难再回到以前的低消费水平，就像"棘轮"只能前进，不能后退一样。——译者注

虽然分子马达只在微观尺度上发生作用，但是这种理念可以应用到学校上。与机械论为机制的学校教育相比较，以量子学理论、人类脑发展规律为基础，或分子马达为动力机制的学校教育有什么不同呢？从学习型组织的角度出发，利用噪音（个体经验）而不是封闭他们的思维过程怎样能得以实现呢？怎样把这些噪音变成有用的信息呢？

我们知道以机械原理为教育基础的学校常被比喻为工厂。在那里，儿童被当作需要加工的原材料和社会消耗的产品。教师管理着整个生产过程，校长是质量监督员。如果顾客和教育局发现产品质量有问题，学校行政管理者就会要求提高产品质量，增加控制，加强管理员的培训，改变课程。课程就是设计和评估产品的蓝图。课程定义了产品应该达到的标准，目的就是要在预算开支下获得最大产出。工厂越大，效率越高。部门化、具体化使管理人员成为各项技术的专家，控制质量检测或预测产品的不合格范围。成功不是以个人成就为标准，而是看产品质量的平均数是否落入预定区域，一旦失败，则整个生产过程就变得毫无可取之处。 【185】

建立在量子原理学、人类脑发展规律或分子马达动力机制之上的学校又会是什么样的呢？布朗马达运动原理倡议随机性、不可预测性和"不和谐音"，实际上鼓励了个人和集体行为的动态变化。一个具有丰富的、复杂化的环境可以促进能量的重组和利用。在量子世界里，不是要控制处理不相干性、不可预测性、不可确定性，而是要鼓励他们的出现。个体的创造力、机制本身的变化都依赖于多样变化而非预测和控制。

联想到量子的双重意义和目的，我们可以把"噪音"理解为反常的、不确定性，以及对现有意义结构的挑战。学习和成长是解决矛盾、适应变化的过程。随着语言游戏的演变发展，多种视角创造的新的生活形式、新的关联、新的意义产生并发展。正如蝴蝶效应，噪音和反馈看起来对整个系统行为没有重大影响，但却可能累积起来，经过协同作用而产生意想不到的效果。

在我们参与的新的语言游戏的活动中，例如在探讨量子物理、混沌和复杂性的创生性隐喻时，也许我们会历经艰难曲折。就像儿童学吹口哨，如果注意力越集中在嘬嘴和吹，那就越不可能吹出声音。作为学习型组织的学校的变革需要对当前的语言游戏法展开讨论，抛弃控制逻辑，也要求我们放弃熟知的过去和对理想未来的预设。

## 扬弃

在《碎而不裂》（*Going to Pieces without Falling Apart*）一书中，精神病医生马克·爱泼斯坦（Mark Epstein）谈到了他怎样把佛教理念运用于治疗病人的经验。

[186]　　　　心理唯物主义给我们带来的痛苦是因为我们主要关心的是获取。自我发展、自尊、自信、自我表达、自我意识、自我控制是我们所追求的重要方面。佛教告诉我们，幸福不是来源于物质或心理上的获取，幸福来源于放弃。在佛教里，固执、分离和个体化是问题所在而不是问题的解决方法。（p. xvi）

马克·爱泼斯坦提到的"心理唯物主义"就像我们现有的学校教育的理念，认为我们需要明确社会结构里的角色、关系和身份，认为质量可以量化测定。正如爱泼斯坦所发现的，答案可能不在于我们是否获得了所追求的东西，而在于我们是否可以放弃它们。

爱泼斯坦在他的书中描述了佛教徒寻找幸福所经历的禅定过程，包括虚空、屈服、调节、联结、忍让、关系、热情和释放。当我们探讨教育的意义时，我们常常发现解决问题的方案是我们停止寻找答案，屈服于不确定性，建立关联性，接受模糊性和多样化，热心公益和互动。

对后现代主义艺术画的欣赏不是注意到画上那些一目了然的角色，而是寻求"反空间"（negative space），即烘托这些角色的背景。什么是学校的"反空间"？我们怎样通过不观察来观察学校？在学校的这幅画卷里，我们应该注意什么？

学校教育中的一个"留白"（empty spaces）不是指学校做了些什么，而是指学校有哪些没有做。我们不是要通过学校的教育经验来实现机会平等、分享意义、满足需求。虽然理解和定义学校教育目的的努力可能会使学校教育简化为对其产品的关注，但寻找学校教育"留白"的理念俘获了学校作为社会机构的动态演变性。

社会体系的内在联系和演变关系暗示我们要审视社会机构的"留白"。关注"留白"并不意味着去寻找简易的答案或快速修正的方法，而是跟踪相互关系、相互影响的复杂性，它意味着教育必须陈述污染、贫穷、战争、瘟疫、仇恨和歧视等问题。要找到解决这些问题的方法，我们需要放弃把这些问题当成"物"或认为存在简单方法的思维。各种相互关联的事件交织在一起，产生并支持着学校的"留白"。我们发现的学校问题其实也是更深层次问题的反映。

〖187〗

放弃把问题看成"物"的做法，转而从"留白"处寻找相互联系，可能会使我们感到既耗时又压抑。我们不知从哪里开始，而必须同时就所有的问题全盘考虑。这里不存在单一的原因，也没有设置好的一系列解决问题的多米诺骨牌。既不要狂妄也不要绝望，要看到"留白"，也要虚空我们自己，消除怀疑，知道我们并非无所不能。除此之外，我们还要意识到对问题的不同看法的重要性。我们的目的不是要消除虚空，而是参与其中，从中学习。入住虚空而不是从中逃脱出来，正是前面我们引用尼采所描述的迎接挑战的意义。

如果从量子物理学来看虚空的意义，那就是，虽然我们处于虚空和广阔无边的宇宙，它们却是由复杂的、相互联系的磁场联结起来的。入住虚空就是愿意探索这些相互联系。我们需要发展、探索这些联系的方法。不是要怎样看得更清楚，而是要学习用"柔和的眼光"去看复杂的相互联系。

爱泼斯坦描述了骑马人是怎样用"柔和的眼光"把周围环境尽收于眼底而不只集中精力于一处。他讲述了他的一个病人因心理障碍骑马时不能跨越栅栏的故事。这个骑手太多地关注她能否越过栅栏这一结果。当失误出现越多，她越紧张焦虑。针对这种情况，指导老师教她想象跳过以后她需要做的别的动作。于是她开始不把精力只集中于跳的动作，而是跳过后的情境。在教育上，我们没有用"柔和的眼光"，从关联的视角去寻找更广泛的联系，而只是专注于学生学习和课堂教学的最终成果。只有当我们不再把结果、成绩的检测作为最终目的，而只是把它们看成是大演变发展中的一个小环节，我们就会看得更清楚明白。

我们怎样扬弃，怎样看待"空白"，怎样使用"柔和的眼光"进行观察？虚空、屈服、调节、联结、忍让、关系、热情和释放，这些策略最终会怎样影响儿童的生活？关联、意义、系统逻辑怎样相互联系，使我们能够从整体上理解与把握发展变化呢？

## 实践性

在影片《心灵之旅》（*Mindwalk*）［以卡普拉的《转折点》（The Turning Point）一书①为基础改编而成］中，一个政治家与他的两个朋友——一个浪漫主义诗人和一个量子物理学家，展开了对现代主义的一整天讨论。结束时，政治家想知道下一步该干什么，"是否这是长时期以来我所有过的最好的讨论？"这样的讨论会带来什么样的实际效果？

尽管我赞同电影里的物理学家和诗人的观点，可是在本书的最后一章里，我仍旧感到有责任探讨本书观点的实用性问题。虽然大多数课程理论研究者们已经发现我们需要回到对抽象理论的研究，而不是全盘接纳西方的控制逻辑，但我仍然相信我对后现代逻辑和学校教育的语言游戏的讨论是有实际应用价值的。当我们的语言游戏反映了关联、意义和系统逻辑时，我愿意考虑它对教育研究的启示。尽管必须同时应对一切事务的境况给我们带来巨大的压力，但压力可以转化为动力。课程研究是整个教育的核心（就像课程作为学校的核心），它是连接过去和未来的纽带，是超越过去、走向未来的桥梁。

**课程理论研究的未来**

20 世纪后 20 年以来，课程研究领域的课程理论家和其他课程专家的分

---

① 《转折点》是一本关于牛顿经典物理、现代主义、浪漫主义、量子物理和系统原理之间对话的书。——译者注

歧越来越大。教育反弹引起全国性的考试运动、国际比较性研究、特许公立学校（chart schools）、教育券（vouchers）、教育权力下放这些现象的兴起。它们的出现在某种程度上提高了课程评估员、课程专家、课程开发员和课程设计者们的地位，而课程理论家却逐渐被排除在学校教育的实践之外。随着越来越多的公众参与到教育之中，即使在更传统的课程研究这一领域里，专家们也发现他们的专长受到的重视越来越少。商业企业家、政客、公众比直接从事学校教育工作的课程专业人员、研究员、教师、教育工作者更具有课程决定权。〖189〗

课程研究领域主要分为哲学性和理论性两类。在现有的学校教育体系中，主张维持现状的课程学家仍然占有一席之地。比如，帮助教师有效教学的教材教法的研究在专业技术教育文献中占很大的比例，而其中课堂教学第一线的教师们以其经验而不是以理论研究为基础所写的文章受到了高度重视。只有那些与课堂教学老师结对研究，或自己本身曾是课堂老师的大学课程专家才能为他们的文本找到市场，而对课程理论感兴趣的研究者，如果没有显示他们的观点经受过"真正"课堂教学的检验，其文章是不可能在享有声望的杂志上发表的。

学校教材的出版销售比教材教法书籍有更大的市场。随着出版商之间竞争的加剧，大公司不断收购小公司。最后，只有三到四个大的教材出版商在竞争中存活下来。虽然各大出版商在不同学科内容方面出版了不同系列的不同教材，但他们关注的都是经济利益而不是教育质量。如今，一本典型的数学教科书有五百多页。在利润的驱使下，大出版公司不是深入研究课程或为某个特殊课程理论框架代言，而是把课程变成"打包袋"。其方法就是把所有的东西都放进教科书里，希望每一个人都从中有所收获。同时，教材中所反映的平等和其他社会问题被当作可能性问题对待处理，而不是作为课程的驱动力。出版公司有专门小组来确保教科书中出现的人名和图片上的人物中包括有足够比例的西班牙裔、非裔、亚裔和妇女。从主流文化出发的含有多元文化的故事也是必不可少的，而价值、意义、目的却被排除在外。当然，从政治角度来讲，在与价值有关的问题上选取某个立场是不正确的。

即使是传统的课程专家也意识到他们必须让位于大众需求。课程专家们

的工作常被低估为政治议程或者说是教学"常识"。这些"常识"通常指20
【190】世纪50年代的课程观，它们驾驭了课程产品的决策和生产。如果我们希望学
校继续受它们的影响，各领域的课程研究前景就会暗淡无光。

从多种观点出发来看，课程研究的未来是可以更有作为的。但是，我
们必须挑战现状，学会扬弃，学会用柔和的眼光去看，展望量子学校，从
后现代主义的视角来创新学校教育和社会现实。本书旨在从意义、关联、
系统的全息图角度来重建学校教育的灵魂。作为一种而不是某个特定的课
程研究方法，我们鼓励就意义结构展开对话，它们是探究的基础。只有通
过对话，我们才能分享意义，达成相互理解，课程才能成为学校教育的核
心，学校才能成为社会的核心。只有当我们不再把课程设想成"物"，而
把儿童、教师、父母和社会看成一种复杂的关系，把社会体系理解成意义
系统，课程专家们才有了特别的意义。"给陷入瓶中的飞虫显示飞出去的途
径"，不是让大家站成一排由课程专家引出一条路来。课程专家扮演的角色
是提供转换的视角。

在参与在职教师以及师范学生的工作中，我惊奇地发现我对他们工作的
影响。愿意接受本书描述的观点并运用它们去改变教学实践的老师不是只想
简单地寻找课堂教学的方法、教学技巧，或在寻找可以在下雨的星期五下午
搞活动的老师；他们是那些愿意"转换视角"的老师；是那些明白把分形几
何加在八年级数学里不是增加课程负担，而是开拓学生世界观和数学观的老
师；是那些认为一些"旧"的数学已不再像我们曾经认为的那么重要，认同
混沌数学是对传统的维数提出挑战的老师；是那些认为数学和其他学科的学
习是动态变化的，不像传统教科书让我们感觉的那么确定无疑的老师；是对
数学发展历史产生了新的兴趣的老师。

改革学校教育意义和学校交流结构的重要社会意义在于这些影响是通过
社会结构来感受到的。同样，教育研究不能在现有教育的"正规科学"之内
【191】进行，而是提供帮助从现代主义教育的困境之瓶中挣脱出来的愿景。

## 教育研究

正如在本章前面讨论的，亚里士多德是第一个区分逻辑形式和实证科学

的人。他认为，逻辑形式和实证科学都是有效的认知方式。只要遵循推理原则，这两种方式都将把我们引向确定知识。就像数学、科学和实际研究都是封闭系统。只要我们进行科学的和数学的探究推理，新的知识就可以产生了。从已知出发，沿可接受的步骤，我们就可获得在推理条件里已经陈述的、主观的、确定的真理。而事实上，因为我们只是研究我们可以测量的东西，因此我们想象的测量方式进一步局限了探究。测量方式的局限性限制了我们的视角，使我们只关注那些我们认为重要的方面。

在本书中，我们用后现代逻辑学挑战了传统西方的关于意义和认知的假设。现在我们自己的研究也面临检验。我们首先要挑战的就是除了我们所赋予的价值，我们的研究有无任何其他价值。我们应当意识到没有根本的真理存在，所有的检测方式都是我们自己的发明。因此，我们要意识到我们的教育研究太注重测量"物"，我们必须发展后现代工具去理解关联性。就像海森堡和波尔80年前所指出的，我们选择测量什么和怎样测量都会以一种根本的方式融入到我们所找到的现实中。我们也必须意识到我们的探究是怎样交流和创造价值的。当我们把关于智力的各种观点简化为对智力的定义时，对某些思维方式的注重就超过了对其他方式的关注，因而也限制了我们对其他能力的认可和适应，包括创造力、直觉和洞察力。

本书的观点向学者们视为最神圣的学问和研究提出了挑战。而这些挑战实际上为我们提供了一种承诺，一种帮助我们从以传统科学而不是社会科学为主导地位的局面逃脱出来的承诺。在教育探究中，探究本身具有参与性。这暗示了我们自己也会对所希望的学校创新产生影响。挑战传统的探究方式为创造和追求新的意义提供了机会。

例如，我们对儿童学习分数概念的研究不仅假定了用纸笔进行分数运算能力的重要性，而且当我们注意到儿童学习分数的困难时，我们提高了学习 【192】分数的重要性。传统上，我们对分数理解的考察局限于计算的敏捷性、对步骤的理解，而对于学生的其他经验或合理的方法以及部分和整体的关系我们却视而不见。事实上，常见的单一的分数教学方式对那些对分数有较好直觉或理解力较强的学生反而不利。这些学生不仅没有掌握分数概念，反而对数学产生挫折感，认为数学是愚蠢的，与他们的生活毫不相关。

当教育变得具有争议性时，以比较法和二元简化思维为基础的教育研究就变得特别流行。尽管每位博士都知道不要把问题设计成"是／不是"的形式，但他们研究课题的框架结构却总隐藏着二元论的思想。即使在质性研究里，特别是涉及运用某种教学方法改进教学时，因果关系的讨论中或对结论的概括推广里就会暗示二元论，例如，研究方法的有效性、教学策略的推广应用对研究对象和所处环境的忽略。这些研究暗示了控制教育条件、忽略不同情境和个体差异的观点。当教育研究结果使人产生混淆时（常常这样），研究结果不是被当成问题用探究的方法加以解决（无论是方法或问题本身），而是被作为政治经济的权宜之计。例如，在用整体语言方式提高读写能力的各项研究中，发音教学法的研究就受到一味的吹捧。如果有特别的法案或教育决策需要支持，垂钓远征就是一项措施。从某种角度看来，声称其结果是唯一真理或基本现实的研究最应受到指责，因为从根本上讲现实是由我们的研究结果造就的。正如我们在 20 世纪科学变革的研究中所看到的，简单因果关系、可预测性、根本现实都值得怀疑。初始条件的敏感性、交互作用的网络复杂化、个人自创生性和自主性摧毁了我们对有序的、可预测的世界的期望。复杂世界的模式化比次序和预测性更具典型性。

【193】　我的一位同事曾经问我："是不是混沌研究方法就是后现代研究？"这个问题很具有启发性和挑战性。我也曾类似地挑战过自己，提出了关于数学是否存在着霸权的疑问——倒不是关于数学教育本质的问题——而是关于现代数学本身。（Fleener, 1999）这些问题有助于我们思考探究问题的逻辑基础。长期以来，教育研究试图首先适应科学探究方法模式，然后与心理学的研究模式联系起来。现在该是教育研究者明白探究所带来的启示的时候了。在社会、政治、经济和生态等方面，在社会各系统的相互联系中，在更加整体化、关联化，更具意义的新的交互作用的活动中，探究意味着什么？要参与探讨这个问题，我们需要转换视角，用不同的方式观察，并愿意跨越现有的局限。

在最近的一个心理和生命科学的混沌科学社会组织的会议上（The Society for Chaos Theory in Psychology and Life Sciences）[1]，来自于经济、脑研究、教育、哲学、社会学、心理学和生理学等领域的研究者们聚集在一起分享复杂混沌科学研究方面所取得的研究成果。在类似于圣达菲研究所这样的智囊团里，各个领域的研究者聚在一起探讨复杂系统是怎样运行的[2]。我们刚开始思考一些问题，比如，复杂性研究怎样改变了我们的技术和我们所看到的事物？跨越不同领域学科的对话和经验分享会怎样使我们抛弃现代科学的分离，拓展后现代思维的潜能？我们选择学什么的问题可能会怎样反映或改变着我们的价值观？

但是，我们必须意识到，如果把混沌和复杂科学的研究仅仅作为技术，它们的研究就可能被简化、过程化，从而使它们的意义和价值变得贫瘠。正如现代主义思想把科学作为一种工具相混淆，机械钟的隐喻变成了我们诠释自然界的真实存在的一种假想的方式。我们不能把那些改变我们观察事物方式的有力工具与事物本身相混淆。当我们拓展技术领域，改变我们看待事物的方式时，必须小心我们实际上也正在产生视角并造就现实。

既然我们已经以某种方式发现了我们所要追求的东西，为什么还要参与教育研究呢？对这个问题我已经困惑了许多年。通常我不会对我的研究结果感到惊讶，是因为我对我的研究很精通？完全不是。我们所问的问题揭示了我们认为是重要的问题，反映了我们观察事物的方式。有时我们能够提出的【194】最重要的问题其实就是我们正在问的问题。在探讨我们对研究方向的选择和研究方法时，我们可能会改变关于什么对学校和学生最重要的看法。我们可能发现问错了问题，也可能发现我们提出的问题与我们不再从现代主义控制逻辑视角出发而展望的生活形式并不适应，如果这样，我们就需要接受挑战。

## 接受挑战

斯塔豪克（Starhawk，1988）写了一本鼓舞人心的书。在该书序言的最后，她写道：

> 对我来说，这次旅途始于绝望，而现在到达了一个让我拥有信心和力量的地方 …… 我们刚刚开始……如果有更新的需要，那必须从我们自己开始。我们通过文字、文章与他人关联。我们可以认识黑暗，把它梦想成一种新的景象。（p. xxx）

我也感受到了我们已经"梦想到黑暗"。通过讨论、分享、交流，我们可以创建新的学校教育景象。后现代主义逻辑学揭示了我们"对世界和其中的一切事物的知觉，即他们是鲜活的、动态的、依存的、互动的、充满活力的，是一种生命与舞蹈的交织"。（Starhawk，1988，p. 9）它暗示了我们不是用一个宏大叙述去替换另一个，而是去创造渗透了意义和目的的新生活、新的存在方式。

> 我不是谈论在这个世界之外的存在，亦不是提出一个新的信仰系统。我谈论的是选择另一种态度：选择把这个充满活力的世界，把生活在里面的人类和所有创造物作为生命最终的意义和目的，把我们的世界、地球以及生命看成是神圣的。（Starhawk，1988，p. 11）

唤醒黑暗的部分工作就是参与到相互对话中。在本书中，我精心地把不同于教育领域的其他领域放在一块，因为这是一个进行中的活动，一种我们时代的协同作用，它推动我们从现代主义遗产和其碎片式的研究方法中走出来。同时，这里也有邪恶的精神，它们挑战圣灵（常以宗教的名义），想让我们回到过去，想摧毁我们的信心和我们对自己发展能力的信念。

【195】
> 是结构而不是内容决定了能量怎样流动、流向何方，以及产生什么新的形式和结构。不管遵循什么规则，等级结构都将助长新的等级结构的产生。这种新的等级结构体现了权威是凌驾于内部之上，而不是来源于内部。不管它源于什么样的教育或深刻的启示，具有等级结构的精神性组织唯一可能传送的就是疏远意识。（Starhawk，1988，p. 19）

学习型组织结构、复杂性、关联性、演变及适应性较好地反映了我们的需要和承诺，即对参与到创造性的、自主的和有目的活动的需要和承诺。意义、价值和目的是构成学习型组织的交流核心。把学校解读为学习型组织让我们看到了意义、价值和目的。而作为学校教育的核心，课程是学校的意义结构。

## 超越

　　超越的过程就是扬弃，就是根植于现有的基础，不断超越过去的过程。虽然未来扑朔迷离，我们可能会落泊绝望，但是我们仍然愿意接受挑战，满怀希望，不断超越。再造教育心灵，把课程看成学校教育的核心，探讨把课程作为学习型组织和意义系统的方式，可能让我们超越现代主义的局限，获得更加广阔的视野。当我们摒弃现代主义视镜，代之以适当的视镜，我们就会发现一个完全不同的世界——但是我们也要意识到新的视镜会同时过滤我们观察和生活的方式，因此我们必须永远地、不断地再造教育心灵。

---

## 注　释

　　[1]有关心理和生命科学的混沌科学学会（the Society for Chaos Theory in Psychology and Life Sciences，SCTPLS）的信息可查阅网站：http：//www. societyforchaostheory. org/.

　　[2]在圣达菲研究所（Santa Fe Institute，SFI）网站可以查到许多研讨会的文章和公告。它的网站地址是：http：//www. santafe. edu/.

# 参考文献

Abbott, E. A. (1884/1994). *Flatland: A romance of many dimensions* (5ᵗʰ Ed.). New York: Harper Collins.

Alexander, T. M. (1995). Educating the democratic heart: Pluralism, traditions and the humanities. In J. Garrison (Ed.), *The new scholarship on Dewey*, pp. 75 – 91. Norwell, MA: Kluwer Academic Publishers.

Angyal, A. (1941). *Foundations for a science of personality*. Cambridge, MA: Harvard university Press. (Excerpts from chapter 8 in F. E. Emery (1969), *Systems thinking*, Baltimore, MD: Penguin Books, pp. 17 – 29.)

Arthur, W. B. (1990). Positive feedbacks in the economy. *Scientific American* (February), pp. 92 – 99.

Astumian, R. D. (2001). Making molecules into motors. *Scientific American*, 285 (1) (July), pp. 56 – 64.

Banathy, Bela A. (1998) A taste of systemics. In *The primer project: The first international electronic seminar on wholeness* (December 1, 1996 to December 31, 1997). http: //www. new-civ. org/ISSS_ Primer/asem04bb. html (accessed 04/18/02).

Bergson, H. (1911). *Creative evolution*. Henry Holt and Company.

Bertalanffy, L. (1968). *General systems theory: Foundations, development, applications*. New York: George Braziller Press.

Bertalanffy, L. (1975). The history and development of general systems theory. In E. Taschdjian (Ed.), *Perspectives on general systems theory: Scientific-philosophical studies*, pp. 149 – 169 (Essays compiled after Bertalanffy's death), New York: George Braziller.

Bethanis, S. J. (1995). Language as action: Linking metaphors with organization transformation. In S. Chawla & J. Renesch (Eds.), *Learning organizations: Developing cultures for tomorrow's workplace*, pp. 185 – 196. Portland, Oregon: Productivity Press.

Bohm, D. (1980). *Wholeness and the implicate order.* New York: Routledge.

Boulding, K. (1956). General systems theory—the skeleton of science. *Management Science*, 2 (3), pp. 197 – 208.

Briggs, J. P. & Peat, F. D. (1984). *Looking glass universe.* New York: Simon & Schuster.

Burke, T. (1994). *Dewey's new logic: A reply to Russell.* Chicago: The University of Chicago Press.

Capra, F. (1984). *The turning point: Science, society, and the rising culture.* New York: Bantam Books.

Capra, F. (1996). *The web of life: A new scientific understanding of living systems.* New York: Anchor Doubleday Books.

Chardin, Teilhard de (1965/1957). *The divine milieu.* New York: Harper & Row.

Cobb, J. B. Jr. & Schroeder, W. W. (Eds.) (1981). *Process philosophy and social thought.* Chicago, IL: Center for the Scientific Study of Religion.

Colilli, P. (1997). *The idea of a living spirit: Poetic logic as a contemporary theory.* Buffalo, NY: University of Toronto Press.

Crosby, A. W. (1997). *The measure of reality: Quantification and Western society*, 1250 – 1600. New York: Cambridge University Press.

Cummins, J. & Sayers, D. (1997). *Brave new schools: Challenging cultural illiteracy through global learning networks.* New York: St. Martin's Press.

Davies, P. (1995). *About time: Einstein's unfinished revolution.* New York: Simon & Schuster.

Dell, P. F. (1985). Understanding Bateson and Maturana: Toward a biological foundation for the social sciences. *Journal of Marital and Family Therapy*, 11 (1), (January), 1 – 20.

Dennett, D. C. (1995). *Darwin's dangerous idea: Evolution and the meanings of life.* New

York: Touchstone Books.

DeVries, R. (1997). Piaget's social theory. *Educational Researcher*, 26 (1), 4 – 17.

Dewey, J. (1910). *The influence of Darwin on philosophy*. New York: Henry Holt and Company.

Dewey, J. (1925/1981). *Experience and Nature*. Chicago: Open Court. Reprinted as *Later Works* 1.

Dewey, J. (1929). *The quest for certainty: A study of the relation of knowledge and action*. New York: Minton, Balch & Company.

Dewey, J. (1931). The development of American pragmatism. In J. Dewey (Ed.), *Philosophy and civilization*, 13 – 35. New York: G. P. Putnam's Sons.

Dewey, J. (1934). *Art as experience*. New York: Perigee Books.

Dewey, J. (1938). *Logic: The theory of inquiry*. New York: Holt and Company.

Doll, W. (1993). *A post-modern perspective on curriculum*. New York: Teachers College Press.

Doll, W. (2002). Ghosts and the curriculum. In W. Doll & N. Geogh (Eds.), *Curriculum Visions*. Peter Lang Press.

Einstein, A. (1956/1993). *Out of my later years: The scientist, philosopher and man portrayed through his own words*. Avenel, NJ: Random House Publishing.

Ekeland, I. (1990). *Mathematics and the unexpected*. (translation by the author; original published in 1984). Chicago: The University of Chicago Press.

Elkind, D. (September 1995). School and family in the postmodern world. *The Phi Delta Kappan*, 77 (1), 8 – 14.

Epstein, M. (1999). *Going to pieces without falling apart: A Buddhist perspective on wholeness*. New York: Broadway Books.

Evans, M. D. (1998). *Whitehead and philosophy of education: The seamless coat of learning*. Amsterdam, Netherlands: Rodopi B. V.

Fesmire, S. A. (1995). Educating the moral artist: Dramatic rehearsal in moral education. In J. Garrison, (Ed.), *The new scholarship on Dewey*, pp. 45 – 60. Norwell, MA: Kluwer Academic Publishers.

Fleener, M. J. (1999). Toward a poststructural mathematics curriculum: Expanding discursive possibilities. *Journal of Curriculum Theorizing* (Summer), pp. 89 – 105.

Fleener, M. J. & Fry, P. G. (1998). Adaptive Teacher Beliefs for Continued Professional Growth During Postmodern Transitions. In D. J. McIntyre & D. M. Byrd (Eds. ), *Strategies for career-long teacher education: Teacher education yearbook VI*, pp. 154 – 167, Thousands Oaks, CA: Corwin Press.

Fleener, M. J. & Rodgers, D. B. (1999). A systems theoretic approach to understanding transformation in learning communities. *Journal of Thought*, 34 (1), pp. 9 – 22.

Fleischaker, G. (1990). Origins of life: An operational definition. *Origins of Life and Evolution of the Biosphere*, 20, pp. 127 – 137.

Fletcher, S. (2000). *Education and emancipation: Theory and practice in a new constellation.* New York: Teachers College Press.

Foucault, M. (1977/1995). *Discipline and punishment: The birth of the prison.* New York: Vintage Books.

Fraser, J. T. (1975). *Of time, passion and knowledge: Reflections on the strategy of existence.* Princeton, N. J. : Princeton, N. J. Press.

Freire, P. (1970). *Pedagogy of the oppressed.* New York: Seabury Press.

Fritzsch, H. (1994). *An equation that changed the world: Newton, Einstein, and the theory of relativity.* Chicago: University of Chicago Press.

Fullan, M. (1993). *Change forces: Probing the depths of educational reform.* London: Falmer Press.

Genova, J. (1995). *Wittgenstein: A way of seeing.* New York: Routledge Press.

Gleick, J. (1987). *Chaos: Making a new science.* New York: Penguin Books.

Gragg, A. (1976). *Makers of the modern theological mind: Charles Hartshorne.* Waco, TX: Word Books, Publisher.

Gribbin, J. (1995). *Schrodinger's kittens and the search for reality: Solving the quantum mysteries.* New York: Little Brown and Company.

Griffin, S. (1980). *Woman and nature: The roaring inside her.* New York: Harper Colophon Books.

Hagberg, G. L. (1994). *Meaning and interpretation: Wittgenstein, Henry James, and literacy knowledge.* Ithaca, NY: Cornell Press.

Harding, S. (1986). *The science question in feminism.* Ithaca, New York: Cornell University Press.

Hargreaves, A. (1994). *Changing teachers, changing times: Teacher's work and culture in the postmodern age.* New York: Teachers College Press.

Holder, J. J. (1995). An epistemological foundation for thinking: A Deweyan approach. In J. Garrison, (Ed.), *The new scholarship on Dewey*, pp. 7 – 24. Norwell, MA: Kluwer Academic Publishers.

Husserl, E. (1997/1970). *The Crisis of European Sciences and Transcendental Phenomenology* (translated with an introduction by David Carr; first published in German in 1954, edited by Walter Biemel). Evanston, IL: Northwestern University Press.

Kaufmann, W. (1974). *The portable Nietzsche* (39th printing). New York: Viking Press.

Kliebard, H. M. (1998). The effort to reconstruct the modern American curriculum. In L. E. Beyer & M. W. Apple (Eds.), *The curriculum: Problems, politics, and possibilities* (2nd Edition). Albany: State University of New York Press, pp. 21 – 33.

Kliebard, H. M. (1975). Metaphorical roots of curriculum design. In W. Pinar (Ed.), *Curriculum theorizing: The reconceptualists*, pp. 84 – 85. Berkeley: CA: McCutchan.

Kline, M. (1982). *Mathematics: The loss of certainty.* New York: Oxford University Press.

Knappman, E. W. (1994). *American trials of the 20th century.* New York: A New England Publishing Associates Book.

Kofman, F. & Senge, P. (1995). Communities of commitment: The heart of learning organizations. In S. Chawla & J. Renesch (Eds.), *Learning organizations: Developing cultures for tomorrow's workplace*, pp. 15 – 44. Portland, Oregon: Productivity Press.

Kuhn, T. S. (1957). *The Copernican Revolution.* Cambridge, MA: Harvard University Press.

Kuhn, T. S. (1962). *The structure of scientific revolutions.* Chicago: University of Chicago Press.

Lakoff, G. & Johnson, M. (1980). *Metaphors we live by.* Chicago: The University of Chicago Press.

Lathem, E. C. (1969). *The poetry of Robert Frost.* New York: Holt, Rinehart, and Winston.

Latour, B. (1993). *We have never been modern* (trans. By Catherine Porter). Cambridge, MA.: Harvard University Press.

Levins, R. & Lewontin, R. (1985). *The dialectical biologist.* Cambridge, MA: Harvard

University Press.

Loder, J. E. & Neidhardt, W. J. (1992). *The knight's move*: *The relational logic of the spirit in theology and science.* Colorado Springs: Helmers & Howard.

Lucas, G. R. (1979). *Two views of freedom in process thought.* Missoula, MT: Scholars Press.

Lucas, G. R. (1983). *The genesis of modern process thought*: *A historical outline with bibliography.* Metuchen, NJ: The Scarecrow Press, Inc. and the American Theological Library Association.

Luhmann, N. (1986). The autopoiesis of social systems. In F. Geyner & J. van der Zouwen (Eds.), *Sociocybernetic paradoxes.* London: Sage Publications.

Luhmann, N. (1990). *Essays on self-reference.* New York: Columbia University Press.

Luhmann, N. (1995). *Social systems* (transl. J. Bednarz). Stanford, CA: Stanford University Press.

Mandelbrot, B. (1983). *The fractal geometry of nature.* New York: W. H. Freeman.

Marshall, J. D., Sears, J. T., & Schubert, W. H. (2000). *Turning points in curriculum*: *A contemporary American memoir.* Upper Saddle River, NJ: Prentice-Hall, Inc.

Maturana, H. R. (1980). Introduction and biology of cognition. In H. R. Maturana & Varela, F. J., *Autopoiesis and cognition*: *The realization of the living*, pp. xi – xxx and 5 – 58. Boston, MA: D. Reidel Publishing Company.

Maturana, H. R. (1988). Reality: The search for objectivity or the quest for a compelling argument. *The Irish Journal of Psychology*, 9 (1), 25 – 82.

Maturana, H. R. & Varela, F. J. (1980). *Autopoiesis and cognition*: *The realization of the living.* Boston, MA: D. Reidel Publishing Company.

Maturana, H. R. & Varela, F. J. (1987). *The tree of knowledge*: *The biological roots of human understanding.* Boston, MA: Shambhala Publications, Inc.

McKeon, R. (1973). *Introduction to Aristotle* (*Second edition*). Chicago: University of Chicago Press.

Mead, G. H. (1932). *The philosophy of the present.* Chicago: Open Court Publishing.

Mead, G. H. (1934/1967). *Mind, self and society from the standpoint of a social behaviorist.* (Ed. with an introduction by C. W. Morris). Chicago: University of Chicago Press.

Mead, G. H. (1964). What social objects must psychology presuppose? In A. J. Reck

(Ed. ), *Selected writings: George Herbert Mead*, pp. 105 – 113. Chicago: University of Chicago Press.

Merchant, C. (1980). *The death of nature: Women, ecology and the scientific revolution.* San Francisco: Harper Collins Publishers.

Mingers, J. (1995). *Self – producing systems: Implications and applications of autopoiesis.* New York: Plenum Press.

Monk, R. (1990). *Ludwig Wittgenstein: The duty of genius.* New York: Macmillan.

Morris, C. W. (1967). (Ed. ) *Works of George Herbert Mead, Volume 1: Mind self and society from the standpoint of a social behaviorist.* Chicago: University of Chicago Press.

Myrdal, G. (1962). *An American dilemma: The negro problem and modern democracy.* New York: Harper & Row (original edition, 1944).

Nietzsche, F. (1968). Thus spoke Zarathustra. In W. Kaufmann, *The portable Nietzsche* (39th printing), pp. 103 – 439. New York: Viking Press.

Oliver, D. W. & Gershman, K. W. (1989). *Education, modernity, and fractured meaning: Toward a process theory of teaching and learning.* Albany, NY: State Univesity of New York Press.

Peat, F. D. (1987). *Synchronicity: The bridge between matter and mind.* New York: Bantam Books.

Penfield, W. (1975). *The mystery of the mind: A critical study of consciousness and the human brain.* Princeton, NJ: Princeton University Press.

Piaget, J. (1965). *The moral judgment of the child.* New York: Free Press.

Pinar, W. F., Reynolds, W. M., Slattery, P., & Taubman, P. M. (1995). *Understanding curriculum: An introduction to the study of historical and contemporary curriculum discourses.* New York: Peter Lang.

Posner, G. F. (1998). Models of curriculum planning. In L. E. Beyer & M. W. Apple (Eds. ), *The Curriculum: Problems, Politics, and Possibilities* (2nd Edition), pp. 79 – 100. Albany: State University of New York Press.

Postman, N. (1995). *The end of education: Redefining the value of school.* New York: Vintage Books.

Prigogine, I. & Stengers, I. (1984). *Order out of chaos: Man's new dialogue with nature.* New York: Bantam Books.

Quine, W. V. O. (1953). *From a logical point of view.* New York: Harper Torchbooks.

Reck, A. J. (1975). Process philosophy, a categorical analysis. *Tulane Studies in Philosophy*, 25, pp. 58 – 91.

Rennie, J. (1999). From the editor. *Revolutions in science.* New York: Scientific American.

Rifkin, J. & Perlas, N. (1983). *Algeny.* New York: Viking.

Ring, K. (1984). *Heading toward omega: In search of the meaning of the near-death experience.* New York: W. Morrow.

Rorty, R. (1967). Metaphilosophical difficulties of linguistic philosophy. In R. Rorty (Ed.), *The linguistic turn: Recent essays in philosophical method*, pp. 1 – 39. Chicago: University of Chicago Press.

Schubert, W. H. (1986). *Curriculum: Perspective, paradigm, and possibility.* New York: Macmillan.

Schwandt, T. A. (2001). *Dictionary of qualitative inquiry.* Thousand Oaks, CA: Sage Publications.

Senge, P. (1990). *The fifth discipline: The art and practice of the learning organization.* New York: Doubleday.

Sirotnik, K. A. (1998). What goes on in classrooms? Is this the way we want it? In L. E. Beyer & M. W. Apple (Eds.), *The curriculum: Problems, politics, and possibilities* (2nd Edition), pp. 58 – 76. Albany: State University of New York Press.

Smith, J. E. (1959). John Dewey: Philosopher of experience. In C. W. Hendel (Ed.), *John Dewey and the experimental spirit in philosophy. (Four lectures delivered at Yale University commemorating the 100th anniversary of the birth of John Dewey.)* New York: Liberal Arts Press.

Smith, T. V. & Grene, J. (Eds.). (1963). *Berkeley, Hume, and Kant.* Chicago: The University of Chicago Press.

Stacey, R. D. (1992). *Managing the unknowable: Strategic boundaries between order and chaos in organizations.* San Francisco: Jossey-Bass Publishers.

Starhawk. (1988). *Dreaming the dark.* Boston: Beacon Press.

Stewart, I. (1989). *Does God play dice?: The mathematics of chaos.* Cambridge, MA: Blackwell Press.

Toulmin, S. (1992). *Cosmopolis: The hidden agenda of modernity.* Chicago: The University of Chicago Press.

Toulmin, S. (1990). *Cosmopolis*. Chicago: The University of Chicago Press.

Varela, F. (1981). Describing the logic of the living: The adequacy and limitations of the idea of autopoiesis. In M. Zeleny, (Ed.), *Autopoiesis: A theory of the living organization*, pp. 36 –48. New York: Elsevier-North Holland.

Von Glasersfeld, E. (1995). *Radical constructivism: A way of knowing and learning*. Washington, DC: Falmer Press.

Waldrop, M. (1993). *Complexity: The emerging science at the edge of order and chaos*. New York: Simon & Schuster.

Walkerdine, V. (1988). *The mastery of reason: Cognitive development and the production of rationality*. New York: Routledge Press.

Warren, K. J. (1996). The power and promise of ecological feminism. In K. J. Warren (Ed.) . *Ecological feminist philosophies*. Bloomington, IN: Indiana University Press, pp. 19 –41.

Warren, K. J. (1997). Taking empirical data seriously: An ecofeminist philosophical perspective. In K. J. Warren (Ed.), *Ecofeminism: Women, culture, nature*. Bloomington, IN: Indiana University Press, pp. 3 – 20.

Weedon, C. (1997). *Feminist practice and poststructural theory (Second Edition)*. Cambridge, MA: Blackwell Publishers Inc.

Wheatley, M. J. (1994). *Leadership and the new science: Learning about organization from an orderly universe*. San Francisco: Berrett-Koehler Publishers, Inc.

Whitehead, A. N. (1925/1967). *Science and the Modern World, Lowell Lectures*, 1925. New York: The Free Press.

Whitehead, A. N. (1929/1957). *The aims of education*. New York: The Free Press.

Whitehead, A. N. (1929/1978). *Process and reality: An essay in cosmology*. New York: The Free Press.

Wittgenstein, L. (1953). *Philosophical investigations (PI)*. (trans. G. E. M. Anscombe). New York: MacMillan.

Wittgenstein, L. (1959). *The blue and brown books*. Oxford: Blackwell Press.

Wittgenstein, L. (1961). *Tractatus logico-philosophicus (TLP)* (trans. D. F. Pears & B. F. McGuinness). London: Routledge.

Wittgenstein, L. (1967). *Zettel* (*Z*), (trans. G. E. M. Anscombe). Oxford: Blackwell Press.

Wittgenstein, L. (1969). *On certainty* (*OC*), (trans. Denis Paul & G. E. M. Anscombe). Oxford: Blackwell Press.

Wittgenstein, L. (1978). *Remarks on the foundations of mathematics* (*RFM*), (trans. G. E. M. Anscombe). Oxford: Blackwell Press.

Wittgenstein, L. (1980). *Culture and value* (*CV*) (trans. Peter Winch). Oxford: Blackwell Press.

Wolf, F. A. (1987). The physics of dream consciousness: Is the lucid dream a parallel universe? *Second Lucid Dreaming Symposium Proceedings/Lucidity Letter* 6, No. 2.

Zohar, D. (1990). *The quantum self: Human nature and consciousness defined by the New Physics.* New York: Quill/William Morrow.

# 索 引 *

action 行动（行为）118

    suggestions for 对行动的建议 138

adaptation and cooperation 适应与合作　4

adaptive 适应性；见 complex adaptive system
复杂适应性系统

adaptive curriculum 适应性课程 164，175；

    economies 经济 154，156；

    language games 语言游戏 134；

    organizations 组织 78，153，195；

    schools 学校 78，143 - 144，146，153，

    157，175

adaptive learning 适应性学习 153

Alexander, T. M. 亚历山大 94，197

analytic/modern philosophy 分析的/现代哲
学；见 philosophy 哲学

Angyal, A. 翁焦尔 78，104，105，106，197

anomaly 异常地 167

anomy（defined）混乱（被定义的），152；

    of social systems，社会系统的混乱 152

Archimedian stance 客观观察者或阿基米德
立场 103

argument（logical form of）（逻辑形式的）
论证 181

Aristotle 亚里士多德 5；

    analytic tradition of 分析流派的 82；

    logic and reasoning 逻辑和推理 181，191；

    science 科学 41，52

*arte* 创造性 141

Arthur, W. Brian 布赖恩·阿瑟 154，155，
156，197

---

artificial intelligence 人工智能 97

aspect blind 片面观点 129，136－137

assessment（as fractal growth）评估（如同分

形增值）178

Astumiar, R. D. 阿斯图米尔 183，184，197

autonomy 自主性（自主）138，144，151，

（被定义的）152；

of autopietic systems 自创生系统的 121；

of language games 语言游戏的 134；

of social systems 社会系统的 152，192

autopoiesis 自创生 108；

of living systems 生物系统的144－145；

of social systems 社会系统的 144，192

autopoietic meanings 自创生意义 153；

reproductions 再生产 144

autopoietic system 自创生系统120－122；

as living systems 如同生物系统 145；

as nonliving systems 如同非生物系统

的 145


Benathy 巴纳锡 103，197

Bergson, Henri 亨利·伯格森 101，119，

120，197

Bertanlaffy, L. 贝塔郎非 101，102，

106，125

Bethanis 贝塔尼斯 154，155，197

Bohm, David 戴维·玻姆 139，197

Bohr, N. 玻尔 191

Boulding, K. 博尔丁 102，146，197

boundary of autopoietic systems 自创生系统

的边界 120－121，144－146，150－151；

of curriculum 课程的 165，168；

of language 语言的 128，132，134

brain research 脑研究 184

bridging metaphors 跨接隐喻；见 metaphor

隐喻

Briggs, J. P. 布里格斯 138，197

Brownian motion 布朗马达运动 185

Buddhist processes 禅定过程 186

Burke, T. 伯客 181，198

butterfly effect 蝴蝶效应 110；


Capra, F. 卡普拉 21，48，57，65，66，69，

106，107，121，148，149，188，198

catalyst（for change）催化剂（引起变化

的）140

catalytic loops（of feedback）催化环（反馈

性的）109

causality 因果关系 192

certainty 确定性 101

chance 机遇 97

change 变化（变革）6，54－55，77，78，

86，88－90，102，104，109，121；

dynamic 动态的　110，121；

experience or perception of 经验的或感

觉的 2，24，26－27，36，38，

95，136；

everything at once 全盘考虑 187；

fear of 对变化的畏惧 12；

mathematization of 数学化的 39，68；

of aspect 视角的 128，136－38，140，

143，154，157，190，193；

of seeing 观察的 6，128，136，140，193；

schooling 教育 14，18，173

chaos 混沌 164，179，182，184；见 chaos mathematics 混沌数学

chaos mathematics 混沌数学 100，116 – 118，190

chaos techniques 混沌技术 100

chaos theory 混沌原理 111 – 116

Chardin, Teilhard de 泰亚尔·沙尔丹 54，59，60，89，198

charter schools 特许公立学校 188

child-centered curriculum 儿童中心课程；见 curriculum 课程

classical science (compared with systems science) 传统科学（与系统科学相比较）104

classroom dynamics 课堂动态学 101；management 管理 155

classrooms on the borders 新思维课堂 176 – 179

clock as mechanistic system 时钟作为机械系统 147；

as tool of science 作为科学工具 99

closed systems 封闭系统 106，147，191

closed-system determinism 封闭系统决定论 99

closure (of autopoietic systems) 封闭性（自创生系统的）121

Cobb, J. B. 科布 85，198

Colilli, Paul 科利利 83，198

communication and meaning 交流和意义 141，149，152，172，174，195；

and language 和语言 148 – 150；

as coordinated behavior 作为行为协调 148，149；

in schools 在学校 143，190；

in the sciences 科学领域的 102；

in social systems 社会系统的 143，150 – 151，153，157；

non-verbal 非语言的 147 – 148；

of quanta 量子的 70；

process of 过程的 94

complex adaptive systems (CAS) 复杂适应性系统 2，6，71，97，100，101，106 – 109，118，121 – 124，134，156，164，179

complexity (of systems) 复杂性（系统的）109

complexity 复杂 164，194；

at the edge of chaos 混沌边缘 178

complexity sciences 复杂科学 99

consciousness (in social organizations) 意识（社会型组织的）151

consensual domain (of system complexity) 共识域（复杂系统）148

constructive (postmodernism) 建构（后现代主义）106

constructivist (mathematical) 建构主义者（数学的）98

content driven curriculum 由内容驱动的课程；见 curriculum 课程

context 上下文 98，124，138

control 控制 154；

in dynamical systems 在动态系统里 122；

structural plasticity 结构塑性

conversation（as awakening the dark）对话（作为唤醒黑暗）194

cooperation 合作 152

coordination（in social systems）协调（社会系统里）148

creative potential 创造潜能 185

creativity 创造性 97, 100, 101;

  as part of logic of systems 作为逻辑系统的一部分 108, 118, 138, 156, 182;

  as search for new meanings 作为寻找新的意义 191

Crosby, A. W. 克罗斯比 25, 38, 39, 198

Cummins, J. 康明斯 14, 15, 198

curriculum 课程 2 - 3, 12 - 15,（etymolgy of）（词源的）16, 40, 164, 172, 175, 183, 184, 188;

  emergent 涌现的 164, 171 - 172, 175;

  relational 关联的 164, 172, 174, 179;

  self-organizing 自组织 165 - 166

curriculum as currere 存在体验性课程 16, 172;

  as a learning organization 作为一个学习型组织 174 - 176, 195;

  as a Mandelbrot walk 如同曼德尔布罗特图集上的漫游 178;

  as a "thing" 作为"物" 164, 172 - 175, 190;

  as heart of schooling 作为教育的核心 6, 79, 164, 175, 186, 188, 190, 195;

  as planned activities 作为有计划的活动 172;

  as process 作为过程性的 165 - 174;

curriculum child centered 以儿童为的中心课程 175;

  content driven 由内容驱动 175;

  grab bag approach to 打包式的 189;

  hidden 隐藏的 172;

  indeterminacy of 不确定性的 167;

  language games of 语言游戏的 157, 164 - 172;

  planned 计划的 172;

  postmodern 后现代 4, 60, 71, 164, 166, 171

curriculum（politics of）课程（政治的）17 - 18, 37 - 38, 183

curriculum and logic of domination 课程和控制逻辑 47

curriculum and postmodern logics 课程和后现代逻辑 79, 94, 158, 164, 165

curriculum dynamics 课程动态性 52, 86, 164 - 165, 173, 179;

  hierarchy 等级 23, 37, 43, 47, 71, 175;

  matrix 模体 165 - 173, 175, 176, 179;

  metaphors 隐喻 13 - 16, 166 - 173, 175;

curriculum methods textbook 课程教材教法课本 189

curriculum recursive 课程的递归 179

curriculum relation with child and society 课程与儿童和社会的关系 175

curriculum repetition vs recursion 重复性课程

与递归性课程 168

curriculum rhythms (romance, precision, generalization, see Whitehead) 课程韵律 (浪漫、精确和综合运用，见怀特海) 173

curriculum self-organizing 自组织的课程 175

curriculum Spierpinsky triangle 三角形式的课程 170

curriculum spiral 螺旋式课程 56, 169 – 170

curriculum standards driven 17, 183 由标准驱动的课程；standards 又见标准

curriculum studies (field delineated) 课程研究 (描述的领域) 188;

    future of 未来的 188 – 190;

    visions 愿景 4 – 5, 11 – 14, 31


dance of chaos 混沌之舞 178;

    of classrooms 课堂的 179;

    of quanta 量子的 70

dance metaphor (see metaphor - dance) 舞蹈之隐喻 (见隐喻—舞蹈)

Darwin, Charles 达尔文 52, 53, 54, 55, 56, 57, 58, 59, 85, 89, 90, 101, 121

Darwinian evolution (see Darwin) 达尔文进化论 (见 达尔文)

Davies, P. 戴维斯 63, 198

decision-making component of recursive process 解决问题的递归式过程的组成部分 169;

    out of hands of curricularists 不是课程理论家所掌控的 189

deconstructive (postmodernism) 解构的 (后现代主义) 106

Dell, P. F. 德尔 121, 122, 198

DeVries, R. 德弗里斯 152, 198

Dewey (inquiry process) 杜威 (探究过程) 173

Dewey, J. 杜威 xiii, xiv, xv, 2 – 5, 52, 78, 80, 88 – 92, 94, 101, 119, 121, 173, 181, 198

Dewey's logic 杜威的逻辑 181

dimensionality 维度 178, 190

dissipative structure 耗散结构 107

Doll, William (curriculum matrix) 威廉·多尔 (课程模体) 165, 166 – 173, 198

Doll, William 威廉·多尔 2, 4, 6, 165, 166, 168, 171 – 173

domination of traditional science (over social sciences) 传统科学凌驾 (社会科学之上) 191

dualism 二元论 138

dynamic change 动态变化 121

dynamic (postmodern science) 动态学 (后现代科学) 100

dynamic exchange 动态交换 124

dynamical systems 动态的系统 108

dynamics (of social organizations) 动态性 (社会组织的) 144

economy (as complex adaptive system) 经济 (作为复杂性系统) 156

edge of chaos 混沌边缘 156

Einstein, Albert 爱因斯坦·阿尔伯特 53；theory of relativity 相对论 60－66, 70, 88, 100, 198

Ekeland, I. 埃克兰 111, 198

Elkind, D. 埃尔金德 21, 22, 198

emergence（theory of）涌现（理论）109

emergent pattern 涌现的模式 171

emotions（and bridging metaphors）情感（和跨接隐喻）155

emptiness（engaged）虚空（参与的）187

energy 能量 64－67, 69, 71, 109, 110, 122, 147, 183, 195

entropy 熵 109, 147

Epstein, M. 爱泼斯坦 185, 186, 187, 198

equity（as empty spaces）平等（如同白空间）186

*Erwartungshorizonten* 期望起点 100

ethics 道德规范 129

Evans, M. D. 埃文斯 87, 198

existentialism（in relation to postmodernism）存在主义（相对于后现代主义）106

existentialists 存在主义者 130

experience（theory of）经验（理论）181

family resemblances（in Wittgenstein）家族相似性（维特根斯坦）132

far-from-equilibrium 远离平衡状态 108

feedback 反馈 104, 109, 110, 119, 122, 147, 155, 185

feelings（and bridging metaphors）感觉（和跨接隐喻）155

Fesmire, S. A. 费斯米尔 91, 92, 198

Fleener, M. J. 弗利纳 xi-xiv, 20, 152, 193, 199

Fleischaker, G. 弗雷施克尔 120, 199

Fletcher, S. 弗莱彻 37, 38, 48, 123, 199

form of life 生活形式（方式）129, 135, 143, 163, 183

formal logic 形式逻辑 99

Foucault, M. 福柯 24, 199

foundations of mathematics 数学基础 98

fractal dimension 分形维度 171

fractal geometry 分形几何 190

fractals 分形 175

fragmentation 碎片（零碎）124；of science 科学的 101

Fraser, J. T. 弗雷泽 39, 40, 199

Frege's logic 弗雷格的逻辑 97, 125

Freire, P. 弗雷尔 15, 199

Fritzsch, H. 弗里奇 61, 199

Fullan 富兰 157, 199

fuzzy logic 模糊逻辑 97

Galileo's hypothesis 伽利略假设 128

General Systems Theory（GST）普通系统原理 101－104

generative discourse 生成型话语域 163

generative learning 生成型学习 153

generative metaphors 生成隐喻 155；for seeing as 看成 183, 185；

of learning organizational dynamics 学习型组织的动态学 156；

of postmodern logics 后现代逻辑的 157；见 metaphor 隐喻

genetic disposition (vs. creative action) 遗传因素（相对于创造性活动）101

Genova, J. 杰诺瓦 128 - 131, 136 - 137, 140, 142, 199

geometric perspective 几何角度 127

geometry of relationship 关联几何 115 - 116；见 chaos theory 混沌理论

Gerard (see also General Systems Theory) 杰纳德 102（见 普通系统论）

Gestalt psychology 完形心理学 107

gesture (as nonlinguistic communication) 手势（作为非语言交流）149

Glasersfeld von, E. 冯·格拉塞斯费 28, 202

Gleick, James 詹姆斯·葛雷克 116 - 118, 199

Gödel 哥德尔 98

Gragg, A. 格拉格 85 - 86, 199

Grand Narrative 宏大叙述 48, 87, 101, 122, 124, 140, 194

Gribbon, J. 格里本 61, 199

Griffin, S. 格里芬 41, 46, 199

growth 生长 78, 82, 90, 92 - 93, 121, 152, 168, 170, 178, 179, 182；

in science 科学上 22, 83；

mechanistic perspective of 机械论观点 57；又见 metaphor 隐喻

growth metaphor 生长隐喻 14 - 15, 80

habits and innovation 习惯和创新 89, 91；

and culture 和文化 129；

changed by changing language games 通过改变语言游戏而产生变化 131

Hagberg, G. L. 哈格贝里 131 - 132, 140, 199

Harding, S. 哈丁 41, 44, 199

Hargreaves, A. 哈格里夫斯 22, 47, 157, 199

heart 心灵（核心）173, 175, 190；

endlessly recreating 永无止境地再造 195

Hegal 黑格尔 24, 28, 30 - 31, 131

Heisenberg measurement 海森堡测量 191；

quantum debates 量子辩论 53；

Uncertainty Principle 不确定性原理 66 - 67

Henon (chaos computer modeling) 埃农的计算机模拟混沌 112

heterogeneity 异质性 49, 124

heteronomy (defined) 他治（被定义的）146；

of social systems 社会系统的 152

hidden curriculum 隐性课程 172；

in language 语言的 155, 192；

order 次序 xi, xiv, 42, 112, 115, 118, 122, 128, 139, 182；

forces 力 56, 11；

truth 真理 42, 88, 100, 123, 129, 136

hierarchies in Flatland 《平地》的等级阶层 176；

of curriculum 课程的 176；

of types of system dynamics 系统动态性的分类 146

Holder, J. J. 霍尔德 91, 199

holism 整体论 138;

　　as theory of meaning 作为意义的理论 130;

　　of systems thinking 系统思维 106 – 107

hologram（described）全息（描述的）137 – 138; 见 metaphor - hologram 隐喻—全息图

holographic perspective（of postmodern logics）全息的观点（后现代逻辑）190

Husserl, E. 胡塞尔 40 – 42, 199

Idealists 理想主义者 28 – 31, 81, 130

identity maintained through change 通过变化系统的认证保留 144;

　　of social systems 社会系统的 152

implicate order 隐缠序 139

increasing returns（as positive feedback）收益增长（作为正反馈）155

indeterminacy 不确定性 100, 124

infinity fractals as ways of seeing 用无穷分形作为观察的方式 118

information technology markets 信息技术市场 154

inquiry as statement of value 探究作为价值的陈述 191;

　　process of 过程 181

intelligence 智力 101, 118

　　defining and measuring 定义和评估 191;

　　fractal dimension of 分形维度 178;

　　interactions of quanta 量子的互动 107;

interconnectedness 内在联系 172;

from systems perspective 从系统观出发 195;

　　of postmodern logics 后现代逻辑的 158;

　　of social systems 社会系统的 193

interdependence 相互依赖 99;

　　from systems perspective 从系统观出发 105

international curriculum comparisons 国际间的课程比较 188

International Society for the Systems Sciences（ISSS）国际系统科学学会（ISSS）102

intuition 直觉 101

intuitionist（mathematical）直觉主义者（数学的）98

irreversibility 不可逆 109 – 110

Johnson, M. 约翰逊 13, 200

Julia rabbit 朱利娅兔子 167

Julia sets 朱利娅图集 178

Keplar's laws of motion 开普勒运动定律 111

Kliebard 克立巴德 14, 15, 199, 200; 见 metaphor 隐喻

Kline, M. 克兰 25, 30, 200

Knappman, E. W. 克纳普曼 58, 200

knowledge 知识 15, 22 – 23, 28 – 30, 36, 63, 80, 89, 101, 103, 154, 181, 191;

　　a priori 先验 29 – 33; 见 Kant 康德;

　　Cartesian 笛卡尔 21, 24, 26, 108 – 109;

　　certain 确定 21, 23, 81, 118;

discipline/content 学科/内容 37，56，116；

process 过程 89；

scientific科学的 27，43，45，51 – 52；82；

Kaufmann，W. 考夫曼 199

Kofman，F. 科夫曼 153，200

Kuhn，T. S. 库恩 52，136，200

Lakoff，G. 莱考夫 13，200

language（role of in social systems）语言（在社会系统的角色）154

language as communication about communication 语言作为交流的交流 149；

in development of social organizations 在社会组织的发展过程中 150；

of postmodern logics 后现代逻辑的 158

language games 语言游戏 129，132 – 135，140，183

language games approach 语言游戏方式 129，183

language games as actions 以语言游戏为行动 133；

in social systems 社会系统里 152；

of curriculum 课程的 172；

of schooling 学校教育的 154，157，164，179，188；

to change understandings 产生不同的理解 182

language games of a culture 一种文化的语言游戏 135

language Wittgenstein 维根斯坦语言游戏 128

lasers 激光器 137

Lathem，E. C. 89，200

Latour，B. 48，123，200

Law of contradiction 矛盾律 99

law of diminishing returns 收益递减律 156

law of increasing returns 收益递增律 156

law of the excluded middle 排中律 98 – 99

leadership 领导地位 154，156

learned communication（in social systems）交流学习（社会系统）148

learning as emergent pattern 涌现性学习 179；

role of practice in 实践的角色 170；

role of repetition in 重复的角色 170

learning capabilities（of social organizations）学习能力（社会组织的）146

learning organization 学习型组织 143 173，174，195

levels of organization（within CAS）组织的层次（复杂适应性系统里）107

Levins，R. 莱文斯 54，73，200

Lewontin，R. 列万廷 54，73，200

linguistic domain（of system complexity）语言域（系统的复杂性）148

linguistic turn 语言转向 130

living systems 生物系统 108，118 – 123；

as CAS 作为复杂适应性系统 100；

defining characteristics 定义性特征 144；

from systems perspective 从系统观出发 101

Loder，J. E. 洛德 99，200

logic 逻辑 99；

　　defined by Wittgenstein 由维根斯坦定义 129；

　　of modernism 现代主义的 103；of systems 系统的 103；

　　traditional perspectives of 传统观的 181

logic of domination 控制逻辑 164，174，185，188，194

logic of inquiry 探究逻辑 193

logic of meaning 意义逻辑 129，130 - 131，134，174

logic of process 过程逻辑 174

logic of relationship 关联逻辑 36，53，57，60，71，77 - 96，105，124，137 - 8，145，150 - 1，156，164，188

logic of systems 系统逻辑 3 - 6，45，57，60，72，78，104 - 106，122，137，174

logical form (revealed through use) 逻辑形式（通过应用而揭示）144

logical reasoning 逻辑推理 181

logics of postmodernism 后现代主义逻辑 164，175，183，194

Lorenz butterfly 洛伦茨蝴蝶；

　　见 butterfly effect 蝴蝶效应 115

Lorenz, Edward 洛伦茨·爱德华 108，110 - 112，115

Lucas, G. R. 卢卡斯 26，84，86，200

Luhmann 卢曼 149 - 152，200

management 管理 154

Mandelbrot bulb 曼德尔布罗特球状物 167

Mandelbrot set 曼德尔布罗特集 101，166 - 168，175 - 179，180

Mandelbrot, B. 曼德尔布罗特 115 - 117

Marshall, J. D. 马歇尔 17，200

mathematics 数学 97，190；

　　as a language game 作为一种语言游戏 133，134；

　　hegemony of 霸权 193

matter 物质 122

Maturana 马图拉纳 106，118 - 122，144 - 146，148 - 150，152，200，201

Maxwell 马克斯威尔 100；

　　equations 等式 65；

　　field theory 场论 65；

　　speed of light 光速 73

McKeon, R. 麦基翁 181，200

Mead, George Herbert 米德·乔治·赫伯特 13，52，148，159，201

Mead, Margaret 玛格丽特·米德 192

meaning 意义 138，145，156；

　　as constitutive of social systems 作为社会系统的构成成分 153；

　　in language games 语言游戏里 132；

　　in social systems 社会系统里 143；

　　through action 通过行动 135；

　　Wittgenstein 维根斯坦 128，131

meaning dynamics (of schools) 意义的动态性（学校的）154

meaning of science 科学的意义 99

meaning relationships (in social organizations) 意义关系（社会组织里）151

meaning structures 意义结构 99

meaning system 意义系统 179

meaning-making (in language games) 赋予意义（语言游戏里）131

meanings of (postmodern science) 意义（后现代科学）100

measurement 测量 178；

    as a process 作为过程 187；

    as linear 线形的 178；

    as relationship 作为关系 178；

    limiting 限制 191；

    postmodern tools for 后现代工具 191

measuring "things" 测量 "物" 191

mechanical systems 机械系统 147

mechanistic determinism 机械决定论 118；

    perspective of social systems 社会系统观 146

Merchant, C. 麦钱特 46, 48, 201

metaphor 隐喻 1, 6, 13, 24, 36, 53, 54, 158, 163, 171, 174, 175

metaphor bridging 跨接隐喻 155

metaphor for changing ideas 变革的隐喻 15

metaphor for curriculum 课程隐喻 174

metaphor of *Flatland*《平地》的隐喻 177

metaphor, generative 隐喻，生成 155 – 157

metaphor, power of 隐喻，力量的 164

metaphor, related to tools 隐喻，与工具有关 193

metaphor, root 隐喻，根本 154 – 156

metaphor, types of 隐喻，分类；

    见 Kleibard；growth 生长 14, 80；

journey 旅程 14；

production 产品 14, 48, 80

metaphors (banking-see also Freire) 隐喻；见 弗莱尔的储蓄隐喻 15；

    lockwork universe 钟表宇宙 21, 43, 52, 98 – 100, 118, 155；

    crossing over 跨越 193, 195；

    dance 舞蹈 xii, 78, 89, 148, 173, 178, 194；

    dreaming the dark 梦想黑暗 194；

    factory model of schools 把学校作为加工厂 15 – 16, 77, 184；

    fly-bottle 困境 190 – 191；

    going down under 接受挑战 182, 194；

    hologram 全息 137 – 139, 158, 183, 190；

    letting go 放弃 185, 185 – 187；

Mandelbrot set 曼德尔布罗特集 166, 177；

molecule motor 分子马达 184；

    quantum ratcheting 量子荆轮 184；

    secret in the middle 中心秘密 89, 138；

    tightrope walker 走钢丝绳的人 182 – 183, 195

metaphors of modernism 现代主义的隐喻 13, 88, 102, 166

metaphors of postmodern 后现代主义的隐喻 52, 60, 71, 100 – 102, 164, 179

metaphors of postmodern science 后现代科学的隐喻 100, 123

method of systems 系统方法 103

Miller 米勒 102

mind 思维 101

Mingers 明格斯 119, 146, 150

Monk 僧侣 129, 133, 201

moral dilemma 道义/原则上的尴尬处境 179;
of seeing as 看成的

Morris, C. W. 莫里斯 52, 201

motion, 运动（变化）; as a system 作为一个系统 113;
laws of 定律 111

multivalued logic 多值逻辑 98

mysticism 神秘主义 100

negative feedback to regulate systems 调整系统的负反馈 147;
to the economy 经济的 155

negative spaces 反空间 186

Neihardt, W. J. 奈哈特 99, 200

neo-Marxist thought 新马克思理念（in relation to postmodernism）（与后现代主义有关的）106

networks（of empty spaces）网络（白空间的）186

New Science 新科学 41, 71, 78, 102, 106 – 122, 124, 155

Newton, Sir Isaac 牛顿 19 – 21, 25 – 27, 29 – 30, 40 – 41, 52, 54, 56 – 57, 60 – 65, 70 – 71, 84 – 86, 98, 100 – 101, 105, 109, 111 – 113, 123 – 124

Newtonian mechanics 牛顿机械论 111; physics 物理 101

Nietzsche, F. 尼采 140, 182, 187, 201

noise（as anomolies）噪音（反常的）185;

in systems 系统里 117

nonequilibrium physics 非平衡物理 108

nonlinearity 非线性 110

nonverbal communications 非语言交流 149

open dynamics 开放性动态性 151

open system 开放系统 106 – 107, 110, 115, 119, 121, 147, 150 – 151

openness 开放性 100, 131, 135 – 136, 182

order hidden 隐藏序 112;
见 chaos 混沌

organicism of systems thinking 系统思维的有机观 106

organismic biology 有机生物 102, 107

organization 组织 144;

of living systems 生物系统 119, 120

organizational dynamics 组织动态性 105

organizational structure 组织结构 105

organizational viability 组织的生存力 154

paradigm shift 范式转化 154

paradigms of argumentation 辩论的范式 98

paradox Barber of Seville Seville 的理发师的悖论 98

paradoxes 悖论 98, 127

paradoxes of quantum physics 量子物理的悖论 107

patterns in living systems 生物系统里德模式 119;

of organization 组织的 120;

as autopoiesis 创生的 120 – 121

patterns of curriculum 课程模式 172

patterns of relationship 关系模式 105

Peat, F. D. 皮特 70, 138 – 139

Penfield, W. 彭菲尔德 138, 201

Perlas, N. 佩尔拉什 56, 201

perturbation 干扰（震荡）109, 121, 165

phase-space 相位空间 111 – 115

philosophical technique of language games 语言游戏的哲学技巧, 131 – 132；见 language games 语言游戏

philosophy of GST 关于普通系统理论的哲学 102 – 103, 106 – 108

philosophy of modernism 现代主义的哲学 5, 20, 23, 24, 26, 27, 29, 31, 81, 98

philosophy 哲学 xi, 2, 4, 13, 20, 25, 40, 41, 48, 49, 80, 81, 193

philosophy of Whitehead (process) 怀特海德的（过程）哲学 xiii, 2, 3, 78, 80, 81, 83 – 88, 91, 93, 94, 99, 127 – 131, 133, 134, 140

philosophy-relationship with science 与科学的哲学关系 52 – 54, 83

Piaget (autonomy) 皮亚杰（自主性）152, 201

Pinar, W. F. 派纳 17, 201

Poincare's mathematical techniques 彭加勒的数学方法 111 – 113, 115

Posner, G. F. 波斯纳 16, 201

possible worlds during recursion 回归过程的可能世界 169

postive feedback 正反馈 155

Postman, N. 波斯特门 24, 201

postmodern 后现代 182；

approaches to meaning 通往意义的途径 140；

curriculum 课程 171；

logics 逻辑 174, 182, 188, 191；

science 科学 100；

thought 思维 101

postmodern science as relational 后现代科学的关联性 100

power relations 关联的力量 152

predictability 可预测性 100, 192

presentational act (language games as) 作为显现的行为的（语言游戏）135

Prigogine 普里高津 106, 108, 119, 201

problems 问题 137；

as barriers to creativity 作为创造力的绊脚石（障碍）157；

as communicative obstacles 作为交流的绊脚石（障碍）157

problem-solving creative 解决问题的创造性 152

process 过程 124；

explored from systems perspective 从系统观出发的研究调查 101；

metaphors 隐喻 102；见 metaphor 隐喻

production capabilities of systems 系统的生产能力 144

production of autopoietic systems 自创生系统的产品 121

purpose 目的 138；

according to Wittgenstein 根据维根斯坦 128

puzzles 拼图 127；

　of language games 语言游戏的；见 Wittgenstein 维根斯坦 137

quanta 量子 65 - 67, 69 - 70, 107, 138, 165

quantum physics 量子物理 107, 155, 164, 183 - 185, 187

quantum schools 量子学校 183 - 185

Quine, W. W. O. 奎因 44 - 45, 201

Rappoport 拉波波尔 102；

　见 General Systems Theory　见 普通系统论原理

reasoning analogical 类比思维 177

Rech, A. J. 雷希 26, 202

reciprocal interaction 相互交流 152

recursion 回归性 168 - 169

recursive curriculum 回归性课程 168 - 171

relational curriculum 关联性课程 172

relational logic 关联逻辑 151

relationship among space and time 时空关系 36, 38 - 39, 41, 61, 64；

　between energy and matter 物质和能量之间 64 - 66；

　between philosophy and science 哲学和科学之间 52；

　causal 因果关系 39, 42；

　flow of 流动的 92；

　geometry of 几何的 115 - 118；

holistic 整体的 79 - 81；

holographic 全息 139 - 140；

mathematical 数学的 41 - 43, 45, 68, 111, 128, 134；

of domination 控制的 45 - 47；

process 过程的 and 67, 81 - 88；见 logic of relationship 关联逻辑

relationship from systems perspective 从系统观出发的关联 62, 66 - 67, 69 - 71, 78, 95, 101 - 105, 108, 120, 146, 165

Rennie, J. 伦尼 51, 108, 201

reorganization of systems 系统的重新组织 109

repitition (vs. recursion) 重复（相对于回归性的）168

rich curriculum 丰富的课程 166 - 167；见 Doll's curriculum matrix　多尔的课程模体

Rifkin, J. 里夫金 56, 202

Ring, K. 林 138, 202

roles in classrooms 课堂里的角色 179

roles in schools (principal, teachers, administrators) 学校里扮演的角色（校长，老师，行政管理者）174

Romantics 浪漫 130

root metaphors 根本隐喻 154 - 156；见 metaphor 隐喻

root metaphors of mechanism and control 机械主义和控制论的根本隐喻 155；见 metaphor 隐喻

Rorty, Richard 理查德·罗蒂 131, 137, 201

Russell' paradox 罗素悖论 97

Russell, Bertrand 伯特兰·罗素 31, 97 - 98, 131

sacred lives 神圣的生命 194；

truths 真理（真相）65，90，191，194

Santa Fe Institute 圣达菲研究所 154，193

schooling holographic image of 教育的全息图 164；见 metaphor 隐喻；

interconnectedness of problems 问题间的内在联系 186；

language games of 语言游戏 188；

letting go 放弃 186

schooling driven by：meaning 由意义驱动的教育 183；

relationship 关系 183

schools as heart of society 学校作为社会的核心 190；

as learning organizations 作为学习型组织 153－158，164，183，195；

as social systems 作为社会系统 150，174；

traditional hierarchies 传统等级制 175

Schubert，W. H. 舒伯特 17，202

Schwandt，T. A. 施万特 48，49，202

scientific method（as model of inquiry）科学方法（探究模式）193

scientific reasoning 科学推理 98，181

scientific revolutions 科学革命 192

scientism 科学至上主义 100

seeing 看 127，134；

as a way of life 作为一种生活方式；见 Weltbild 世界图景 130－131，136，140；

as a change of aspect 作为视角转化 136－139，183，185，190；

way of seeing 观察方式 127－130，135－136，140－141，187，193－195；又见 aspect blind 片面性

seeing as（defined）看（被定义的），135 135－139，183，185，190；

vs. seeing as 相对于看成 135；见 holographic metaphor 全息隐喻

seeing with"soft eyes"用"柔和的眼光"看 187；见 Wittgenstein 维根斯坦 130

self-generation 自我产生 144；

as part of logic of systems 系统哲学的一部分 108；

of autopoietic systems 创生系统 121

self-maintaining language games 关于自我保存的语言游戏 134

self-organization as dissipative structure 自我组织作为耗散结构 107

self-organizing curriculum 自组织课程 175

self-perpetuation of autopoietic systems 自创生系统的自存性 121

self-producing language games 自产生的语言游戏 134

self-regulating systems 自我调节系统 147

self-regulation（of systems）自我调节（系统的）151

self-similarity across scales 跨尺度的自相似性 117，171，178

self-sufficiency of language games 语言游戏的自我满足性 132

self-sustaining language games 语言游戏的自生性 134

Senge，森格 P. 153，174，202

sensitivity to initial conditions 对初始条件的
　　敏感性 110 – 111，192

shared meanings 分享的意义 152

Sierpinskytriange as metaphor for recursive
　　curriculum 谢尔宾斯基三角形作为回归课
　　程的隐喻 170；

　　　as metaphor for relations 作为关联的隐
　　　喻 172

Sirotnik，K. A. 西罗特力克 16，202

Smale 113 斯梅尔

　　见 phase space 相空间

Smith，·T. V. 斯密斯 29，33，202

social organizations 社会组织 141，144

social relations through communications 交流
　　中的社会关系 172

social structures as meaning systems 社会组织
　　结构作为意义系统 150

social systems 社会系统 144 – 153；

　　　as CAS 100 作为复杂适应性系统；

　　　as learning organizations 作为学习型组
　　　织 153 – 154；

　　　as living systems 作为生物系统 123，
　　　144 – 146，151；

　　　as meaning systems 作为意义系统
　　　145，153；

　　　as medium for autopoietic systems 作为
　　　自创生系统的媒体 145

Society for Chaos Theory in Psychology and the
　　Life Sciences 心理和生命科学的混沌科学
　　社会组织 193

socioautonomy 社会自主性 151 – 152

spirituality 精神上的 99，100

stable（systems）稳定的（系统）112

Stacey，Ralph 154，156，202

standards 标准 155，179，183

Starhawk 斯塔豪克 194，195

Stengers，I. 斯滕格司 109，202

strange attractors 奇异吸因子 112 – 113，184

structural coupling in social systems 社会系统
　　的结构结合 148，150；

　　　of autopoietic systems 自创生系统的 121；

　　　of systems 系统的 147

　　　structural plasticity of autopoietic systems
　　　自创生系统的结构塑性 121

subjectivity 主观性 124

synergy 协同 145，194

syntax 句法 181

system - autopoietic 系统—自创生 144 – 146；

　　　belief 信念 47；

　　　closed 封闭的 191；

　　　communication 交流 174；

　　　economic 经济的 55，

　　　education 教育 17，77；

　　　organic 有机的 145 – 146，168；

　　　political 政治的 48，55；

　　　production 产品 16

system relationship 系统关系 98，108；as part of
　　logic of systems 作为系统逻辑的部分 108

systems 系统；

　　　见 complex adaptive systems 复杂适应性系
　　　统；

living systems 生物系统；

logic of systems 系统逻辑；

    social systems 社会系统

systems logic 系统逻辑 105

    见 logic of systems 系统逻辑

systems philosophy 系统哲学 103

systems theory 系统原理 100，103

    mechanistic perspective of 机械观 119

systems thinking 系统思维 100


*techne* 技艺 141

technical control 技术控制 155

technology and science 科技与科学 99

teleology (of Darwin) 达尔文的目的论 101

testing 考试 179，183，188

thermodynamics 热力动力学 106，108

thinking (Wittgenstein) 思想（维根斯坦）130

three body problem (Newton) 三体问题（牛顿）111

time (as a language game) 时间（作为语言游戏）133

time-on-task 定时工作量 155

tools for changing how we see as 变革我们观察方式的工具 193；

    of postmodern science 后现代科学 123；

    of science 科学的 99，129

Toulmin, S. 图尔明 12，23，202

transcendence 超越 100

transformation 变革 19，31，59，138，165

transformative process 变革过程 108

transformative theory of meaning 意义的变革理论 130

transforming language games 变革语言游戏 134

transforming public education (through language games) 变革公共教育（通过语言游戏）137

truth 真理 98；

    as a language game 作为语言游戏 133


understanding though language games 通过语言游戏而理解 131

universal truth (rejected by postmodernism) 宇宙真理（被后现代主义所抛弃的）124

unpredictability (of systems) 不可预测性（系统的）112

unwrapping process (during recursion) 展开过程（回归过程中的）169


values 价值 138，189

Varela, F. J. 106，120 – 121，146，148 – 149，200，202

vision 182 愿景

    见 seeing 看；seeing as 看成

vitalism 活力论 119

vouchers 优惠券 188


Waldrop, M. 沃尔德罗普 154 – 155，202

Walkerdine, V. 沃克丁 47，202

Warren, K. 沃伦 45，95，202

way of life 生活方式 130 – 131，136，140

见 *Weltbild* 世界图景

Weedon, Chris 威登·克里斯 49, 124, 202

*Weltanschuung* 135 – 136

*Weltbild* 世界图景 130, 135 – 136, 141, 143, 157

Wheatley, Margaret 玛格利特·惠特利 109, 138, 202

Whitehead 2, 5, 12, 25, 31, 42, 52, 78, 80, 83 – 89, 91, 93 – 94, 96, 98, 203; rhythm of education 教育韵律 173; 见 process 过程

Wittgenstein 6, 11, 78, 98, 127 – 136, 138 –

140, 142 – 144, 152, 154, 163, 173, 181 – 182, 199, 201, 203;
method of inquiry 探究方法 128;
on logic 逻辑上 181;
picture theory 图像理论 135

Wolf, F. A. 沃尔夫 138, 203

York, James 约克·詹姆斯 111

Zeno's paradoxes 季诺的悖论 114

Zohar, D. 祖海尔 65, 67, 69, 138, 203

# 译后记

　　《课程动态学：再造心灵》是北卡罗来纳州立大学教育学院院长杰恩·弗利纳教授关于后现代课程理论的第一本专著。她希望这本书有助于我们从现代理性的静态课程观走向后现代的灵性的动态课程观。在这本书里，弗利纳教授倡导转换视角——从整体的、相互联系的、动态变化的、充满意义的视角来理解课程，看待学校教育，看待生活。她的课程观洋溢着激情，充满着创造的活力和乐观主义的精神。正如威廉·多尔教授所描述的：一颗充满生机的跳动的心就是弗利纳教授课程观的根本隐喻。

　　作为弗利纳教授的学生，回想起跟她学习的日子，我不仅有幸当面聆听她的教诲，而且直接参与到她的课程观理论与实践的活动中，受益匪浅。跟她在一起，总是让人觉得思维置身于一种新奇、兴奋、探究之中。她让我看到了自己从来没有注意到的事，开始思考从来没有考虑过的问题，并学会从多种角度思考。在弗利纳教授的混沌理论课上，我们认识了微小变化引起巨大变化的洛伦茨"蝴蝶效应"，既变化多端却又有规律可循的"奇异吸因子"，以及普里高津的耗散结构理论；系统的不可预测和不可逆性。我们一起由简单数学出发探讨混沌现象，从复数方程 $Z_{n+1} = Z_n^2 + C$ 到分形几何经典曼德尔布罗特集的生成。当沿着曼德尔布罗特集的边缘，看到奇妙的局部与整体的自相似结构，与此同时，图形的关联性、复杂性和突现性也精彩地呈现出来时，每个学生都感到思维的清新与跳跃。

跳出固定的思维模式，转化视角深深扎根于弗利纳教授课堂的方方面面。对她课堂印象最深的就是，她的课堂是我们大家的群言堂，充满了动态性、关联性、可能性。学生与老师各抒己见，没有权威，没有最终答案，只有越来越多和越来越令人深思的问题以及解决问题的可能渠道，从中我们感受到了思维的拓展和发现的兴奋。在她与多尔教授在路易斯安那州立大学教育学院课程系共同讲授的后现代课程理论课上，常可以听到"奇谈怪论"，感受发现的欣喜。课堂虽然没有教学大纲，没有教案，但教授们却给我们创造了一个让我们可以不断地做出选择、获取经验的课堂环境。而与校外教授们和学术界的联系、交流更为课堂注入了新的活力。客座教授或已经毕业的研究生常来到我们的课堂与我们一道探讨交流课程领域的经验和问题。不仅如此，学生们还被鼓励参加世界各地的各种研讨会。教育学院还特别为研究生们举办一年一度的课程研讨会，让同学们有机会表达自己的想法，并与课程领域的知名教授讨论交流。正是课堂内外多层次的参与与对话，让我们的视野不断开阔、丰富。

不仅仅在课堂上，在与弗利纳教授相处的点点滴滴里，作为她的学生我处处都可以感受到她的课程理念里的热情与关爱。记得刚到路易斯安那州立大学的第一学期，因为远离家人，我一时难以融入新的环境。弗利纳教授就邀请我与她一起去新奥尔良观看忏悔星期二（Mardi Gras）游行庆祝活动，庆祝活动给我印象最深的是观众参与的激情。观众或随着彩车上的音乐翩翩起舞，或哄抢从彩车上抛出的礼物，或加入到游行队伍中施展自己的表演才华。置身于这样的环境，即使我这个初来乍到的异乡客也深深地被那种参与的激情所感染，情不自禁地与他们一起载歌载舞。在美国求学的日子里，每当我感到失落和困惑，我就情不自禁地想起那个情景：踊跃参与，保持激情，乐观向上——这不仅仅是课程观，更是对生活的态度。

弗利纳教授的关联、系统、意义课程观，帮助我寻求到对课程、对生活新的理解和认识。越过眼前的障碍，从更高一级的联系中来对待问题；关注过程，在探讨追求的过程中提高自己；包容事物的不确定性，寻找联系性、意义性。她的课程观给我一种迎接挑战的动力和视野，使我敢于超越自己，不断发展自己。回想几年来求学于弗利纳教授，我从一个只有中学数学教学实际经验的老师，成长为理论知识不断得到丰富的研究者。不仅如此，我对生活的态度、我的思维方式和精神世界也在潜移默化地发生着变化——一种让我欣喜的变化。

能够有机会把我尊敬的导师的《课程动态学》一书翻译成中文，并介绍给中国的课程领域及其教育领域的同行们是我莫大的荣幸。同时，本书的翻译也为我提供了与后现代课程理论多种渠道的交流的机会。通过仔细研读本书原著，通过与作者的直接交流，通过拜读其他后现代课程理论著作，以及直接参与到弗利纳教授课程的理论课的讨论与实践中，我对后现代课程理论的理解得以不断加深。

我要感谢我的导师弗利纳教授和杭州师范大学张华教授给我翻译这本书的机会。在翻译本书的过程中，也承蒙弗利纳教授和张华教授的指导。对此，我深表感谢。本书由吕联芳和邵华共同翻译完成。导言以及第一部分的一至三章由邵华翻译，英文版序、第二部分、第三部分的四至九章由吕联芳翻译，最后，全书译文初稿由吕联芳通阅修改并统审定稿。

感谢邵华为本书翻译所作的努力以及与我的通力合作。我还想特别感谢余洁在解读本书、斟字酌句以及最后修改期间为我提供的帮助和宝贵意见。同时，对王红宇、沈闻一以及郭红民在翻译过程中给予的帮助深表谢意。最后，我也要感谢我的家人在翻译过程中给予的帮助。

由于本书涉及广泛的学术领域，从哲学到历史、从数学教育到复杂性科学，译者学识有限，虽有导师指点，译文中疏漏谬误在所难免，在此译者热忱邀请广大读者就其存在的问题交流对话，以期改进和提高。

吕联芳

于美国阿肯色州大学小石城分校科学学院

数学及统计系

出 版 人　所广一
责任编辑　周益群
版式设计　杨玲玲
责任校对　贾静芳
责任印制　曲凤玲

**图书在版编目(CIP)数据**

课程动态学:再造心灵/(美)弗利纳著;吕联芳,邵华译.—北京:教育科学出版社,2013.7(2015.3重印)

(复杂理论与教育译丛/张华主编)

书名原文:Curriculum Dynamics:Recreating Heart

ISBN 978 - 7 - 5041 - 7215 - 0

Ⅰ.①课… Ⅱ.①弗…②吕…③邵… Ⅲ.①课程—教学理论 Ⅳ.①G423

中国版本图书馆 CIP 数据核字(2012)第 307745 号

北京市版权局著作权合同登记　图字:01 - 2012 - 2790 号

复杂理论与教育译丛
**课程动态学:再造心灵**
KECHENG DONGTAIXUE:ZAIZAO XINLING

| 出版发行 | **教育科学出版社** | | |
|---|---|---|---|
| 社　　址 | 北京·朝阳区安慧北里安园甲 9 号 | 市场部电话 | 010 - 64989009 |
| 邮　　编 | 100101 | 编辑部电话 | 010 - 64989421 |
| 传　　真 | 010 - 64891796 | 网　　址 | http://www.esph.com.cn |
| 经　　销 | 各地新华书店 | | |
| 制　　作 | 北京金奥都图文制作中心 | | |
| 印　　刷 | 北京中科印刷有限公司 | | |
| 开　　本 | 169 毫米×239 毫米　16 开 | 版　　次 | 2013 年 7 月第 1 版 |
| 印　　张 | 14.75 | 印　　次 | 2015 年 3 月第 2 次印刷 |
| 字　　数 | 218 千 | 定　　价 | 38.00 元 |

Original English Title:

Curriculum Dynamics: Recreating Heart

By M. Jayne Fleener

ISBN 0 - 8204 - 5540 - 7

© 2002 Peter Lang Publishing, Inc. , New York